Der Drohnenpilot

Thorsten Nesch wurde in Solingen geboren und lebt seit 2014 als Autor und Filmemacher in Kanada. Für seine Romane erhielt er nationale und internationale Förderungen, Stipendien und Preise. »Ein erzählerischer Glücksfall in der aktuellen deutschsprachigen Literatur«, urteilte die Jury des Hans-im-Glück-Preises. Bonusmaterial zu seinen Romanen und Einsicht in seine Arbeitsweise gibt es auf seiner Homepage www.thorsten-nesch.com.

»Der Drohnenpilot« wurde gefördert durch das Arbeitsstipendium für Autoren und Autorinnen des Landes Nordrhein-Westfalen 2014

2. Auflage, 2018

Innentypographie und -gestaltung: Veronika Preisler, München
Umschlaggestaltung: Henry's Lodge, Zürich, unter Verwendung von © Shutterstock/Aaron Amat
Druck und Bindung: CPI books GmbH, Leck

Das Zitat auf S. 116 stammt aus »Tropfen« von Etgar Keret in der Übersetzung von Barbara Linner aus »Gaza Blues«, erschienen im Luchterhand Literaturverlag, München 2002.

MIX
Papier aus verantwortungsvollen Quellen
FSC www.fsc.org FSC® C083411

MIXTVISION DRUCKT IN DEUTSCHLAND

Unterrichtsmaterial erhältlich

ISBN 978-3-95854-114-6
Auch als E-Book erhältlich

THORSTEN NESCH

Der Drohnenpilot

MIXTVISION
Weiter. Erzählen.

Mein Dank an:

Pia Mortensen, Max Wuerden,
Christine Weihermüller vom Zentral Antiquariat,
Peter Bogmer, Jochen Rother, Stan Lafleur,
Stefan von Hatten, den Netschmied Henry Matzerath
für meine Homepage, Mario Todisco
und meine Familie

.01

Vor meiner XT-17 tauchte am Horizont das Gebirge von Amai auf. Dort in einem Tal lag mein Ziel, das Hauptquartier der Terroristen. Blitze zuckten stumm in den Wolken, die sich über der Bergkette auftürmten, als wollten sie nach den Sternen greifen.

Ein Gewitter, wie bestellt. Konnten die das Wetter zu ihren Gunsten beeinflussen? Wenn die XT-17 eine Schwäche hatte, war es die Anfälligkeit des Bordcomputers gegen die statische Aufladung einer Gewitterfront. Die elektrischen Entladungen störten die Technik, da spielten die Instrumente oft verrückt. Auf den Höhenmesser konnte ich mich bald nicht mehr verlassen. Im schlimmsten Fall hieß das: Sichtflug.

Zeit für einen Rundumcheck. Blind fanden die Finger meiner linken Hand das Keyboard, die andere steuerte mit dem Joystick die schwer bewaffnete XT. Daumen und Zeigefinger pressten die Tastenkombination zur Anwahl der verschiedenen Bordkameras. Zuerst schaute ich auf das Gebiet, das ich soeben überflogen hatte. Dunkle Rauchsäulen schraubten sich schräg in den Kriegshimmel über dem Dorf mit dem unaussprechlichen Namen. Unter mir kroch die karge braune Landschaft dahin, Felder, Krater, ausgebrannte Lastwagen und Spähpanzer, und über mir verdunkelten die Ausläufer des Unwetters meine Sicht. Ich konzentrierte mich wieder darauf, was vor mir geschah. Hauptsache kein Feindkontakt. Zwei Minuten bis Amai.

Blitze und Donner zeigten bereits ihre Wirkung. Lediglich abgehackt und verzerrt erreichten mich die gegen den Kampflärm gerufenen Anweisungen der Aufklärungseinheit am Boden, die das Hauptquartier entdeckt hatte und mich bei meiner Mission unterstützen sollte. Es krächzte und zischte in meinen Ohren und ich lüftete die linke Kopfhörermuschel, um besser hören zu können. Das Plastikleder klebte an meiner feuchten Haut. Die Anspannung trieb mir den Schweiß aus den Poren.

Plötzlich hämmerte ein Flugabwehrgeschütz los, dem Geräusch nach zu urteilen musste ich mich direkt über ihm befinden. Ich checkte die Bodenkamera, nichts, Hecksicht, nichts, ein feindliches Flugzeug?

Mir wurde der Kopfhörer heruntergerissen. Ich zuckte zusammen.

Von wegen Flak. Mein Vater!

Mit einer Hand hielt er das Headset, mit der anderen Faust trommelte er gegen meine offenstehende Zimmertür. »Essen, Darius, Essen!«

»Mann!«, schrie ich auf, ließ den Joystick los und trümmerte den Shortcut für den Autopiloten ins Keyboard, als könnte das etwas dafür.

»Ich hab dich zig Mal gerufen.«

In meinem Kopf tickte ein Countdown runter, eine Minute fünfundvierzig Sekunden bis Amai. »Gleich!«

»Gleich ist das Essen kalt.«

»Gleich bin ich im Ar…«

»Ah! Darius, deine Sprache!«

»Mein Headset!«

Das Kabel spannte sich straff und verdreht vom Computer an mir vorbei bis zu meinem Vater. Ich hörte die Schreie der Jungs am Boden durch den Kopfhörer, Schüsse, Explosionen, sie hatten Feindkontakt.

»Deine Suppe.«

»Suppe?«

Eine Minute dreißig. Jemand brüllte nach einem Sanitäter.

»Mit Mettwürstchen heute, die waren im Angebot.«

Ich lachte kirre auf. »Na und? Ich … lass mich …«

»Nein. Hast du überhaupt gefrühstückt?«, fragte er.

Ich zeigte auf die angebrochene Packung Marzipanschokolade neben meiner leeren Tasse Cappuccino und der Schachtel mit dem Würfelzucker.

»Mittagessen, jetzt.«

Eine Minute zehn. Ein rascher Blick: In fünfzig Sekunden müsste ich den Autopiloten abschalten, oder die Möhre würde automatisch nach oben ziehen und ins Gewitter fliegen. Bei den Turbulenzen bedeutete das Selbstzerstörung.

»Eine Viertelstunde?«

»Nein! Ich koche doch nicht, damit es kalt wird, nur weil mein Sohn am Computer spielen will.«

»Ich bin gleich durch!«

»Ich auch, Darius. Und morgen schmeiße ich die Sachen einfach zusammen und rühr um, ohne sie zu kochen, fertig. Sparen wir uns wenigstens die Stromkosten.«

»Gut. Gib mir … Kann ich mein Headset zurück … Bitte.«

Das magische Wort.

»Nein.«

Entzaubert.

Statisches Krächzen zwischen uns, hysterische Befehlsfetzen, schwerer Beschuss.

Mein Vater machte keine Anstalten, mir den Kopfhörer zurückzugeben, er wartete einfach nur.

Ich stand auf, blieb mit meiner Jeans am Kabel hängen, und bevor ich es verhindern konnte, riss das Kopfhörerkabel aus der Buchse und fiel zu Boden.

»Da! Jetzt zufrieden?«, fragte ich und griff nach dem toten Headset.

Er zog es zurück.

»Hey!« Ich hob das Kabelende auf.

»Ich wünschte, du würdest dieselbe Energie bei der Jobsuche an den Tag legen.«

»Ich könnte das Gleiche zu dir sagen.«

»Nicht frech werden.«

Ich kam mir blöd vor, wie ich so da stand mit dem Miniklinkenstecker in meiner Hand und er mit dem Kopfhörer. Das Kabel hing zwischen uns durch, als würden ein paar Grundschulkinder auf jemanden warten, der mit ihnen Seilspringen spielt.

Mein Kopf wirbelte herum.

»Darius.«

Die rote Warnlampe blinkte, noch dreißig Sekunden bis zur empfohlenen Abschaltung des Autopiloten.

»Darius.«

Ich schaute auf meinen alten Schreibtischstuhl, dessen Armlehnen ich mit Hockeytape fixiert und mit zwei Winterpullovern gepolstert hatte. Ein Ärmel zeigte schlaff auf den blauen Teppich meiner Kindheit mit den aufgedruckten Segelbooten, der passenderweise seit Jahren

Wellen schlug, genau genommen regelrechte Tsunamis. Darüber trieben gebrauchte Socken, T-Shirts, Papierschnipsel und Flusen, wie das Treibgut eines längst gesunkenen Schiffes. Ich könnte darin ertrinken, das habe ich mir als Kind schon immer vorgestellt.

»Zieh doch wenigstens mal die Vorhänge auf.«

»Ja.«

»Lüften.«

»Ja.«

»Hier müffelt es richtig.«

Ich schaute ihn an. Seine Schultern hingen herunter, ein Hemdknopf offen in der Mitte, seine grauen Haare und die Ränder unter den Augen, die Falten an seinem Hals, abgenommen hatte er.

Was für ein Gedanke. Dass ich ihm das überhaupt ansah. Ich war siebzehn, in dem Alter sollte man so was gar nicht bemerken, meine Antennen waren verbogen.

Er warf mir den Kopfhörer zu. »Komm jetzt, ja?!«

Ich fing ihn umständlich, und hätte sich das Kabel nicht in meinem Kupferarmband am linken Handgelenk verfangen, wäre er in das Teppichmeer gefallen. Grobmotorisch befreite ich das Headset.

»Ich bin in der Küche«, hörte ich ihn leise sagen.

Auf dem Bildschirm geriet die XT ins Trudeln.

Was war oben, was unten?

Nebelschwaden huschten vorbei, Blitze zuckten, Leuchtspurketten, Abwehrfeuer. Als ich wieder am Keyboard saß, zerschellte die XT oder wurde getroffen, das konnte ich nicht genau erkennen. Game over.

*

Nicht mal zehn Minuten, und ich hätte Raid durchgespielt. Hinter mir lagen fünf Stunden ausgeführte Operationen und Missionen, als mein Vater hereingeplatzt war.

Raid wurde von seinen Entwicklern so programmiert, dass man als Spieler nicht dauernd seinen Zwischenstand speichern konnte, sondern nur an zehn verschiedenen Orten, und jede Map dauerte etwa, bei Ausführung aller Vorgaben, vier bis fünf Stunden. Das war das siebte Mal, dass ich Amai in Angriff genommen hatte. Die letzte Map. Dank meines Vaters hatte ich eine weitere Chance vertan, Raid abzuschließen. Stattdessen Gemüsesuppe. Mit Mettwürstchen.

Mein Vater pustete auf seinen Löffel, obwohl die Suppe sicherlich nicht heißer war als meine, als würde es generell zur Etikette gehören.

Ich erwischte mich selbst dabei. Vielleicht nur aus Verlegenheit, weil ich nicht wusste, was ich sagen sollte, weil wir überhaupt wenig beim Essen redeten; und eigentlich sprachen wir auch wenig miteinander, wenn wir nicht aßen. Deswegen war ich noch ganz platt von der Szene vorhin in meinem Zimmer. Soviel hatten wir an einem Stück seit Wochen nicht miteinander gesprochen, er hatte mir das Headset vom Kopf gerissen. Für seine Verhältnisse verdammt viel Action.

Jetzt fühlte sich alles wieder an wie immer, schüchtern kratzten die Löffel über das Porzellan, wenn sie den Tellerboden berührten.

Mein Vater saß rechts von mir auf seinem Stuhl, ich auf der Eckbank mit dem Rücken zur Wand, der Platz meiner Mutter vor dem Fenster blieb leer. Man sollte sich beim

Essen gegenübersitzen und nicht wie in einem Theaterstück über Eck, aber ich konnte nicht auf ihrem Platz sitzen. Noch nicht.

Dem alten Kühlschrank lief ein Schauer über den Rücken, der seinen Inhalt aneinanderscheppern ließ, bevor er sich zu unserem Schweigen gesellte.

Ich umkrampfte meinen Löffel fester. Ich könnte auch einfach meinen Kopf in die Suppe tunken und schreien.

Dabei konnte mein Vater gar nichts dafür, er gab sich richtig Mühe, in unserem finanziellen Rahmen. Das Grundeinkommen, welches seit drei Jahren jedem ausgezahlt wurde, reichte für uns – nur Extras leisteten wir uns nicht. So nannte er das, wenn ich ihn nach Kohle für neue Klamotten fragte. Irgendwann hatte ich aufgehört zu fragen.

Seine Arbeit verlor er, als ich noch zur Grundschule ging, ebenso meine Mutter. Wir kamen mit dem Geld hin, bis sie krank wurde. Ihren Anteil benötigten wir im letzten Jahr, um die Rechnungen für die Taxifahrten zu Ärzten, für nicht verschreibungspflichtige Medikamente und Spezialwindeln zu begleichen.

Vor zwei Monaten hatte ich meinen Abschluss an der Edward-Snowden-Gesamtschule gemacht, nur um danach keinen Ausbildungsplatz zu bekommen. Mit einer Ausbildung oder einem Job könnte ich zum Grundi dazuverdienen. Das würde ich auch gerne, aber einer wie ich hatte keine Wahl. Entweder man kannte jemanden, der einem eine Stelle besorgte – und wir kannten niemanden, weil mein Vater seit zehn Jahren nicht gearbeitet hatte, zwei Jahre Mutter gepflegt hatte und seit ihrem Tod keinem Hobby außer Flatscreening nachging. Oder man arbeitete in der Pflege, nur da gab es Jobs. Aber das konnte ich nicht. Beim besten Willen nicht.

Ich schluckte den letzten Löffel Suppe.

Mein Vater sog Luft ein und sagte: »Gibt gutes Wetter morgen«, begleitet von einem Lächeln, mit dem man einen Zahn vereisen konnte, bevor man ihn zieht.

Er kratzte sich am Kopf. Seine graue Matte bräuchte mal wieder einen Haarschnitt. Mich hätte es nicht gewundert, wären in den letzten zwei Jahren auch seine Augen grau geworden.

»Was hast du heute noch vor?», fragte er mich.

»Ich weiß nicht.«

Aber das war eigentlich gelogen. Was wiederum unnötig war, so unnötig wie seine Frage.

*

Ich wischte mein Device aktiv, Uhrzeit, Wetter und Apps erschienen. Evelyn war schon fünfzehn Minuten zu spät. Um die Straße so weit wie möglich hinunterschauen zu können, lehnte ich mit der Schläfe an der Raufasertapete neben meinem Fenster. Öffnen wollte ich es nicht, dann hätte Evelyn mich aus der Ferne entdeckt, wenn sie den Bürgersteig auf der anderen Seite nahm, und das musste nicht sein. Wenn ich ihr entgegengehen würde, sollte das zufällig aussehen.

Wir waren seit Silvester zusammen. Als das Feuerwerk losging, stieß ich mit meinen Eltern an, mit Sekt. Wir haben einander umarmt und danach bin ich raus. Meine Mutter konnte nicht mehr hoch und mein Vater wollte sie nicht allein lassen.

Mein Vater meinte, ich solle ruhig auf die Straße gehen, mir das Feuerwerk angucken. Meine Mutter schloss zustimmend die Augenlider und ich wartete keine Sekunde länger, hielt vor ihnen meine Tränen zurück, trocknete sie im Treppenhaus und flog förmlich aus der Haustür.

»Frohes Neues Jahr, Darius«-Wünsche prasselten von links und rechts auf mich ein, als würden sie zum Feuerwerk gehören. Frau Stresemann stand da mit der Oma von nebenan, die Kerimoglus, Familie Juarez, die Nwankwos und etliche, von denen ich nur die Gesichter kannte. Und alle setzten meinen Namen hinter ihren Neujahrswunsch wie eine verbale Bekreuzigung. Sie hielten das wohl für eine Zauberformel, die das Elend der Welt von ihren Lieben abhalten könnte. Zu gönnen wäre es ihnen.

Ich lief fünfzig Meter die Straße runter vorbei an zahllosen Flaschen, aus denen Raketen gen Himmel stiegen, und im dichten Schwefelqualm um mich herum explodierten Böller und Knallfrösche, denen ich auswich, indem ich Haken schlug oder hochsprang.

Als neben mir auf dem Bürgersteig eine ganze Salve Raketen aus einem leeren Bierkasten abgefeuert wurde, blieb ich stehen und schaute ihnen nach, wie sie in den orange lodernden Nachthimmel stiegen und in allen Farben explodierten. Am liebsten hätte ich mich an einer von ihnen angebunden.

Jemand tippte mir auf die Schulter.

»Happy New Year!«, sagte Evelyn, ohne meinen Namen, aber mit einem Lächeln und anschließender Umarmung.

»Happy New Year«, sagte ich und versuchte, ihr dabei trotz des Lärms nicht ins Ohr zu schreien, obwohl mir danach war. Und ich wollte sie bloß nicht zu fest oder zu lange umarmen, obwohl mir danach war.

Mit ihr hatte ich damals nicht gerechnet, ich hatte gar nicht mehr an sie gedacht. Wir kannten uns seit dem Kindergarten, und wir spielten in der Grundschule miteinander, aber seit der fünften oder sechsten Klasse wechselten wir eigentlich nur ein paar peinliche Worte, wenn wir uns zufällig auf der Straße sahen.

Tina, ihre Mutter, winkte mir zu, ein Mann füllte ihr Sektglas nach, sie hielt zwei weitere Becher.

»Soll.. .ir anst.ßen?«, fragte Evelyn zu leise gegen den Lärm der Raketen.

Ich musste die verlorenen Buchstaben in meinem Kopf ergänzen. »Ja.«

Evelyns Mutter wartete schon mit zwei Bechern Sekt auf uns.

Um uns herum filmten Leute mit ihren Devices das Feuerwerk, sich gegenseitig und sich selbst. Ich hatte meins gar nicht mitgenommen. Dass ich es zu Hause ließ, kam selten vor, aber ich befand mich in guter Gesellschaft, weder Evelyn noch Tina oder ihr Bekannter trugen ihre bei sich.

»Hey, Träumer.« Evelyns Mutter hob ihr Glas. »Auf ein frohes neues Jahr!«

Wir wiederholten »Auf ein frohes neues Jahr!«, stießen an und tranken. Über uns ein Stakkato explodierender Böllerblumen und kunterbunter Funkenregen.

Ein Kanonenschlag landete neben unseren Füßen und sog mir die Luft aus den Lungen. Evelyn zerrte mich am

Arm weg über die kleine Wiese, vorbei an den Müllcontainern in die Einfahrt zwischen den Häusern. Hier war es etwas stiller.

Wir redeten die ganze Nacht lang, ich glaube, wir hatten uns seit der vierten Klasse nicht mehr so lange unterhalten. Sie hatte das Schuljahr damals gerade so geschafft. Im Frühjahr hatte sie unter akutem Asthma gelitten – zum Glück ein einmaliger Anfall – und war wochenlang nicht in die Schule gekommen. Ich hatte ihr jeden Nachmittag die Hausaufgaben gebracht, weil ich nebenan wohnte. Die Leute müssen gedacht haben, ich wäre ein Familienmitglied, Geschwister sehen sich oft weniger als wir uns gesehen haben. Und vielleicht war es genau diese extreme Nähe, die uns auseinanderdriften ließ.

Und wäre unsere Unterhaltung alles in dieser Nacht gewesen, es hätte wirklich gereicht, dieses Silvester in mein schönstes Silvester zu verwandeln, doch zum Abschied gegen drei Uhr setzte sie noch eins drauf und küsste mich überraschend auf die Wange. Ich küsste sie zurück und dann küssten wir uns auf den Mund und mein Kopf explodierte wie der Urknall aller Silvester.

So ist das Leben. Man weiß nie, wann man ganz unten angekommen ist, und man weiß nie, wann man von dort wieder wegkommt. Und was noch schlimmer ist, man kann es sich nicht auch nur vorstellen.

Hinter dem Schleier meiner tagträumenden Augen bewegte sich etwas. Mit einem Schlag befand ich mich wieder in der Gegenwart, in meinem Zimmer am Fenster. Unten auf der Straße, dort, wo ich sie treffen wollte, wenn ich ihr entgegengegangen wäre, sah ich Evelyn, mit ihrem stets leicht federnden Schritt.

Ich spürte, wie schwer und lange mein Kopf an der Wand gelehnt hatte. Beinahe befiel mich Schwindel, die Wände des Hauses hatten sich über die letzten zwei Wochen aufgeheizt, es war stickig.

Ich schnappte mir mein Device-Bag, hakte es an meinen Gürtel und rannte aus der Wohnungstür die Treppe runter.

An der Haustür bremste ich ab und zog sie gelangweilt langsam auf, wobei ich beim Rausgehen meinen Kopf in die entgegengesetzte Richtung wandte, dann – ach, wie zufällig – bemerkte ich Evelyn, als ich den Bürgersteig erreichte.

Sie lächelte mich ins absolute Glück. Hoffentlich hatte sie Zeit.

*

Wir folgten dem schmalen Trampelpfad, der einen Häuserblock zerschnitt, zu dem brachliegenden Grundstück mit dem überwucherten Mauerwerk, das vor fünf Jahren einer Abrissbombe getrotzt hatte. Viele der Ytong-Steine waren hüfthoch stehengeblieben, und an einer Stelle stand das wildwachsende japanische Schilf so hoch, dass man dort weder vom Weg noch von der Straße aus gesehen werden konnte. Das war unser Treffpunkt in der Nachbarschaft. Unser absoluter Lieblingsplatz lag zwanzig Minuten zu Fuß von hier, eine alte Parkbank am Schwanenteich.

Kaum außer Sichtweite schlangen wir die Arme umeinander und küssten uns. Ihre weichen Lippen pressten sich gegen meine, sie schmeckte leicht salzig. Ihr Rucksack fiel zu Boden. Meine Finger tasteten über ihren Rücken, heißer Atem traf meine Wange.

Erst als wir versehentlich schmatzten, ließen wir lachend voneinander ab und schwangen uns nebeneinander auf die Steine, Evelyn wie immer rechts von mir. Ihren Rucksack, den sie stets mit zur Arbeit nahm, stellte sie auf die andere Seite.

Auf dem Weg hierher hatte sie mir vom Seniorenzentrum erzählt, von den Menschen, die sie dort getroffen hatte, von deren Geschichten und wie sie ihnen geholfen hatte. Auch mit ihren Kollegen und Kolleginnen kam sie bestens klar. Evelyn kam in ihrem Leben bestens klar.

Sie lehnte sich mit dem Rücken gegen die Mauer und zog die Beine an, sodass sie ihre Knöchel mit den Händen umfasste. Sie trug ihre roten Sportsandalen, dazu einen knielangen gebatikten Rock, den sie zwischen ihren Beinen einklemmte. Darüber schlabberten zwei bunte Tanktops um ihren Oberkörper und vertuschten die Rundungen ihrer Brüste. Seit Beginn dieses warmen Junis steckte sie ihre braunen Haare hoch, kein Zopf, nur einfach verknotet, gegen die Hitze, das wusste ich. Ihr Nacken lag frei und die Sonne zauberte ihre weichen Härchen sichtbar.

»Was hast du heute so gemacht?«, fragte sie nach einer kurzen Pause und schaute mich für einen Moment mit ihren braunen Augen an, bevor sie ihren Blick über das Grundstück und die Häuserreihen schweifen ließ. Daumen und Zeigefinger massierten ihre schmalen Achillessehnen.

»Och, so das Übliche … auf dich gewartet.«

Das entlockte ihr ein flüchtiges Lachen und Kopfschütteln, die abstehenden Haarspitzen wippten dazu. Liebevoll wuschelte sie durch mein wirres Haar.

Ihre Augen verengten sich und sie inspizierte mein Ohr, dann sagte sie: »Hast du bis eben geschlafen?«

»Geschlafen? Nein. Wie kommst du darauf?«

»Sieht aus, als hättest du Schnarchnarben an deiner Wange und an der Schläfe, Falten vom Kissen.«

Erst wusste ich nicht, was sie meinte, dann fiel es mir ein: das Muster der Raufasertapete auf meiner Wange. Unfassbar. Und unerklärlich. »Öh, nö.«

»Öh, doch! Sehe ich doch.«

Ihr Zeigefinger wanderte über mein Gesicht wie ein zärtlicher Stromschlag. Ein süßer Schauer rieselte meinen Rücken runter. Erfolgreich widerstand ich dem Drang, mich zu schütteln.

Ich liebte es, wenn wir nebeneinanderlagen und wir uns gegenseitig mit den Fingern unsichtbare Linien auf unsere Gesichter malten. Nicht ganz nackt. Dazu war es noch nicht gekommen. Evelyn schwörte, das hätte nichts mit mir zu tun, sie wäre nur einfach noch nicht soweit, und ich glaubte ihr.

Ihre Fingerspitzen trippelten über meine Schläfe. Das hätte ewig so weitergehen können, aber irgendetwas musste ich tun, also schnappte ich mit dem Mund nach ihrem Finger.

*

Nach unserem Kussmarathon musste ich mich erstmal wieder zusammenpuzzeln: Zungenmuskelkater, taube

Unterlippe, Gedanken sortieren, Realitätsbezug wiederherstellen, Verstand finden, Augen an die Helligkeit gewöhnen, das Loch im Magen schließen und mein Herz herunterschlucken, es schien in den Hals gewandert zu sein.

Evelyn zupfte nur ihren Rock zurecht und setzte sich in den Schneidersitz. Sie drehte mir ihren Kopf zu, wobei sie ihn mit dem angewinkelten Arm und dem Ellbogen auf dem Mauerwerk abstützte. Die Sonne leckte über ihren Hals. Der kleine Bernstein an dem Lederhalsband baumelte knapp unter der Vertiefung zwischen den Schlüsselbeinen, ihrer Drosselgrube. Fasziniert von ihrem Anblick hatte ich mein Device hervorgeholt und den Begriff damals sofort gegoogelt.

»Und? Was hast du jobmäßig heute rausgefunden?«, fragte sie in meine Erinnerung.

Sie hätte mir genauso gut einen Eimer kaltes Wasser ins Gesicht kippen können, der Satz hatte die gleiche Wirkung wie Wissenschaft auf Zauberei.

»Na ja, es ist nicht einfach.«

»Du hast doch auch mal vor, eigenes Geld dazuzuverdienen.«

»Schon …«

»Mach doch mal etwas selbst.«

»Was denn?«

»Irgendwas, egal.«

»Was denn? Ich kann nichts, ich meine, weder basteln noch reparieren.«

»Computer?«

»Nicht reparieren, auch nicht auseinanderbauen oder so. Und programmieren auch nicht. Nur …«

»Zocken. Komm, du bist doch schlau, du kannst doch was.«

»Na ja, vielleicht kann ich irgendwann mal in die Pflege.«

Sie schaute auf ihre Zehen, die sich bewegten, als würden sie dem Takt ihres Atems folgen.

»Darius?«

Nicht Darry? Das wirkte wie ein Samuraischwert auf meine Eingeweide, sie nannte mich immer Darry. »Ja?«

»Ich glaube, du zockst nur die ganze Zeit, wenn wir uns nicht treffen. Sonst machst du nichts. Nichts Eigenes. Das macht mir … wenn ich … ja … an die Zukunft denke … macht mich das … ich weiß nicht. Was denkst du?«

Was ich dachte? Ja, was dachte ich?

»Hallo?«, hakte sie nach.

»Ich denke, wir … verbringen eine Menge Zeit miteinander und das ist doch wunderschön.«

»Das ist so, das tun wir. Ich kann mit dir alle Zeit der Welt verbringen und langweile mich dabei nie, wir quatschen, ich höre dir gerne zu … sogar deinem Schweigen.«

Aber?

»Aber ich warte darauf, dass du dich … aufraffst, mehr machst, dich … nenne es, wie du willst. Du kannst doch nicht ewig dieses Raid zocken. Drei, vier Stunden jeden Tag.«

Das war die durchschnittliche Zahl, die ich ihr genannt hatte, samt der Verniedlichung Stündchen, drei bis vier Stündchen. Wollte ich mich nicht selbst belügen, konnte ich den Schnitt leicht verdoppeln.

»Nein«, sagte ich nur. Mehr fiel mir nicht ein.

Über uns summte eine Drohne vorbei, eine einmotorige Public-Service-Patrouille, seit deren Einführung es kaum mehr Einbrüche in der Stadt gab. Wir sahen ihr nach, als würde sie gleich die Antwort in die Wolken schreiben. Durch den Stoff ihres Rucksacks klang die gedämpfte Reggae-Melodie, die sie ihrer Mutter zugewiesen hatte.

Evelyn seufzte und holte ihr Device heraus. Auch ich öffnete meine Tasche und aktivierte meins, indem ich den Code auf den 7-Zoll-Screen wischte.

»Ja, annehmen«, sagte Evelyn, als sie sich den Ohrstecker einsetzte, und hielt das Gerät schräg vor sich. »Ja, ich treffe mich gerade mit Darry … klar, dann bin ich zurück, ja, tschüss. Auflegen.« Sie nahm den Stecker wieder aus dem Ohr.

Ich wünschte, mir würde etwas Intelligentes einfallen, was ich sagen könnte, aber alles, was mir im Kopf herumspukte, hatte mit ihrer Angst vor unserer Zukunft zu tun. Ja, Angst, das war das Wort gewesen, das sie gesucht und gefunden, aber nicht auszusprechen gewagt hatte. War sie sich unserer nicht mehr sicher? Wenn ich mich nicht konzentrierte, würde ich geradewegs vorne über von den Ytong-Steinen fallen.

»Was? Was? Was?« Sie schaute auf ihr Device und regte sich richtig auf.

Erst befürchtete ich, ich wäre gemeint, dann zeigte sie auf den Screen, als könnte ich aus diesem Winkel etwas erkennen. »Die wollen den Schwanenteich zuschütten!«

»W… Wieso?«, stotterte ich los, um irgendwie mit ihrer Empörung Schritt zu halten. Ich hatte gerade weitaus größere Sorgen als den Schwanenteich, obwohl der mir schon einiges bedeutete. Aber was wäre der ohne Evelyn, ohne uns?

Sie verließ den Schneidersitz, schlug die Beine stattdessen übereinander und legte ihr Device auf den halbbloßen Oberschenkel. Der Rock war ihr jetzt egal. Mir nicht, ich betrachtete ihre glatte Haut. Sonnte sie sich manchmal?

»Hier steht: Hat die Stadt einstimmig beschlossen, den sogenannten Schwanenteich einzuebnen, um die Hauptstraße zu verbreitern und sie so wieder sicherer für den Individualverkehr zu gestalten. Immer öfter kam es in der Vergangenheit aufgrund der konstant gestiegenen Fahrzeugbreite bei den Pkw-Baureihen zu Kontakten auf den zu eng gewordenen Fahrstreifen. Diese sollen auf komfortable fünf Meter verbreitert werden, wobei …« Sie guckte hoch. »Wegen der Autos? Wegen der Karren wollen die den Schwanenteich zuschütten?«

Sie hatte sich jetzt richtig in Rage geredet. Das konnte sie, wenn es um gesellschaftliche Dinge ging.

»Das gibt es ja nicht«, sagte ich.

»Da muss … warte mal.« Sie tippte auf den Screen. »Da, aha, da planen ein paar Leute für morgen eine Demo, ich bin dabei. Das können die doch nicht so einfach machen.«

»Ich bin auch dabei.«

Natürlich war ich dabei. Ich war gern überall bei ihr dabei.

.02

Im Tiefflug zwanzig Meter über dem Boden fühlt sich mit sechshundert Stundenkilometer an, als rasiere man die Grasnabe, als stünde man kurz vor einem Zeitsprung in eine andere Dimension. Ein wahrer Rausch. Das Shumbin-Tal in dem Gebirge von Amai ein verwischter Schemen.

Meinen Kopf bewegte ich in den Kurven nach links und rechts mit. Spätestens nach dem dritten Versuch konnte ich mir Strecken und Hindernisse auswendig merken.

Im Kopfhörer hörte ich die hektischen Funksprüche der Bodentruppen. Das Gewitter schien fester Bestandteil der Map zu sein. Über mir eine graue Wand, Blitze wie abgelenkte Laserstrahlen.

Ich tauchte unter einer Garbe Leuchtspurmunition durch. Zu versuchen, den Gegner gezielt auszuschalten, war bei dieser Geschwindigkeit unmöglich und lenkte vom Wesentlichen ab, daher wich ich lieber aus und flog so schnell, wie es die Kurven und die Bodenbeschaffenheit zuließen. Laut meiner Peilung müsste bald der Eingang zum Hauptquartier zu sehen sein, eine Höhle in hundertsechzig Metern Entfernung, soviel konnte mir der Commander von der Aufklärungseinheit sagen.

In dieser Runde wusste ich, was auf mich zukam, daher drosselte ich im richtigen Moment die Geschwindigkeit und ließ die XT auf zehn Meter sinken. Das Geschoss sauste über mir hinweg und detonierte in der gegenüberliegenden Bergwand. Dann sah ich das schwarze Loch in der Wand, den Höhleneingang. Augenblicklich flammte von dort Mündungsfeuer auf.

Alles oder nichts. Ich peilte mit dem Laser, markierte das Ziel, aktivierte die Spearhead und zog steil nach oben in den grauen Himmel. Maschinengewehrkugeln schlugen im Rumpf ein, rot blinkten die Schadensmeldungen. Und nach endlosen fünf Sekunden erklang das Signal, dass sich die Spearhead auf ihren Weg machte, vor meiner Nase flog sie einen Bogen und zurück zum getaggten Ziel.

»Bye-bye.«

Zu schade, dass ich den Einschlag nicht sehen konnte. Mitten im Unwetter verschluckte mich eine orangefarbene Wolke aus Qualm und Rauch. Explosionen blitzten auf, zerplatzende Flakgranaten, und über Kopfhörer hörte ich den letzten Funkspruch des Commanders: »Mission accomplished. Congratulation, Darryman! Well done!«

Darryman, mein Spielername bei Raid.

Das Gewitter verzog sich, der graue Himmel riss auf. Sonnenstrahlen brachen sich in meinem Cockpitglas in alle Spektralfarben. Ich legte meine XT horizontal. Unter mir glitzerte die Oberfläche eines Flusses, der sich durch ein grünes hügeliges Hochplateau schlängelte. Ein Stück Paradies mitten im Amai-Gebirge.

Plötzlich verlor ich die Kontrolle über die XT. Sie reagierte weder auf Tastaturbefehle noch auf den Joystick, sie flog einfach geradeaus. Eine Melodie erklang, andere XTs kamen angeflogen, flankierten mich und bildeten eine Formation, wie bei einer Militärparade.

Ich legte den Kopfhörer zur Seite, zog den Stecker raus und hörte über die Boxen. Ich ballte die Fäuste, reckte die Arme in die Luft, stand auf, kickte den Bürostuhl aus dem Weg und beobachtete den Formationsflug mit den Kollegen, lauschte der pompösen Hollywood-Blockbuster-Melodie.

»Yes.«

Das Adrenalin in mir verlangte nach Bewegung, ich marschierte durch mein Zimmer wie ein Monster in einem Neunzigerjahre Ego-Shooter, bevor es sich aus seinem Käfig befreit. Ständig riss ich die Arme hoch, boxte in die Luft, verneigte mich zu einem unsichtbaren Publikum und zu dem Geschwader. Sehen konnte mich niemand. Die Vorhänge hatte ich vor Beginn der Mission wie immer geschlossen, damit nichts auf dem Bildschirm reflektierte.

Die Ansicht wechselte zum Fluglotsen eines Militärflughafens. Ich sah, wie meine XT den Landeanflug begann. Sie zog eine Qualmwolke hinter sich her. Getroffen hatten sie mich, aber ich war wieder zurückgekehrt. Und: Mission erfüllt!

Gleich nach dem Ausrollen meiner Maschine empfing der General meine Figur. Sobald meine Stiefel den Boden berührten, marschierte er auf mich zu, und noch auf dem Flugfeld vor dem Hangar verlieh er mir feierlich den höchsten Orden für Tapferkeit.

Salut wurde geschossen.

Normal bekam man nach Beendigung eines solchen Spiels nur eine Art herzlichen Glückwunsch wie den vom Commander der Aufklärungstruppe. Ich bekam weitere Glückwünsche, live über Bildschirm, vom Präsidenten von Eurania, des fiktiven Landes, für das ich gekämpft hatte. Ganz großer Bahnhof.

Ich lehnte mittlerweile mit dem Rücken an meinem Kleiderschrank und verfolgte kopfschüttelnd das Schauspiel. Die Spielemacher hatten sich richtig Mühe gegeben, aber ich hatte mir auch Mühe gegeben. Mein Puls beruhigte sich langsam.

Hände wurden geschüttelt. Die anderen Piloten klopften mir auf die Schulter und verließen in einem choreographierten Abmarsch den Platz, bis allein der General bei mir stand. Mit einer Kopfbewegung deutete er meiner Figur an, ihm zu folgen.

Wir schritten durch den Hangar, vorbei an einer brandneuen ZX-40 und salutierenden Technikern, und landeten schließlich in dem Hinterzimmer seines Büros. Dort zauberte der General aus einer Vitrine Whiskey hervor, und wir stießen auf mein Wohl und den Erfolg an. Dann rückte er den wuchtigen Stuhl vor seinem Schreibtisch zurecht, es wäre Zeit für ein Gespräch unter Männern.

Ich schob meinen Bürostuhl wieder vor meinen Computertisch und setzte mich im gleichen Augenblick wie meine Spielfigur.

Als der General zu sprechen begann, füllte sein Kopf bis zu den Schultern den Bildschirm in einer Großeinstellung. »Das hast du bewundernswert gemeistert, Darryman.«

Auf Deutsch? Das Spiel war auf Englisch.

»Du bist einer der wenigen, die das geschafft haben. Einer der ganz wenigen. Deswegen haben wir uns entschlossen, dir ein Angebot zu unterbreiten. Wir möchten dir vorschlagen, für uns zu arbeiten, mit uns. Folge dem

QR-Code, der nach Beendigung dieses Gespräches eingeblendet wird, und du wirst Näheres darüber erfahren. Wir würden uns freuen, von dir zu hören.«

Der schwarz-weiße QR-Code erschien – bildschirmfüllend.

Ich sprang hoch, als wäre ich vom Schellen eines Weckers vor einer Prüfung aufgewacht, und stolperte zu meinem Device-Bag, das an einem Haken an der Tür hing. Hinter mir fiel der dämliche Stuhl laut polternd um. Ich haspelte eilig das Device raus. Wer weiß, wie lange die den Code einblendeten? Am Ende musste ich die Mission noch einmal spielen, um wieder dahin zu gelangen. Schlugen die mir einen Job vor? So verstand ich das zumindest. Was für einen? Als Testspieler? Das wäre der Hammer, der absolute Hammer. Gut war ich ja.

Ich wischte über den Screen und öffnete den QR-Code-Reader, meine Hände zitterten. Ich platzierte einen Fuß auf den umgestürzten Stuhl, legte das Device auf das Knie und scannte den QR-Code. Geschafft. Gerade rechtzeitig, denn als meine Zimmertür aufgestoßen wurde, verschwand der Code vom Bildschirm.

»Alles in Ordnung hier?«, fragte mein Vater.

»Ist umgefallen.« Ich nahm das Device vom Knie und den Fuß vom Stuhl.

»Mit dir?«

»Nein.«

»Bist du da drauf eingeschlafen?«

»Nein. Außerdem, was platzt du hier rein, ohne anzuklopfen?«

»Ich dachte … der Lärm.«

»Privatsphäre?«

»Nicht, wenn man mit Möbeln herumschmeißt.«

»Habe ich nicht. Bin aufgestanden und das Ding ist umgefallen.«

»Aha«, seufzte er. »Und was hast du da gerade gemacht mit deinem Device?«

»Ich habe etwas fotografiert.«

Warum erzählte ich ihm das überhaupt?

»Deinen neuen Bildschirmschoner?«, fragte er.

Das grüne Tal mit dem Fluss, dem blauen Himmel und der Sonne strahlte uns an.

»Genau.«

*

Am Spätnachmittag wollten Evelyn und ich uns direkt nach ihrer Arbeit am Schwanenteich treffen. Ich war zuerst da. Etwa dreißig Leute hatten sich auf der Wiese eingefunden, eine Demonstration sah für mich anders aus. Außerdem kamen mir die Teilnehmer recht ratlos vor, so wie sie sich nacheinander begrüßten und einzelne von Grüppchen zu Grüppchen schlichen. Mir vermittelte das eher den Eindruck einer steifen Cocktailparty ohne Cocktails.

Ich setzte mich abseits von ihnen am Teich auf die Lehne unserer alten Parkbank. Mein Device blieb zur Abwechslung in der Tasche am Gürtel. Wenn ich Zeit totzuschlagen hatte, spielte ich für gewöhnlich unterwegs Demolition. Heute lauschte ich dem Rauschen des Springbrunnens mitten im See, eine vier Meter hohe geriffelte Nadel aus Stein, ein modernes Kunstwerk, aus dessen Düse am Ende das Wasser zu allen Seiten spritzte.

Pusteblume hieß das Ganze. Man brauchte viel Fantasie, um die darin zu sehen.

Endlich erschien Evelyn. Sie durchquerte, in jeder Hand einen Guarana-Fruitshake haltend, von der Hauptstraße her den Park. Die Schulterriemen ihres Rucksacks zogen ihr T-Shirt straff, deutlich zeichneten sich ihre Brüste ab. Sie sah fantastisch aus, andere waren platt nach der Arbeit, ausgebrannt, sie gewann dort ihre Energie! Durch ihre Anwesenheit machten sogar die verlorenen Gestalten auf der Wiese Sinn.

Ich katapultierte mich in den Stand und bereute sofort meine Reaktion. Wie sah das denn aus? Ein Hund, der sich auf sein Frauchen freut.

Mein Fuß hob sich wie ferngesteuert auf die Sitzfläche der Bank wie bei einem gescheiterten Westernhelden aus den Gratisfilmen im Internet. Ich nahm ihn wieder herunter und verlagerte mein Gewicht zuerst auf das eine, dann auf das andere Bein. Am liebsten hätte ich meine Füße wie meine Hände in die Hosentaschen gesteckt, um nicht so blöde herumzuzappeln.

Zur Begrüßung flutschte meine rechte Pratze aus der Tasche und veranstaltete irgendetwas neben meinem Kopf. Ich musste aussehen wie eine Marionette gehalten von einem hyperaktiven Zweijährigen auf Zucker.

Evelyn reichte mir meinen Shake und so konnten wir uns umarmen. Einzelne Haarsträhnen kitzelten meine Nase. Wir setzten uns auf die Bank, während ich in beiden Händen den Becher mit dem Strohhalm hielt und ein Bein über das andere schlug. Alles wieder unter Kontrolle.

Sie berichtete mir von ihrer Arbeit, ein paar lustige Anekdoten und ein paar weniger lustige.

Ich sog an dem Strohhalm, langsam floss die sämige Flüssigkeit, eine Mischung aus Grapefruits, Mangos und weiteren exotischen Früchten, in meinen Mund. Die Shakes kosteten ein kleines Vermögen, waren bei der Hitze aber das Erfrischendste, was man trinken konnte.

»Superidee übrigens, und danke nochmal.« Ich hob meinen Becher mit der knalligen Beschriftung in ihre Richtung.

»Gerne. Komm, lass uns rüber gehen zu denen.«

»Einen Moment noch, du wirst mir nicht glauben, was heute passiert ist.«

Ihre Augen wurden groß. »Was?«

»Ich habe Raid geschafft. Und …«

Sie stand direkt auf.

»Warte, ich bin noch nicht fertig, das ist nicht alles. Sie haben mir am Ende einen Job angeboten.«

»Wer?«

»Die Spielemacher. Am Ende erschien ein QR-Code. Als ich dem Link folgte, öffnete sich ein vierseitiges Bewerbungsformular.«

»Und das hast du ausgefüllt?«

»Ja.«

»Mit deinen richtigen Angaben.«

»Klar.«

Sie zeigte mit dem Strohhalm auf mich und stach bei jedem Wort in meine Richtung. »Bist du doof?«

»Wieso das denn?«

»Die wollen doch nur deine Informationen. Entweder wirst du jetzt mit Werbung zugemüllt oder die verkaufen die weiter und du wirst von noch mehr Werbung zugemüllt.«

»Oder das ist ernst gemeint und ich werde Testspieler.«

»Testspieler? Stand das da?«

»Na ja, so genau nicht …«

»Was stand denn da in den Bewerbungsunterlagen?«

Ich druckste herum. »Das haben … die nicht so richtig formuliert.«

Sie lachte auf. »Wie? Du willst mir erzählen, dass in den Unterlagen die Berufsbezeichnung gefehlt hat?«

Das musste sich wirklich komisch anhören. »Es hat was mit deren Firma zu tun, mit Computerspielen. Was soll es sonst sein?«

»Was stand denn drin?« Ihr Blick ging ungeduldig hinüber zu den Demonstranten.

Ich versuchte, mich zu erinnern. »Also … im Wesentlichen … würden sie sich freuen, mich in ihrem Team aufzunehmen.«

Sie schnippte mit den Fingern. »Vielleicht suchen sie einen, der ihnen den Kaffee kocht.«

»Sehr witzig.« Ich sprang auf, um sie zu schnappen.

Lachend wich sie mir aus und tänzelte Richtung Demo.

Ich holte auf.

»Du wolltest doch, dass ich mich um meine Zukunft mehr kümmere.«

»Aber ein Formular ohne Angaben am Ende eines Computerspiels?«

»Einen Versuch ist es wert, oder? Deine Demo sieht auch nicht gerade professionell aus.«

Sie blieb stehen und warf mir einen ernsten Blick zu. »Ein Anfang, einer muss den Anfang machen.«

»Gut …«

»Du kannst ja gehen.«

»Nein.«

»Wenn dir unser Teich egal ist«, sagte sie.

»Ist er nicht. Ich hatte nur gerade unsere Zukunft im Kopf. Wenn ich auch Geld verdiene und du verdienst Geld, dann können wir uns nächstes Jahr zu zweit eine Wohnung mieten.«

Sie stockte in ihrer Bewegung. »Daran denkst du?« Sie strich mir mit der freien Hand über die Wange, ihr leichtes Lächeln unbeschreiblich.

»Das ist süß«, sagte sie leise und küsste mich. Wir küssten uns, vor all den Demonstranten, und sie guckten rüber zu uns, das sah ich, ich musste einfach kurz mal blinzeln.

*

Als wir es irgendwann zu der Gruppe schafften, erfuhren wir, dass sie mittlerweile eine gemeinsame Plattform im Internet zum Austausch von Informationen geschaffen hatten. Die meisten kannte ich vom Sehen, sie wohnten in der Gegend. Einer der Unbekannten, Sven, ein Endzwanziger mit Rastas, hatte sich als Sprecher herauskristallisiert, er schien Antworten auf sämtliche Fragen der Anwesenden geben zu können. Zur Diskussion setzten wir uns alle auf die Wiese in einen Kreis, Sven und einige Mitstreiter in der Mitte. Es gesellten sich sogar noch einige interessierte Passanten dazu, jeder sein Device in der Hand oder im Schoß, ihr bläuliches Licht in der Dämmerung wie schwebende Fenster in eine andere Welt, dämonisch von unten die Gesichter ihrer Eigentümer beleuchtend.

Bei allem, was ich bis jetzt gehört hatte, verstand ich eines nicht, und deswegen wartete ich eine Gesprächspause ab und fragte diesen Sven: »Weißt du eigentlich, warum die den ganzen Teich zuschütten wollen? Die Straße soll insgesamt um vier Meter verbreitert werden, da können die sich doch den Teil nehmen und den Rest des Teiches so lassen, oder? Vier Meter wären nur Wiese, der Teich wäre nicht einmal betroffen.«

Der Springbrunnen schaltete sich ab. Punkt neun Uhr. Das Rauschen echote im Kopf nach und wurde nur allmählich von den vorbeifahrenden Autos auf der Hauptstraße verdrängt.

Sven wischte über sein Device, dessen Rückseite bunte Aufkleber zierten. »Es geht um Kosten. Und um Statik. Es käme der Stadt viel teurer, den Teich zu erhalten und die Straße so zu bauen, dass sie nicht irgendwann einsackt. Hier, da kannst du es nachlesen, ich hab's dir markiert, samt der Statistik.«

Er zeigte mit seinem Device auf mich und ich erwiderte die Geste, dann bluete er die Info auf meinen Screen, und ich sah das gescannte Originalpapier der Städtischen Betriebe mit Svens roten Markierungen.

Ich lachte kurz auf. »Wo hast du das denn her? Stehen die so im Netz, auf der Homepage der Stadt?«

Die Straßenbahn rumpelte oben über die alten Gleise.

»Nicht ganz.« Er zog eine Flasche Ginkillah aus seinem Rucksack und hebelte rasch den Verschluss auf.

Der Deckel landete bei Evelyn im Schoß.

»Sorry«, sagte er zu ihr, und zu mir: »Ich habe ein wenig … recherchiert.«

Daraufhin lachten einige.

Über uns brummte eine Drohne vorbei.

Evelyn steckte den Kronkorken in die seitliche Netztasche ihres Rucksacks, wo sie immer den Müll sammelte. Dann fragte sie Sven: »Und wie geht es weiter?«

Ich klatschte eine Mücke an meinem Unterarm tot. Den Streifen Blut rieb ich in meine Hose.

»Wir sind nur der Anfang. Wir müssen mehr werden, wir werden mehr werden, jeden Tag. Nutzt eure Kontakte, sagt Bescheid, jeden Tag gleiche Uhrzeit, gleicher Ort«, forderte Sven. »Wir sind nicht allein, die Leute müssen nur davon wissen, die können nicht alles mit uns machen, was kommt als Nächstes? Genau wie mit dem Grundeinkommen, erst bekommt es jeder und alle freuen sich und dann erhöhen sie die Mehrwertsteuer und so holen sie es sich wieder zurück. Die Menschen haben es satt, betrogen zu werden, ich wette, das hier kann was richtig Großes werden.«

Alle stimmten zu.

Sven wedelte mit seinem Device. »Wir müssen uns vernetzen, Informationen austauschen. Die Dinger hier sind nicht nur zum Zocken da.«

Ich meinte: »Aber auch beim Zocken kann man doch …«

Bevor ich ausreden konnte, brauste Sven auf. »Rauch lieber Zigaretten anstatt zu zocken, dann lebst du vielleicht kürzer, aber du lebst.«

»Ich lebe schon, oder?«

»Denkst du. Beim Computerspielen denkt man nichts, was irgendeinen Wert für das Leben hat. So kann man sich auch keine Meinung bilden. Und man verlernt auch etwas: menschliche Eigenschaften.«

Ich verkniff mir meine Bemerkung, dass ich dem Zocken eventuell einen Job zu verdanken hatte.

»Keine zwischenmenschliche Aktion. Du bedienst deinen Computer, das denkst du zumindest, dabei dienst du ihm, der Technik, du wirst zu einem Zockerzombie, nur menschenähnlich, auf Griechisch zu einem Androiden. Wie heißt noch mal dein Betriebssystem?«

»Android.«

Er machte eine Geste, als gäbe ihm meine Antwort recht. Schweigen in der Runde. Innerlich klatschten ihm seine Zuhörer sicherlich Beifall, einige nickten, auch Evelyn.

»So«, sagte er und klopfte auf den Rasen. »Bis morgen!«

Wir verabschiedeten uns, ich war froh, als Evelyn ihr Device einpackte. Sie musste ja morgen arbeiten und wollte dafür fit sein.

Arm in Arm nahmen wir den Weg, der den Teich umrundete. Die Hauptstraße war zu laut, der Teich weitaus romantischer. Wie ein gigantischer Pfeil ragte die Düse der Fontäne aus dem spiegelglatten Wasser, als hätte jemand einen Pfeil aus dem Weltall auf die Erde geschossen und ins Schwarze getroffen. Daneben schimmerte der Mond im Wasser. Eine Ente schnatterte im Schatten.

Es dauerte eine Weile, bis ich Sven verdrängt hatte und den Moment genießen konnte – leben konnte.

Ich genoss die Luft, die sich hier am Teich, anders als zwischen den Häusern, abends abkühlte, wodurch ich die Körperwärme von Evelyn deutlicher spürte. Meine Hand an ihrer Taille, der dünne Stoff ihrer gebatikten T-Shirts.

»Lass uns bis zum Morgengrauen um den See gehen«, sagte ich.

»Dauernd im Kreis? Was soll das werden? Ein Astronautentest?«

Wir lachten.

»Ich bin nicht schwindelfrei. Da würde mir bei schlecht werden.«

»Wir können ja alle fünf Runden die Richtung wechseln.«

»Man könnte meinen, du würdest das ernst meinen.«

»Ich finde es grade perfekt.« Ich drückte sie fester und sie erwiderte den Druck.

Wir blieben stehen und küssten uns. Mein Device meldete sich mit einem Blubb. Schmatzend trennten sich unsere Lippen.

Ich öffnete meine Tasche am Gürtel und zog das Device nicht weiter als nötig hervor. Ich bekam relativ selten eine persönliche Nachricht. Das war mal anders gewesen, aber meine besten Kumpels hatten nach der Schule die Stadt verlassen. Vadaw studierte jetzt in Warschau und Noah hatte einen Job als Chauffeur in Nigeria gelandet.

Evelyn tat so, als würde sie laut nachdenken. »Wer könnte das sein? Wer weiß, was er wirklich den ganzen Tag treibt? Er hat auf jeden Fall genug Zeit für zwei Frauen.«

»Hör auf.« Ich aktivierte den Screen.

»Wie heißt sie? Leah? Monica? Helmut?«

Der Lacher blieb mir im Hals stecken. »Warte mal!«

Die Nachricht kam von der Firma D-Air, das Antwortschreiben auf meine Bewerbung. Ich holte das Device ganz heraus und las laut vor: »Wir freuen uns sehr über

Ihr Interesse. Wenn es Ihnen passt, würden wir Sie gerne morgen, dem 22. Juni, einmal persönlich kennen lernen. Wir sind so frei und schlagen Ihnen als Termin 17 Uhr vor.« Ich konnte meinen Blick nicht abwenden. »Evelyn! Der Wahnsinn! Ein Einstellungsgespräch!«

»Eine Verarsche.«

»Was habe ich zu verlieren? Und was, wenn nicht, dann kriege ich vielleicht einen Job, einen richtigen Job!«

Ich wischte einen kurzen Antworttext und erklärte mich einverstanden, zum vorgeschlagenen Termin in ihrem Büro zu erscheinen.

Evelyn meinte: »Also bist du morgen wohl nicht am Teich.«

»Nein, wie denn? Das geht nicht.«

»Tss.«

»Wie, tss? Das könnte meine Chance sein! Die wollen mich kennenlernen.«

Im Gehen verstaute ich das Device wieder.

»Ich würde mir an deiner Stelle nicht so viele Hoffnungen machen.«

Ich antwortete darauf nicht, manchmal ist es besser, den Mund zu halten. Mir war es egal, was sie darüber dachte, obwohl ich mir ihre Reaktion anders ausgemalt hatte. Für mich bedeutete es das erste Vorstellungsgespräch, ich wäre auf jeden Fall um eine Erfahrung reicher. Abgesehen davon fühlte sich allein die Einladung gut an.

Nebeneinander setzten wir den Weg fort, schweigend, selbst als wir die breite Holzbrücke über den Bach, der den Teich speiste, am Rande des Parks überquerten.

*

Unsere Verabschiedung fiel zu kurz und trocken aus. Sie marschierte den Bürgersteig entlang, als hätte sie einen wichtigen Termin, der sie jetzt schon beschäftigte. Das war etwas, mit dem ich nicht umzugehen wusste, diese Stimmungsschwankungen von Evelyn. In einem Moment war alles ganz großartig, im nächsten Moment konnte das schlagartig anders sein, ohne Anzeichen, ohne Grund.

War nur sie so? Oder alle Mädels? Mir fehlte der Vergleich.

Ich schloss die Wohnungstür, zog meine Schuhe stehend mit den Füßen aus und schob die Sneaker unter das Holzregal. Es war halb leer und erschien ohne die fehlenden Schuhe meiner Mutter viel zu groß für unsere paar Treter.

Im Wohnzimmer stürmte gerade die Eintracht über rechts. In letzter Zeit musste das Gehör meines Vaters nachgelassen haben, er drehte den Ton immer höher.

Ich ignorierte ihn, ging in mein Zimmer, ließ die Tür zufallen und hängte das Device-Bag an den Haken. Der Fußballkommentator redete sich in Strafraumrage. Ich streifte meine Socken ab und schmiss sie in die Ecke neben dem Wandschrank, die Hose landete nicht weit davon entfernt, das T-Shirt segelte auf meinen Bürostuhl.

Ich riss die beiden Fenster auf. An so heißen Tagen und Abenden konnte ich Durchzug erzeugen, ohne die Zimmertür zu öffnen.

Auf der anderen Straßenseite flimmerten hinter den Scheiben die Flatscreens der Nachbarn. In diesem Viertel brauchte niemand früh raus, hier arbeiteten wenige, da war Evelyn eine absolute Ausnahme.

Das Mondlicht bleichte meine Beine, sie sahen aus wie die von einem Geist.

Ich schmiss mich auf mein Bett und zog die Decke glatt. Kühlend strich der Wind über meine Brust und meinen Bauch. Das Kupferarmband drückte am Gelenk, ich drehte meine Hand. In den letzten Monaten hatte meine Mutter das Armband nicht mehr tragen können, eine Woche nach ihrer Beerdigung legte ich es mir um, als Erinnerung.

Zähneputzen nicht vergessen.

.03

Die Stunden vor dem Vorstellungsgespräch zogen sich wie ein Online-Game mit Ladeproblemen. Selbst das Zocken brachte keine Ablenkung. Ich stürzte bei den einfachsten Anflügen ab, weil ich abgeschossen wurde oder wegen eines CFIT, eines Controlled Flight into Terrain, weil ich gepennt und mit Schmackes in den Berg geflogen war. Im Kopf war ich ganz woanders.

Viel zu früh ging ich zur Straßenbahn. Die Adresse lag im Industriegebiet auf der anderen Seite der Stadt und die Bahn zuckelte die Hauptstraße entlang, am Schwanenteich vorbei, durch die City bis zu meiner Haltestelle an der für Sattelschlepper ausgelegten Stichstraße. Als ich ausstieg, warf ich einen Blick auf mein Device, um die Uhrzeit zu checken, als könnte sie zwischendurch schneller vergehen und ich doch noch zu spät kommen.

Ich marschierte entlang der hohen Backsteinmauer mit den Glasscherben, die das gesamte Fabrikgelände umspannte. Je weiter ich mich von der Hauptstraße entfernte, desto dichter drängten sich Graffitis aneinander: *Free Saheed*, *Car Wars* oder *Smartphones sind nur so smart wie ihre Nutzer.*

Am Tor 2 saß ein grauhaariger Pförtner in seinem kleinen Häuschen und legte sein Brötchen aus der Hand, als ich an das Plexiglasfenster herantrat. Mit dem dunkelblauen Uniformärmel rieb er sich mögliche Krümel von seinen seltsam lilafarbenen Lippen. Genervt verzog er danach den Mund und sein Schnauzbart verstärkte diesen Eindruck.

»Sensor«, nuschelte der Mann und deutete auf die weiße Halbkugel unterhalb der Öffnung, durch die wir miteinander sprachen.

Ich drehte meine Hüfte, sodass mein Device vom Sensor erkannte wurde und bluete ihm meine Informationen.

Jenseits des breiten Stahltores gähnten mich die ausladenden Fenster eines hohen Backsteingebäudes an, dessen Schornsteine wie ein mächtiger Dreizack in den Himmel ragten. War das mal die Schuhfabrik gewesen? In der Schule hatten wir das in Stadtgeschichte durchgenommen.

»Geburtsdatum?«, fragte er, wohl um zu sehen, ob es sich bei dem Device tatsächlich um meines handelte.

»Zwanzigster Juli.«

»Termin?«

»D-Air Limited um siebzehn Uhr.«

»Weg bekannt?«

»Wurde mir gemailt.« Meine Gesprächigkeit passte ich seiner an. Er murmelte einige unverständliche Worte, worauf neben mir das schwere Tor gerade so weit aufrumpelte, dass ich passieren konnte. Ich schlüpfte hindurch und der Pförtner zögerte keine Sekunde, es wieder zu schließen. Mit etwas mehr Misstrauen hätte ich geglaubt, er wolle mich einklemmen oder zerquetschen.

Nachdem das Stahltor an seinen Rahmen klirrte, kehrte eine unvermutete Stille ein. Die Fabrik sah nach

Maschinen aus, nach Arbeit, Menschen, auch wenn sie längst leer stand. Meine Ohren sehnten sich danach, etwas zu hören. Vergeblich. Nur das Summen von der Hauptstraße.

Wie mir beschrieben wurde, folgte ich der breiten Zufahrt über das schiefe Kopfsteinpflaster bis zur ersten Kreuzung, wo ich links abbog. In regelmäßigen Abständen sollten rot-weiß gestrichene Hartgummihubbel auf der Fahrbahn potenzielle Raser bremsen und ihre Geschwindigkeit auf die ausgeschilderten zwanzig Stundenkilometer begrenzen. Also gab es hier noch keine Speedlimiter, die die Autos automatisch auf die erlaubte Geschwindigkeit abbremsten. Da konnte man aufs Gas drücken, wie man wollte, der Wagen fuhr maximal Höchstgeschwindigkeit. Aber wer wollte hier auf dem Kopfsteinpflaster auch freiwillig schnell fahren?

Wildes Gestrüpp rankte an einer Mauer empor. Die obersten Äste klammerten sich an eine Leiter aus Stahl, die zum Dach führte. Benutzen konnte sie niemand mehr.

Aus den toten Fenstern drang kein Laut. Ich hatte erwartet, dass zumindest einzelne Gebäude, Räume oder Etagen auf diesem Gelände kleine Firmen beherbergten, doch nichts wies darauf hin, nicht die Spur eines Menschen. Ein offener Anhänger rostete abseits der Straße vor sich hin, platte Reifen, die Kupplung versunken im Dreck.

Nach zweimal links folgte zweimal rechts, und die Straßen wurden schmaler, einspurig. Mein Hemd begann, an meinem Rücken zu kleben, ich wischte mir Schweiß von der Stirn. Die Luft stand zwischen den Gebäuden und die Gemäuer und das Kopfsteinpflaster strahlten die

Hitze der vergangenen Wochen aus, dazu die Nachmittagssonne.

Dann fand ich den Parkplatz, der auf der mitgemailten Karte markiert war, und ich sah einen beigefarbenen Container. Davor parkten ein schwarzer SUV, ein kleiner roter Sportwagen und ein Motorrad, Marke Rennhobel, das aussah wie ein geducktes Neon-Insekt. Auf dem Container thronte eine Satellitenschüssel in den Ausmaßen unseres Wohnzimmers. Horchten die das Weltall ab?

Ich wollte gerade klopfen, da wurde die Tür von innen geöffnet.

»Darius?«, fragte die junge Frau freundlich.

»Ja.« Ich nickte, als hätte sie mein Ja missverstehen können.

»Ich heiße Kira. Komm rein, ich hab dich kommen sehen, mein Schreibtisch steht direkt am Fenster.«

Sie hielt mir die Tür auf und legte ihren Kopf schief, um die einladende Geste mit ihrem Arm zu unterstreichen. Ihr Haar hatte sie zu einem strengen Zopf zurückgebunden, der nun seitlich auf ihre Schulter fiel, und das schummrige Licht im Container ließ ihren dunkelroten Nagellack und den Lippenstift schwarz erscheinen. Sie trug eine Bluse und eine Hose in der Farbe des Containers.

Angenehme Kälte hüllte mich ein, das leise Summen der Klimaanlage, es roch nach Kaffee und Elektrosmog, garniert mit einer Spur ihres dezenten Parfüms. Ich blieb neben einem Watercooler und seinem Plastikbecherstapel stehen. Die Lamellen der Jalousie ließen die Sonne durch ihre Schlitze blinzeln, helle und schattige Streifen malten ihr Gitter auf den Schreibtisch, wo ein Device vor einem

Flatscreen lag. Ein Bürostuhl hinter dem Tisch, zwei auf meiner Seite.

An der Wand entlang erstreckte sich eine schmale Küchenzeile mit Kühlschrank und Spüle, daneben zischte die Kaffeemaschine ein letztes giftiges Geräusch. Zwei frische Tassen Cappuccino warteten auf dem Abtropfsieb. Am Ende ein runder Stehtisch neben einem Gang, aus dem sich ein älterer uniformierter Mann aus der Dunkelheit schälte.

»Ah, unser Gast, pünktlich!«

Der Mann streckte mir seine Hand entgegen, ich ergriff sie und wollte mich vorstellen: »Darius …«

»Darryman, ich weiß, ich weiß doch, wunderbar. Darius, setz dich.«

»Herr Spiess«, übernahm Kira die Vorstellung des Mannes, der in jedem Film die Rolle des freundlichen Nachbarn besetzen könnte. Ein gemütlicher Bauch, sympathische Falten, allein der Bürstenhaarschnitt mit den rasierten Seiten passten dabei nicht ins Bild.

Während er den Schreibtisch umrundete, zeigte er mit der linken Hand steif auf einen der anderen beiden Stühle, als wäre sein Zeigefinger daran angebunden.

Für einen Moment war ich unsicher, ob ich mich zuerst setzen musste oder umgekehrt, von daher entschied ich mich für die goldene Mitte.

Kaum saßen wir, stellte Kira die Kaffeetassen vor uns ab. »Einmal ohne, einmal mit Zucker.«

Bei Letzterem schaute sie mich an.

»Danke, so mag ich ihn«, brachte ich nur heraus, denn Herr Spiess klopfte einen unrhythmischen Takt mit einem Kugelschreiber auf den Tisch.

»Bis gleich«, sagte Kira und verschwand in dem Flur.

»Darryman, Darius, ja, willkommen erstmal bei uns. Darius, du siehst, wie geschmiert das hier alles läuft, das muss es auch. Wie geht es dir? Hast du gut hergefunden?«

»Danke.«

»Prima, bestens. Bestens waren ja auch deine Werte bei Raid, was?«

Er gestikulierte mit rechts, sein linker Arm lag wie ein Brett auf dem Schreibtisch.

»Ja …«

»Die letzte Runde habe ich mir eben noch einmal angeschaut, das Finale im Gebirge, eine fliegerische Meisterleistung, alle Achtung.«

Schon wieder wusste ich nicht, wohin mit meinen Armen und Beinen. Sollte ich sie übereinanderschlagen und mich zurücklehnen? Oder sah das zu hochnäsig aus? Armlehnen hatte mein Stuhl nicht, am liebsten hätte ich meinen rechten Arm auf die Rückenlehne des nächsten Stuhls gelegt, aber das hätte großkotzig ausgesehen. Ich ließ beide Füße am Boden und legte meine Hände auf die Oberschenkel.

»Ich habe viel … geübt.«

»Na ja, angemeldet am 14. November letzten Jahres, durchschnittliche wöchentliche Spieldauer von knapp über sechsundfünfzig Stunden, soviel ist das gar nicht.«

»Ich hätte mehr geübt, wenn nicht …«

»Nein, nein, nein, das ist gut, Darius, dass du das mit so wenig Übung geschafft hast. Du bist hier nicht in der Schule. Nur die Leistung zählt, nicht der Fleiß, der dahinter steht, den sehen wir in Verbindung mit der Zeit, die du für die Aufgabe benötigt hast. Und du hast ein ausgezeichnetes Zeit-Leistungsverhältnis. Um nicht zu sagen: Du bist unter den Top drei.«

»Es gibt zwei Mitbewerber um die Stelle?«

Er lachte auf. »Ja, aber nicht in vierhundert Kilometer Umgebung.«

Würde ich mich zu weit vorwagen, wenn ich jetzt nachhakte? Aber das war eine gute Gelegenheit. »Was spielt die Entfernung für eine Rolle? Soweit ich weiß, arbeiten Testspieler von zu Hause.«

Herr Spiess schwieg für einen Augenblick, als wollte er dadurch meine Aufmerksamkeit auf seine Mimik lenken. Weil die Sonnenstrahlen wegen der Lamellen seitlich auf sein Gesicht fielen, erkannte ich sehr genau, wie nacheinander verschiedene Gefühlsregungen von überrascht, verärgert, belustigt bis zufrieden über sein Gesicht huschten. In mir gefror alles, weil ich nicht wusste, wie er reagieren würde.

»Hm, Testspieler?«, fragte er.

Ich nickte.

»Möchtest du Testspieler werden?«

Im ersten Moment wollte ich Ja rufen, doch die Betonung seiner Frage ließ mehr als eine Deutung zu. Es war, als hätte er die Frage mit einem hinterlistigen Grundton gestellt.

Ich wollte nicht zu lange schweigen und sagte vorsichtig: »Ich hätte nichts dagegen, Testspieler zu werden.«

»Nichts dagegen. Das klingt nicht wie ein Traumberuf.«

»Oh, es wäre schon toll.«

Er grinste. »Das wollen viele.«

»Aber ich bin gut.«

»Viele, die weniger talentiert sind als du.«

Das war mal ein Lob.

»Darius, welches Spiel fällt dir denn ein, bei dem du gerne die nächste Version als Testspieler begleiten würdest?«

»Raid!« Hundertprozentig die richtige Antwort.

»Noch eins?«

»Nein, nicht wirklich, ich meine … also der Nachfolger …«

»Nur Raid?«

»Also, ja, am liebsten, aber natürlich wür…«

»Warum?«

Wegen seiner Unterbrechung musste ich meine Gedanken erst neu sortieren. »Weil Raid einfach das coolste und …«

Er stoppte mich mit einer Handbewegung. »Ja, das wissen wir, aber weswegen noch? Oder ist das der einzige Grund?«

Ich entschied mich für die ehrliche Antwort. »Die anderen Spiele sind zu einfach.«

»Die anderen Spiele sind zu einfach«, wiederholte er mich feierlich. »Für dich, lieber Darius, für dich.«

Trotz der Klimaanlage wallte Hitze in mir hoch, mein Kopf glühte.

»Testspieler für ein einziges Spiel, das wäre doch ein sehr begrenztes Beschäftigungsfeld, was?«

»Ja. Da haben Sie wohl recht.«

»Was?«

Damals dachte ich, er hätte mich nicht verstanden, aber es war seine Art, sich wiederholt bestätigen zu lassen, einen guten Moment auszukosten.

»Ja.«

»Na.« Er klatschte lautlos in die Hände. »Wollen wir mal sehen, ob es noch etwas gibt, wofür du dich eignest, etwas anderes als … Testspieler.«

Diesmal betonte er den Beruf eher abfällig.

Er schaute mir so ernst in die Augen wie niemals jemand zuvor, auf einer professionellen Ebene, voller persönlicher Neugier.

Ich hielt seinem Blick stand, weniger bohrend, offen, so hoffte ich, ohne mich dem ersten Impuls hinzugeben, mit den Schultern zu zucken. Das hätte deplatziert gewirkt.

»Wie stehst du zum Thema Sicherheit?«, fragte er mich aus heiterem Himmel. Das konnte alles bedeuten, und bevor ich fragen konnte, ergänzte er: »Überwachung, Aufklärung, Zusammenarbeit mit staatlichen Behörden?«

Ich musste hörbar ausatmen, das waren Begriffe, die ich mit den Nachrichten und Dokumentationen in Verbindung brachte, nicht mit mir und einem möglichen Beruf.

»Anders gefragt: Wie stehst du zu Drohnen?«, fragte er mich ruhig und ohne seine Augenlider zu bewegen.

Meine Gedanken waren wie Querschläger aus Leuchtspurmunition. Was hatte das mit Raid zu tun? Drohnen? Die gab es nun mal. Was konnte man dagegen haben? Manche Leute hatten etwas gegen Drohnen, Evelyn hatte etwas gegen Autos, andere waren allergisch gegen Katzen.

»Sprich zu mir, Darius.«

»Nichts, ich … Drohnen? Die fliegen eben.«

Er lehnte sich zurück, der Stuhl knarrte unter seinem Gewicht. »Hast du schon einmal eine geflogen?«

»Nein! Das darf man doch nicht.«

»Nur zwischen uns, privat.«

»Nein.«

»Mit Kumpels eine gebastelt?« Er blinzelte mir zu.

»Nein, ich ... na ja, in Technik mussten wir in der zehnten Klasse einen ferngesteuerten Helikopter bauen ... den frisierten dann meine Kumpels. Er flog nach dem ersten Start außer Reichweite, wir haben ihn nicht mehr gefunden.«

»Ts-ts-ts. Möchtest du mal eine Drohne fliegen? Eine richtige? Verschiedene. Für uns, für D-Air? Als Drohnenpilot?«

Was für eine Frage. »J-ja.«

»Als Drohnenpilot? Kannst du dir vorstellen, als Drohnenpilot zu arbeiten?«

»Ja!« Der Hammer, ich, ein Drohnenpilot!

Meine Hände rieben über meine Oberschenkel.

»Du siehst begeistert aus.«

»Bin ich, bin ich!«

Warum war ich nicht einfach still? Jetzt wiederholte ich mich schon. Bloß die Ruhe bewahren. Ich sollte irgendwie etwas Intelligentes sagen, möglichst normal klingen. »Die Ausbildung? Wie lange dauert die Ausbildung?«

Herr Spiess lehnte sich wieder vor und strich mit seiner rechten Hand nicht vorhandenen Staub vom Schreibtisch. »Welche Ausbildung denn noch? Du kannst morgen anfangen, Darius.«

»M...« Mir blieb das Wort im Halse stecken. Morgen? Wie meinte er das: welche Ausbildung noch? »Ich muss doch ausgebildet werden, von einem Fluglehrer. Flugstunden, Theorie, Technik ...«

»Darius.« Wieder seine beruhigend gehobene Hand. »Darius, du hast deine Ausbildung mit Bravour gemeistert.«

»Wa... a...«

Ich brachte kein vernünftiges Wort mehr heraus.

»Raid«, sagte er.

»Raid?« Nun war ich derjenige, der ihn wiederholte.

»Was glaubst du, warum das so schwer ist? Es ist ein Trainingsprogramm, ein Flugtrainingsprogramm für Drohnen, verschiedene Bauarten, unterschiedliche Witterungen, Einsätze bei Tag, Nacht, alle Bedingungen.«

Von welchem Spiel sprach er, meinem Raid? Von welcher Version? Gab es noch eine andere Version, mit Drohnen? Dann hatte ich die falsche gespielt, ich hätte vom Stuhl kippen können.

Ich hörte mich entfernt sagen: »In meiner Version gab es keine Drohnen. Nur Helis, Gleiter ...«

Er lächelte milde. »Natürlich. Natürlich gab es keine Drohnen. Es soll ja niemand mitkriegen. Das wäre ja was. Kannst du dir vorstellen, was da los wäre? Nein, nein, deine Helis, die Gleiter, die verschiedenen Ausführungen sind detailgenaue computergenerierte Drohnennachbauten mit exakt den gleichen Flugeigenschaften.«

»Echt?«

Ich fand meine Hände auf dem Schreibtisch wieder, aufgestützt, als wollte ich aufspringen. Ich legte sie wieder auf meine Oberschenkel.

»Nenn mir ein Modell, und ich sag dir die entsprechende Drohne dazu.«

»Die XT-17?«

»Reaper«, schoss es aus ihm heraus.

Oder wollten die mich auf den Arm nehmen? Ich meine, ein Container auf einem verlassenen Fabrikgelände und ich, der Zocker und Grundikassierer, soll Drohnenpilot werden, das schreit doch nach versteckten Kameras, Verarsche und peinlichen Videos im Netz.

»Was suchst du?«, fragte Herr Spiess.

»Ich kann das nicht glauben.«

»Verständlich.«

»Bin ich in so einer Loser-Show?«

»Nein. Glaub mir. Allerdings befindet sich eine Kamera in dem Lüftungsschlitz der Klimaanlage dort, die kannst du von hier aber nicht sehen, und sie hat nichts mit dem zu tun, was du vielleicht gerade denkst.«

»War das so offensichtlich?«

»Ich wurde psychologisch geschult.«

Was erzählte der mir alles? In einem Container auf einem verlassenen Fabrikgelände.

»Und warum nur ein Container?«, fragte ich.

»Ist doch unauffällig.«

»Ja, zu unauffällig.«

»Das soll es sein. Wir können ja nicht auf dem Marktplatz unser Zelt aufbauen. Wie du schon sagtest, nicht jeder findet die organisierte Sicherheit gut, lokal, national wie international. Außerdem sind wir mit einem Container höchst mobil.«

Hatte ich das gesagt? Egal. »Was ist, wenn ich das nicht glaube, nicht glauben kann, und ich stehe jetzt auf und gehe?«

»Ganz ehrlich, das wäre sehr, sehr schade. Für dich und für uns.«

»Was für Drohnen eigentlich?«

Bilder tauchten vor mir auf, von meinem Raketenbeschuss in Raid, die Explosionen, Rufe, Schreie im Kopfhörer, die waren Fake. »Soll ich etwa … auch schießen? Schieße ich?« Die letzten beiden Worte traute ich mich kaum auszusprechen.

»Nein, eins nach dem anderen. Wir lassen dich doch nicht gleich … du wirst Aufklärerdrohnen fliegen. Aufklärung, das ist alles. Das ist sehr wichtig. Elementar wichtig!«

Ich zeigte auf seine beigefarbene Uniform. »Bin ich dann Soldat?«

Wieder lachte Herr Spiess los, diesmal aus vollem Bauch. »Nein, um Himmels willen, du bist Angestellter, wie ich, bei D-Air Limited, einem Servicepartner der Sicherheitskräfte, einer Privatfirma, registriert auf den Cayman Islands. Wir werden angeheuert hauptsächlich von Konzernen und Regierungen, auf allen Ebenen: Bund, Land, Stadt und natürlich auch für internationale Aufträge. Apropos Auftrag«, er zog eine Schublade am Schreibtisch auf und schmiss mir einen großen Umschlag vor die Nase, »dein Vertrag.«

Mein Kopf brummte, wie aus Reflex fragte ich: »Kann ich darüber schlafen?«

»Sicher. Aber warum?«

»Ich weiß nicht, ich kann das alles nicht glauben, vielleicht habe ich noch Fragen, die …«

»Fragen können wir immer erklären, wir können alles klären, auch später. Natürlich kannst du gehen und noch einmal darüber schlafen, aber ich muss dir auch sagen, dass es andere Jungs wie dich gibt, die liebend gerne vierhundert Kilometer umziehen würden um hier zu arbeiten, wenn es sein muss.«

»Warum sind Sie sich so sicher mit mir?«

»Du hast als einer der ganz wenigen Raid geschafft, in einem grandiosen Zeit-Leistungsverhältnis. Du bist pünktlich, zuverlässig, jung, reaktionsschnell, du weißt dich zu benehmen, du verhältst dich hier tadellos, möchtest arbeiten, bist aufmerksam, outside the box, du denkst mit, und es ist ja auch eine Frage des Teams, und da passt du zu uns, soweit ich das beurteilen kann. Ich weiß im Augenblick nicht, warum ich zögern sollte, dir die Stelle anzubieten. Auf Probe, natürlich.«

»Natürlich.« Meine Hände spielten mit dem Umschlag, ich sah die Abdrücke meiner vor Nervosität feuchten Finger. »Und Fragen können wir noch später klären?«

»Auf jeden Fall. D-Air ist ein global operierendes Unternehmen, wir können über alles reden, wir wollen glückliche Mitarbeiter. Da kann man alles regeln. Lies dir den Vertrag in Ruhe durch, ich bin mal eben im Cockpit. Übrigens, auf Seite sechs steht dein Gehalt.«

Er stand auf und klopfte mit den Fingerknöcheln seiner linken Hand auf den Schreibtisch. Ein ungewohnt helles Geräusch, das trockene Klopfen einer künstlichen Hand. Er trug eine Prothese mit beweglichen Gelenken.

*

Ich war allein mit der summenden Klimaanlage, der unsichtbaren Kamera darin und neun Seiten Arbeitsvertrag. Ich blätterte darin herum, unfähig einen zusammenhängenden Satz zu verstehen. Mit dem juristischen Wortlaut hätte ich sonst schon Probleme gehabt, aber unter diesen Bedingungen, so überraschend mit der Chance meines Lebens konfrontiert, einem Jobangebot als Drohnenpilot, verschwammen die Buchstaben und verloren die Worte ihre Bedeutung.

Das war was Ernstes. Das war eine Karriere, kein Job, kein Sackgassenjob. Drohnenpiloten waren überall gefragt: privat, Wirtschaft, Politik, Wachdienst, Militär, auf der ganzen Welt.

Dennis aus meiner Abschlussklasse wollte Drohnenpilot werden. Hatte er es geschafft? Wir waren nie Freunde gewesen, er war einer dieser angesagten Typen, die sich nicht mit jedem abgaben, besser als andere waren. Ich träumte nicht mal davon, Drohnenpilot werden zu können.

Was gab es da zu überlegen? Herr Spiess musste denken, ich hätte einen an der Waffel.

Soweit ich das beurteilen konnte, handelte es sich um einen ganz normalen Vertrag für einen außergewöhnlichen Beruf. Nicht dass ich jemals andere Arbeitsverträge gelesen hätte, aber so stellte ich sie mir vor – nur nicht an mich ausgehändigt zum Beruf als Drohnenpilot in einem geheimen Container mit Cockpit.

Seite sechs. Ein Kribbeln stieg in mir auf. Das Gehalt war gestaffelt, gleich zu Anfang verdiente ich mehr als Evelyn, nach einem halben Jahr Probezeit würde sich mein Monatslohn verdoppeln und nach einem weiteren halben Jahr noch einmal! Am Ende las ich: *danach Neuverhandlung des Vertrages*. Mir wurde wieder warm. Wo war der Kugelschreiber?

Schritte hinter mir.

Während ich mich umdrehte, sagte ich: »Ich freue mich schon darauf.«

»Worauf?«, fragte der fremde Mann in Uniform. Er war großgewachsen und seine Koteletten zeigten wie Keile zu seinem Mund. Kerzengerade stand er da, südländischer Typ, seine linke Hand blind eine Espressokapsel in die Maschine stopfend.

»H-hi«, stammelte ich. »Ich … ich werde Drohnenpilot.«

Das klang selten dämlich, wie: Ich werde Feuerwehrmann.

Er platzierte seine Tasse unter dem Ausguss. »Willkommen«, sagte er, aber er hätte auch Arschloch sagen können, und in der gleichen Betonung ging es weiter: »Ich heiße Tarik. Wir Piloten duzen uns alle.«

»Darius.«

Wir Piloten hatte er gesagt. Wir Piloten. Er und ich und all die anderen: Kollegen. »Cool.«

Er dachte über etwas nach und fragte: »Wie alt bist du?«

Der Kaffee lief blubbernd durch. In den herben Geruch mischte sich ein anderer, von ihm ausströmender, weihnachtlicher.

»Siebzehn. Bald achtzehn.«

Wenn er darauf reagierte, dann für mich unsichtbar. Deswegen fragte ich zurück: »Und du?«

»Anfang dreißig.«

Seltsame Antwort. Meine Verwunderung sah er mir an, die meisten konnten das bei mir, daher hatte ich immer beim Pokern in den Pausen verloren.

»Nimms mir nicht übel, Vorname und ungefähres Alter genügen. Je weniger man übereinander weiß, desto besser.«

Ich überlegte, ob ich ihn etwas fragen sollte. Was hatte ich zu verlieren? Leiser als zuvor sagte ich: »Kannst du, als Kollege sozusagen, mal einen Blick auf meinen Vertrag werfen, ob damit alles stimmt?«

Er verzog hämisch einen Mundwinkel. »Nimm ihn doch nach Hause und zeig ihn deiner Mama.«

Wie ein Schlag in den Magen. Ich drehte mich wieder um. »Dann nicht. Ich dachte nur …«

»Hey, spiel nicht den Beleidigten, das ist Vertragsgeheimnis, letzter Paragraph. Wenn du eine konkrete Frage hast, dann schieß los.«

»Nein, habe ich nicht.«

»Hast du noch ein Angebot?«

Ich guckte über meine Schulter. »Wie?«

»Als Pilot, woanders?«

»Nein.«

»Bist du Millionär?«

»Nein.«

»Grundi?«

»Ja.«

»Was überlegst du dann?«

Sein Kaffee war durch, er prostete mir zu. »Ich muss wieder. Das Pit ruft.«

Cockpit, ergänzte ich im Kopf. »Viel Glück!«

»Danke.«

»Sagt man das?«

»Kannst du nie Glück gebrauchen?«

»Schon …«

»Na, passt. Bis dann.« Und damit verschwand er im Flur. Die Kaffeemaschine fauchte hinter ihm her.

Der Kugelschreiber lag auf der anderen Seite des Tisches, ich beugte mich vor, klickte die Miene raus und unterschrieb mit Datum und Ort auf der letzten Seite.

Herrn Spiess hatte ich gar nicht kommen gehört, mit seiner gesunden Hand fasste er meine Schulter. »Jetzt bist du einer von uns.«

Kira erschien wieder und schüttelte meine Hand. »Jetzt noch mal richtig: Willkommen, Darius.«

»Willkommen«, sagte ich, völlig sinnlos, berauscht vom unverhofften Glück.

»Ich blue dir noch einen Vordruck aufs Device, den dein Vater unterzeichnen muss, digital reicht. Du bist ja noch siebzehn, ein paar Wochen lang.«

»Okay.«

Sie hatte angenehm warme Hände.

*

In der Straßenbahn blieb ich stehen, obwohl genug Sitze frei waren. Ich war zu aufgeregt, projizierte durch das Fenster meine Träume auf die vorbeiziehenden Häuserfassaden. Bald könnte ich von zu Hause ausziehen, leben, totale Freiheit, Evelyn.

Was kosteten Wohnungen eigentlich? Was war für mich möglich? Ein Zimmer? Zwei? Bisher brauchte ich mir darüber keine Gedanken machen. Ich haspelte mein Device aus seiner Tasche am Gürtel, wischte über den Screen und rief die Anzeigenseite eines Mietwohnungsportals auf. Mit der Schulter an der Glaswand neben dem

Ausgang lehnend, klickte ich Häkchen an, Zwei-Zimmer-Wohnung und Südstadt.

Auf den ersten Blick war klar, bei den Mietpreisen bräuchte ich nicht mal die billigste Bude zu wählen, kriegen würde ich jede, mit einem guten Job und einem solchen Vertrag, ein Karrieretyp, der nicht allein vom Grundi lebte. Jeder Vermieter würde mich mit Kusshand nehmen.

Zum Glück öffneten sich die Türen direkt vor dem Schwanenteich, sonst hätte ich meinen Ausstieg womöglich verpasst. Versunken in die Traumwelt meiner zukünftigen Wohnung, weckte mich die Hydraulik der Straßenbahntüren. Ich überquerte die Straße und musste plötzlich zur Seite springen, denn ein dunkler amerikanischer Van näherte sich mit überhöhter Geschwindigkeit. Als ich ihm einen Vogel zeigte lenkte er auf mich zu, um mir Angst einzujagen. Wie konnte der trotz Speedlimiter so schnell fahren? Idiot!

Während ich den abschüssigen Weg nahm zwischen den Wiesen entlang runter zum Versammlungsplatz der Demonstranten, scrollte ich über die Wohnungsangebote und las Stichworte wie Open-Concept-Living mit Balkon, Ostseite, Wallscreen, integriertes Dolby Surround.

Weiter rechts bauten einige bunt gekleidete Studenten ihre Zelte auf und schlugen Heringe in den weichen Boden. Die Gruppe der Demonstranten war auf gute hundert angewachsen.

»Darius!«, hörte ich Evelyn vom Ufer rufen.

Sie schob mit dem Rasta-Demonstranten Sven ein Ruderboot zum Teich. Ihnen fehlten wenige Meter. Ich wischte meine Träume beiseite und lief zu ihnen hin.

Im Boot lag ein riesiges rot-weißes Stoffknäuel, es nahm fast den ganzen Innenraum ein.

»Was habt ihr vor?«, fragte ich.

Sven richtete sich auf und warf seine langen Haare nach hinten, was seiner Person etwas Löwenhaftes verlieh.

Evelyn sprach aus ihrer gebückten Haltung, sie versuchte, das Boot allein ins Wasser zu schieben. Ihre Anstrengung war hörbar. »Du hast es ja doch noch geschafft.«

»Klar, bin direkt hierher nach dem Einstellungsgespräch.«

»Wir wollen da ein Banner befestigen«, sagte Sven und zeigte auf die Nadel in der Mitte des kleinen Sees.

Es gab sicherlich Menschen, die hätten sich nach der Art meines Einstellungsgespräches erkundigt. Ihn – oder Evelyn – interessierte das gerade nicht.

Erst jetzt fiel mir auf, dass der Springbrunnen ausgeschaltet war. Dabei war es noch längst nicht neun Uhr.

»Warum ist der Springbrunnen aus? Kaputt?«, fragte ich.

»Nein, den hat die Stadt abgestellt«, antwortete mir Sven.

»Und weil das ein Zeichen von denen ist, setzen wir unser Zeichen! Aus Protest«, sagte Evelyn. Ihre Worte klangen wie ein Zitat von diesem Sven.

Der Kiel des Holzbootes schlingerte über den Kies. Wir halfen ihr, ich mit einer Hand, in der anderen mein Device haltend, um ihr gleich die Wohnungen zeigen zu können. Als das Boot ins Wasser glitt, hielt Sven das Heck fest, sonst wäre es abgetrieben.

»Wollt ihr beide das machen?«, fragte er.

Eigentlich meinte er damit nur mich, denn Evelyn war ganz offensichtlich dabei.

»Ja, klar«, sagte ich.

Evelyn bestieg das Boot und stützte sich auf Svens Schulter ab. Ich folgte ihr und setzte mich rasch, weil es derart schwankte. Er reichte ihr die Ruder, ich saß am Heck. Nach einigen unbeholfenen Versuchen, bei denen sie mich nassspritzte und wir lachen mussten, brachte sie uns auf Kurs. Das Klatschen der Ruder im Wasser hallte über den Teich.

Ich schaute Evelyn zu, wie sie sich anstrengte. Ihre Lippen presste sie aufeinander zu schmalen Strichen. Ich weckte mein Device und zog das Bild eines Wohnzimmers mit Balkon auf Bildschirmgröße. Dann drehte ich es um, sodass Evelyn es sehen konnte.

»Guck mal.«

Sie blickte verwundert auf das Wohnzimmer und mir ins Gesicht. »Was ist das?«

»Die Zukunft.«

Wasser spritzte auf mich, ich rieb das Device trocken.

»Wie, Zukunft?«

»Ich war doch bei dem Einstellungsgespräch und …«

»Stimmt. Wie lief es?«

»Hätte nicht besser laufen können.«

»Das heißt?«

»Du wirst es kaum glauben, ich glaube es kaum.«

»Mach es nicht so spannend, du Testspieler.«

»Nix Testspieler. Ich bin Drohnenpilot.«

»Was?«

Sie kam aus dem Takt und hörte auf zu rudern, das Boot trieb weiter, das Wasser gluckste an der Bordwand.

Jetzt erst schaute sie mir das erste Mal heute richtig in die Augen.

»Drohnenpilot, ich werde Drohnenpilot.«

»Ist nicht dein Ernst.«

»Natürlich, das ist doch großartig, freust du dich nicht? Meine Karriere!«

»Als Drohnenpilot? Du hast bisher nur am Computer gespielt und sollst jetzt Drohnen fliegen?«

»Wieso nicht?«

Das Boot verlor an Fahrt und drehte leicht vom Kurs ab. Evelyn ruderte wieder, aber langsamer, weniger verbissen, eher, um den Kurs zu korrigieren.

Über ihre Stirn zogen sich Falten. »Aber was sind das für Drohnen? Zur Bespitzelung? Mit Waffen?«

Sie legte rumpelnd die Ruder hoch, zunächst sah es so aus, als wollte sie mir mit den Dingern eine scheuern. Wir trieben auf die große dunkle Nadel zu.

Ich hätte ihr gern gesagt, was für Aufträge D-Air hatte, dass ich nur Aufklärerdrohnen fliegen würde, aber dieses Geheimnis zwischen uns war wohl der Preis für meine Karriere. Herr Spiess hatte mir die goldenen drei Regeln aus den Vorschriften an den Fingern seiner künstlichen Hand abgezählt, bevor er unser Gespräch beendet hatte: Verschwiegenheit, Verschwiegenheit, Verschwiegenheit.

»Das darf ich nicht sagen.«

Der Bug stieß an den rostigen Stahl. So nah war ich der Nadel noch nie gewesen, sie stellte sich dicker heraus als erwartet. Wie ein spitz zulaufender, in sich verdrehter Baumstamm, wie ein gigantischer Korkenzieher.

Evelyn schüttelte den Kopf. »Das darf ich nicht sagen. Du solltest dich mal hören. Das ist irgend so eine halb legale Firma, die mit Überwachung und Kriegen ihr Geld verdient.«

»Ja, genau, Geld. Ich verdiene etwas! Gut sogar!«

»Klar.« Evelyn umarmte die Nadel, zurrte das Boot fest und wischte sich mit dem Armrücken den Schweiß von der Stirn. »Hilf mir mal. Stell dich hin und klammere dich an den Springbrunnen. Dann steige ich auf deine Schultern und knote das Banner so weit oben wie möglich an die Nadel.«

»Klingt nach Epic Fail.«

»Mach!«

Ich verstaute mein Device in der Tasche. Auf dem Boden des Ruderbootes hatten sich bereits Pfützen gebildet.

»Filmt dieser Sven uns schon?«, fragte ich.

Evelyn zog ihre Sandalen aus und schmiss sie zum Bug. Aus dem Stoffwust fummelte sie das dünne Drahtseil, das sie von der Nadel zum Ufer spannen wollte.

»Such dir einen sicheren Halt«, schlug sie vor.

Sobald ich aufstand, schwankte das Boot heftig. Ich konnte gar nicht anders, als die Nadel ebenfalls zu umarmen. Sie roch nach feuchtem Rost und Moos, das sich an vielen Stellen ausgebreitet hatte. Ich musste aufpassen, dass ich mit meinem Gesicht keine scharfe Kante berührte.

»Die Kanten sind messerscharf«, warnte ich sie.

»Stehst du sicher?«

»Nein, aber das werde ich hier nie.«

»Gut«, sagte sie, »kannst du dich ein bisschen kleiner machen?«

Ich ging etwas in die Knie und sie bohrte ihren Fuß von hinten in meine Hüfte. Als Nächstes spürte ich ihre

Hände auf meinen Schultern, sie zog sich langsam nach oben, indem sie auch ihren anderen Fuß in meine Hüfte stemmte. Ihr Gewicht, das schwankende Boot – mein Körper begann zu zittern.

Sie hielt inne und nuschelte beinahe unverständlich: »Geht's?«

Ich schaute schräg zu ihr hoch. Sie hatte den Draht in ihrem Mund. Wie eine Piratin, dachte ich. Meine Evelyn. Sexy.

»Ja, aber mach schnell«, sagte ich.

Nacheinander landeten ihre Füße auf meinen Schultern und ich kämpfte mit der Balance. Über mir hörte ich, wie sie den Draht um den Stahl legte. Ich warf einen Blick auf ihre Füße neben mir. Auch sie zitterte. Eine falsche Bewegung und wir würden im Wasser liegen.

Mein Rücken schmerzte, weil ich unser Gewicht so weit wie möglich über die Mitte des kleinen Bootes verlagern musste, da es sonst zu kentern drohte.

»Und?«, rief ich prustend wie ein Gewichtheber.

»Moment!«

Die Enden ihres Rocks berührten meine Haarspitzen. Ich wollte schon etwas sagen, da dämmerte mir das ganze Ausmaß dieser nicht unerotischen Aktion. Ich könnte einen unauffälligen Blick nach oben werfen, unter ihren Rock, ohne dass sie es bemerken würde. Sie sah mich ja nicht.

Ich legte den Kopf in den Nacken, wobei meine Augen der Innenseite ihres linken Beines nach oben folgten.

»Hey, der guckt dir unter den Rock«, rief Sven durch ein Megafon vom Ufer, gefolgt vom Gelächter sämtlicher hundert Leute im Park.

Ich zuckte zurück, blickte nach unten.

»Schwein«, kam leise von oben.

»Habe ich nicht«, murmelte ich betont, wie ein Schuldeingeständnis vor Gericht.

»Aber du bist mein süßes Schwein. Und welche Farbe hat mein Höschen?«

»Weiß«, log ich spontan.

»Glück gehabt.«

*

Auch noch, als ich die Wohnungstür zu Hause öffnete, grenzte es für mich an ein Wunder, dass unsere menschliche Minipyramide auf dem schwankenden Boot nicht einfach zusammengefallen war. Wir hatten es geschafft, das Drahtseil an der Nadel zu befestigen und waren mit dem anderen Ende zurückgerudert, wobei ich zum Ausgleich diesen Part übernommen hatte. Ein Punk war mit dem Drahtseilende in einen Baum geklettert und das Banner war straffgezogen worden: *Schwanenteich bleibt!*

Auf dem Weg nach Hause hatten wir jedes kleine Detail, jeden weiteren Beinahesturz ins Wasser durchgekaut. Wir hatten gegen ein kosmisches Gesetz verstoßen, indem wir das Unmögliche geschafft und von einem wackligen Ruderboot aus das Banner mit dem Seil an den Springbrunnen geknotet hatten. Innig hatten wir uns vor meiner Haustür verabschiedet. Sie hatte mir einen geschmatzten Kuss auf die Wange gegeben, der mehr ausdrückte als einer auf den Mund. Unser Streit über meinen neuen Job war nach diesem Abenteuer vergessen.

Ich schloss die Tür, stellte die Schuhe ins Regal und folgte dem flackernden Schein am Boden zur Lichtquelle.

»Du kommst spät. Warst du mit deinen neuen Arbeitskollegen noch einen trinken?« Mein Vater lachte über seinen Witz.

Auf dem Flatscreen lief eine Comedy-Show. Ein Typ mit besonders buntem Sakko gab sich stotternd Mühe, einen Satz zu beenden. Nicht witzig.

»Ich habe Evelyn getroffen.«

»War nix mit dem Bewerbungsgespräch?«

»Hab den Job.«

Ich wusste, das würde ihm Leben einhauchen. Er setzte sich auf, drehte sich zu mir, stutzte.

»Wie siehst du denn aus? Warst du so da? Bei der Firma?«

Er meinte die dreckigen Schultern meines T-Shirts, meine Hände braun vom Rost, meine Arme, als hätte ich mich mit Selbstbräuner schlecht eingerieben.

»Nein, das war danach. Wir waren am See.«

»Erzähl, was ist mit dem Job?«

»Ich kam richtig gut an.«

»Wofür? Was machst du?« Er wurde richtig enthusiastisch.

»Ich werde Drohnenpilot.«

Mein Vater tat so, als hätte er sich verhört. »Drohnenpilot, das ist doch ein richtiger Beruf.«

»Ja.«

»Sicher?«

»Ja!«

»Wie … bist du denn da rangekommen?«

»Tja …«

»Wie kann das sein? Darius, erzähl! Erzähl!« Er stand auf und wankte auf mich zu, als müsste er ein schwankendes Ruderboot überqueren. Das Glas war nicht sein erstes. Er blieb vor mir stehen. Ich roch das Bier.

»Es hat mit dem Computerspiel zu tun. Diese Firma hat mich eingeladen und sie möchten mich als Drohnenpiloten.«

Genauer wollte ich ihm den Zusammenhang nicht erklären.

Mein Vater überlegte. »Dann war deine ganze sinnlose Zockerei am Computer doch nicht so sinnlos.«

Ich lächelte. »Nein. Ganz im Gegenteil. Es war mein Tor zu einem Job.«

»Nenn Drohnenpilot nicht einfach einen Job! Das ist ein Beruf, ein guter Beruf, eine Karriere. Da habe ich letztens erst wieder was in den Nachrichten gesehen, die werden überall gebraucht, bei jedem größeren Unternehmen. Ich kann es noch gar nicht fassen. Das ist ja eine gute Nachricht!« Er drehte sich um, als suchte er was, und murmelte: »Ich hatte die Hoffnung schon aufgegeben, fast aufgegeben.« Er wandte sich wieder mir zu, mit einem Gesicht, als wäre ihm der Haken an der Sache eingefallen. »Hast du einen Arbeitsvertrag mitbekommen?«

»Ja.«

»Nicht unterschrieben.«

»Doch.«

»Von denen auch?«

»Ja. Ach ja … Moment.« Ich holte das Device hervor, aktivierte Kiras Vordruck und kippte den Bildschirm in seine Richtung. »Du musst da noch unterschreiben, ich bin ja noch nicht volljährig.«

Er tat so, als lese er ein paar Zeilen und unterschrieb mit dem Zeigefinger. »Wann fängst du denn an, wann soll es losgehen?«

Ich verstaute das Device wieder in seiner Tasche. »Morgen.«

»Morgen, morgen schon!« Er klatschte sich auf die Oberschenkel.

»Ja.«

»Das ist ja … ich freue mich so, Darius, und da stehst du so da.«

Endlich nahm er mich in die Arme und drückte mich, den Dreck an mir ignorierend, der war nicht mehr wichtig. Er tätschelte sogar meinen Rücken, wie er es lange nicht mehr getan hatte, als hätte ich mir wehgetan, als wollte er mich trösten.

Applaus für den Comedy-Star. Sein Abgang. Die Werbung begann.

Es war eine ungewöhnlich lange Umarmung.

»Das müssen wir feiern«, sagte mein Vater und rannte in die Küche. »Ich komme sofort wieder.«

Auf dem Screen versprach ein neues Deodorant Schutz vor Transpiration für eine Woche, geruchslos, fleckenlos, mit und ohne Duschen.

Mein Vater reichte mir die geöffnete Bierflasche. »Komm, auf dich!«

»Auf dich!«, sagte ich.

»Ah«, machte er und winkte ab. »Prost!«

»Prost.«

Ein dumpfes Klong der beiden Flaschenböden. Ich nahm einen Schluck, mögen werde ich es nie, aber ich wollte meinem Vater den Wunsch nicht abschlagen.

Er setzte erst ab, als die Flasche halb leer war.

»Hach«, machte er und holte Luft, um etwas sagen. Doch dann wanderte sein Blick zu dem digitalen Bilderrahmen in der Schrankwand. Er zeigte gerade Mutter in der Küche beim Backen mit einem gespielt empörten Gesichtsausdruck, weil sie nicht fotografiert werden wollte.

Er räusperte sich, aber ich könnte schwören, er wollte den Satz schon mit »Sie« angefangen.

Ja, sie hätte sich auch gefreut.

.04

Mein Device riss mich mit seiner zu hohen elektronischen Melodie aus dem Schlaf, zeitgleich schellte der alte Wecker, dessen Schlegel zwischen den silbernen Glocken hin- und herjagte wie eine gefangene Flipperkugel in einem Retrogame. Vor Überraschung wusste ich nicht, welchen Lärm ich zuerst stoppen sollte. Schließlich griffen meine Hände nach den Höllenmaschinen und beendeten das Spektakel. Ich saß aufrecht im Bett. Pünktlich aufgewacht. Ziel erreicht.

Gestern waren Zweifel in mir aufgekeimt, ob ich überhaupt in der Lage wäre, so früh aufzustehen. Die Schule gehörte der fernen Vergangenheit an und danach ergab sich die Gelegenheit nicht mehr. Damals reichte mir mein Device, hätte ich verschlafen, wäre das auch nicht tragisch gewesen.

Für meinen ersten Arbeitstag heute vertraute ich nicht dem Device allein, daher hatte ich mir den großen gelben Wecker aus dem letzten Jahrtausend ans Bett geholt. Sein Ticken hatte mich fast am Einschlafen gehindert, erinnerte es mich doch stets an die Uhrzeit. Ich hatte schon besser geschlafen.

Aber ich war wach und die Welt wartete auf mich, D-Air wartete auf mich.

Ich duschte, aß ein Brot, machte mir einen Cappuccino, putzte mir die Zähne, zog meine besten Klamotten an, die auf einmal alle alt und unbedeutend im Licht der anstehenden Aufgabe erschienen.

Vom ersten Gehalt würde ich mir erstmal eine neue Hose, Schuhe und Hemden besorgen, die meinem Beruf gerecht wurden. Selbst wenn ich vielleicht irgendwann eine solche beigefarbene Uniform bekommen würde, auch der Weg dorthin zählte für mich. Es war anders. Das Leben fühlte sich anders an. Ich fühlte mich anders an.

Das Schnarchen meines Vaters drang aus dem Schlafzimmer meiner Eltern. Ich hatte noch ein paar Minuten, bevor ich zur Straßenbahn müsste. Also räumte ich meinen Frühstücksteller und das Messer in die Spülmaschine, wischte mit einem Lappen über den Tisch und machte danach mein Bett.

Ich zog mir die Schuhe an, hängte mein Device-Bag an den Gürtel und schloss die Wohnungstür leise hinter mir.

*

Die Luft roch frisch an diesem Morgen, belebender als jeder Kaffee, und die Vögel zwitscherten in den Bäumen.

Warum war mir das nie auf dem Schulweg aufgefallen? War das der Routine zuzuschreiben? Wie ein Roboter hatte ich mir nach dem Aufstehen einen Toast reingeschoben und mich auf mein Fahrrad geschmissen. Auch jetzt sah ich Schüler, die wie ich damals mit leerem Gesichtsausdruck und prallen Rucksäcken auf dem Gepäckträger zur Schule gurkten.

Sie beachteten mich nicht, ich war aus ihrer Welt herausgetreten.

Am Ende unserer Straße verließ ein Mann gerade das Wohnhaus. Ich kannte ihn vom Sehen, er nickte mir zu, während seine Lippen Guten Morgen formten.

Laut wünschte ich ihm meinerseits: »Guten Morgen.«

Sieht man Menschen ihre Aufgabe an? Den Sinn im Leben, das Streben, das Vorankommen?

Ich versuchte, mich daran zu erinnern, ob wir uns zuvor gegrüßt hatten. Mir fiel keine Gelegenheit ein.

Schon von Weitem erkannte ich einige Leute, die an der Haltestelle standen und über die Bildschirme ihrer Devices wischten. Ihre Anordnung und ihre Körperhaltung mit den gesenkten Köpfen verliehen ihnen etwas von großen flügellosen Vögeln mit dicken Beinen, die gemeinsam herumstanden und auf Futter warteten, das aus dem Erdreich kriechen sollte.

Ich reihte mich ein und bemerkte die Blicke. Ein Neuer. Demolition spielte ich nicht, ich sog die unbekannte Atmosphäre auf.

Eine Autowelle brummte an uns vorbei, die Ampel weiter oben war auf Grün gesprungen, und die Straßenbahn hielt vor uns.

Die Pendler nahmen wie selbstverständlich ihre Plätze ein, als hätten sie sich vorher abgesprochen. Ich setzte mich neben einen Mann mit einer dunklen Schiebermütze, die er sich nickend mit dem Daumen zurechtrückte, als ich auf den leeren, mit Edding beschmierten Schalensitz deutete.

Während die Straßenbahn ruckelnd anfuhr, fragte er: »Jobanfang? Erster Tag auf der Arbeit?«

»Ja. Sieht man mir das an?«

Er lehnte sich an das Fenster. »Traumjob?«

»Ja.«

»Das ist gut. Gut für dich.« Er kratzte sich mit zwei Fingern an der Schläfe.

»Und Sie?«

»Ich kann nicht klagen, ich habe einen Job.«

Der Mann hatte keine Tasche dabei. »Ist ihr Device kaputt?«

»Hah, nein, brauche ich nicht.«

»Oh.«

Ich wusste nicht, was ich darauf sagen sollte. Auch er sagte nichts mehr, als hätte er mir ein peinliches Geheimnis verraten. Wer brauchte kein Device? Was tat er gegen Langeweile?

Wir ratterten am Schwanenteich vorbei. Die bunten Dächer dutzender Zelte verteilten sich auf der Wiese mit den Demonstranten. Von denen war noch keiner wach.

*

Vor dem Container parkten heute nur der SUV und der Sportwagen. Kira hatte mich wieder kommen gesehen, sie öffnete die Tür. »Guten Morgen, Darius!«

»Guten Morgen.«

»Herr Spiess trifft in einer halben Stunde ein. Du musst so lange mit mir vorlieb nehmen.«

»Das wird schon gehen.«

Sie sah exakt so aus wie gestern. Make-up, Uniform, Haare, nicht eine Strähne schien anders zu fallen.

»Wir beide haben auch noch ein bisschen zu tun«, sagte sie.

Auf dem Schreibtisch warteten auf jeder Seite eine Tasse Cappuccino, ebenso Dokumente, Tacker, Locher, Kugelschreiber.

»Wir?«

»Papierkram. Wird dir vorkommen wie in der Schule.«

»Hoffentlich nicht.«

Sie lachte, wir setzten uns und als erstes bluete ich ihr das von meinem Vater unterschriebene Formular.

»Prima.« Sie schnappte sich den obersten Packen Papier und löste mit ihren schmalen Fingern eine Büroklammer.

Ich nippte am Kaffee. »Danke übrigens.«

»Gern geschehen. Hier dreifach unterschreiben, ein Durchschlag ist für dich, einer für unsere Unterlagen, einer für die Zentrale.«

»Was ist das?«

»Versicherungstechnisches. Kannst du gerne lesen.«

»Danke, nein, wo soll ich unterschreiben?«

»Letzte Seite rechts unten, mit Ort und Datum.«

So ging das Umschlag für Umschlag, mal zwei, mal drei, mal vier Durchschläge, Arbeitsrechtliches, Vertragsergänzungen, keine Ahnung, ich kam mir vor wie im Trainingscamp für Unterschriften, es war, als formte sich meine Signatur an diesem Tag mit zunehmendem Tempo. Manchmal musste ich die Seiten zuvor auch mit meinen Initialen abzeichnen.

Wenn sie mir nicht den nächsten Schwung Papier herüberschob, füllte nur das Summen der Klimaanlage den Raum mit seinem seltsamen Ton. Und wenn ich darauf achtete, klang auch das Absetzen der Kaffeetasse anders.

»Hast du was?«, fragte sie.

Ich hob die Tasse an und stellte sie wieder ab. »Klingt ... wie soll ich sagen ...«

»Schalldicht?«

»Wie?«

»Der Container ist schalldicht, die hellen Geräusche werden geschluckt. Von draußen hört man nichts. Nie. Wir könnten auch in Berlin auf dem Kudamm stehen. Wär ruhig hier drinnen. Du gewöhnst dich schnell daran.«

»Ja, stört ja nicht. War nur anders.«

»Im Cockpit muss absolute Ruhe herrschen. Deswegen.«

»Klar.«

»Das siehst du gleich, wenn Herr Spiess da ist.«

»Okay.«

»Der Rest geht jetzt schnell. Schon aufgeregt?«

Wie alt mochte sie sein? Zwanzig?

»Ja. Ist der Wahnsinn.«

»So, das sind die letzten Vordrucke. Danach bluest du mir noch deine restlichen persönlichen Daten und du bist mich los.«

*

Ich ließ gerade wieder mein Device in der Tasche verschwinden, da marschierte Herr Spiess aus dem Flur in den Büroraum.

»Guten Morgen, Darius. Hast du nach dem ganzen Papierkram überhaupt noch Lust, hier anzufangen?«

»Ja!« Ich stand auf.

»Ich kann dir auch versprechen, dass du nun Ruhe davor hast.«

Wir schüttelten einander die Hände.

»Kira, Sie sind fertig mit ihm?«

Vorname und Siezen fand ich immer seltsam.

»Er gehört Ihnen.«

Der Ton der beiden war freundlich, ein gutes Betriebsklima nennt man das wohl.

Herr Spiess zog mich beinahe hinterher, als er sich Richtung Flur drehte. »Komm, ich zeig dir das Cockpit.«

Ich folgte ihm eilig.

»Gleich hier.« Er stieß die Tür zum Raum nebenan auf und ließ mich als Ersten eintreten.

Ich hatte Dämmerlicht erwartet, aber grelle Neonröhren an der Decke erhellten die Bildschirme, Keyboard, Joystick und die beiden Ledersessel. Mehr noch als dass ich mich in einem echten Drohnencockpit befand, beeindruckte mich die Tatsache, dass ich mich gleichzeitig zu Hause fühlte. Keyboard und Joystick sahen vertraut aus, aber auch die Maps und Views auf den Bildschirmen.

Ich schnallte mein Device-Bag vom Gürtel und legte ihn auf den Tisch, ohne meinen Blick vom Hauptschirm zu lassen, der in der Breite die zwei kleineren darunter übertraf. Er zeigte die Frontsicht einer fliegenden Drohne.

»Autopilot«, sagte Herr Spiess hinter mir.

»Ja, Diode A leuchtet.«

»Stimmt, wem sag ich das. Setz dich.«

Das Leder knirschte unter mir. Herr Spiess drehte einen Schalter an der Wand, er dimmte das Licht auf das Nötigste runter.

»Angenehm!«, sagte ich.

»So muss es eigentlich immer sein, ich wollte nur, dass du das Cockpit einmal in all seiner Pracht siehst. Deswegen ist auch im Vorraum nie volles Licht, damit sich die Augen so schnell wie möglich dran gewöhnen. Manchmal muss es schnell gehen hier.«

»Verstehe. Das ist live, richtig?«

»Ja.«

»Darf ich?« Meine Finger schwebten über der Tastatur.

»Du musst. Wir bezahlen dich dafür. Was hast du vor?«

»Bodensicht. Ist eine XS-2, richtig?«

»Ja, in Raid, hier heißt sie Falcon.«

»Falcon«, wiederholte ich und versuchte, mir so den Namen einzuprägen.

Das Modell hatte ich in dem Bildschirm A links unten erkannt. Was ich daheim am Computer mit überlappenden und getrimmten Fenstern bewerkstelligen musste, gab es hier großzügig und ausgebreitet auf einem Riesenscreen und zwei kleineren, die mindestens so groß waren wie meiner zu Hause. Der pure Luxus.

»Raid Deluxe!«, sagte ich.

Herr Spiess lachte. »Willkommen. Übrigens, Bildschirm B ist wichtig, wegen des Radars, da siehst du andere Flugobjekte in deinem Gebiet.«

»Zur Zusammenarbeit?«

»Um Zusammenstöße zu vermeiden. Letzten Monat ist ein Kollege über Budapest mit einem News-Helikopter kollidiert. Sind beide abgestürzt.«

Ich sog die Luft tief durch die Nase ein. Der Geruch, dachte ich, das war der, den ich bei Tarik wahrgenommen hatte.

»Hier riecht es wie ... Weihnachten.«

»Ja, das kommt von dem Geruchsbäumchen, das dort in der Ecke hängt, Zimt. Das ist besser als die Klimaanlage, Computer und Schweiß. Hier kommt man schon mal ins Schwitzen.«

»Oh.«

Neben dem Bäumchen hingen vier gerahmte Bilder an der Wand, jeweils mit einem schwarzen Trauerflor: ein Foto des gesprengten Doppeldeckerbusses von London, ein Videostill vom Madrider Zuganschlag, der oben schwimmende Kiel vom gesunkenen Touristenschiff auf der Seine in Paris und das Denkmal für die Opfer vom Bombenanschlag auf das Berliner Olympiastadion.

»Und so haben wir das ganze Jahr Weihnachten«, sagte Herr Spiess.

»Stimmt.«

»Stört dich doch nicht?«

»Nein.«

Ich drückte die Tastenkombination für die Kameras, die Falcon war eine einfache kleine Propellerdrohne, vier Rotoren, zwei Kameras, Front- und Bodensicht. Die Linse verzerrte leicht am Rand, eine Fischaugenoptik, dafür war das Bild sehr scharf.

Unter mir erkannte ich die Umrisse von Feldern, eine Autobahn. Eine deutsche Autobahn. Ich checkte die Map auf dem anderen Bildschirm, zoomte ein. Die Drohne flog geschätzte zwei Kilometer von hier in tausendfünfhundert Metern Höhe.

»Was soll ich? Bei meinem Vater ins Wohnzimmer gucken?«

Wieder seine Lache, Herr Spiess fühlte sich wohl in seiner Rolle. Er hatte ein Bein über das andere geschlagen und beobachtete mich von der Seite, als wäre ich sein Geschöpf, als hätte er mich geschaffen oder mir etwas Außergewöhnliches antrainiert.

»Warte damit noch«, sagte er.

»Kopfhörer? Headset?«

»Genau, da.«

Es hing an einem Haken unter dem Tisch. Das Headset besaß nur eine Ohrmuschel.

»Solange ich dein Sideman bin, müssen wir uns auch einwandfrei verstehen. Über den Kopfhörer hörst du deine Kontakte, wir haben manchmal auch Leute am Boden. Die Authority kommt aus den Lautsprechern.«

»Die was?«

»Authority, Autorität, das kennst du aus Raid als den Commander, der dir die Befehle hat zukommen lassen.«

»Ach so.«

»Sie kommt über Lautsprecher rein.«

Ich zählte vier Boxen.

»Aha.«

»Ja, und die Authority ist mehr. Wenn es hart auf hart kommt, können wir sie nach zusätzlichen Informationen fragen oder Unterstützung anfordern.«

»Hart auf hart?«

»Man weiß nie, für den Ausnahmefall. Nur damit du Bescheid weißt. Flieg doch mal deine erste Runde.«

Ich legte meine Hand um den Joystick. Es fühlte sich an, als wäre er für sie gegossen worden. Kein Vergleich mit meinem alten Prügel zu Hause, und der war damals gehobene Mittelklasse, als ich ihn mit Glück für einen guten Preis im Internet geschossen hatte. Dieses Modell hängte ihn schon bei der ersten Berührung ab. Und nachdem ich den Autopiloten abgeschaltet hatte, musste ich meinen Mund ganz bewusst wieder schließen, ich kam aus dem Staunen nicht mehr heraus. Bei meinem anfänglichen leichten Schwingen, Rollen, Nicken, Gieren, zeigte er seine größten Qualitäten, er reagierte ohne Verzögerung auf meine Befehle und übersetzte den Druck eins zu eins auf das Flugmanöver. Bewegte ich den Joystick schneller, fiel auch das Flugmanöver entsprechend aus. Mir fiel nur ein Wort ein: »Geschmeidig.«

Herr Spiess klatschte mit seiner gesunden Hand auf den Tisch. »Das sehe ich, das sehe ich, zeig mal einen Looping.«

Ich erhöhte die Geschwindigkeit, nahm die Nase nach unten und riss sie dann hoch. Unbewusst presste ich meinen Rücken in den Ledersessel, als säße ich in der Falcon. Danach stabilisierte sich die Drohne fast von allein, die Bewegungen meiner Hand schienen instinktiv. Ich testete noch das Fliegen auf der Stelle, was bei dem seichten Westwind und den synchronisierten vier Rotoren ein Klacks war.

»Das sieht doch sehr gut aus«, kommentierte Herr Spiess.

Er hatte recht gehabt, Raid hatte mich auf diesen Moment vorbereitet, ja, durch die bessere Technik fiel mir sogar alles leichter.

»In diesem Cockpit hätte ich Amai vor Monaten geschafft!«

»Das glaube ich dir. Trotzdem ist es geplant, dass ich mit dir ein halbes Jahr als Sideman fliege.« Er holte ein kleines Döschen hervor und schob es auf. »Du hast die Reaktionen, das Fingerspitzengefühl der talentierten

Jugend, ich besitze die jahrelange Erfahrung. Gemeinsam sind wir das ideale Team und du bist danach der ideale Drohnenpilot.« Er warf sich ein kleines Pfefferminzbonbon ein.

*

Wir probierten noch Sturzflug, Turns, eine hochgezogene Rollenkehre und einen Konturenflug, wobei ich einer Landstraße folgen sollte. Für die Mittagspause schalteten wir auf Autopilot, ließen die Drohne kreisen und aßen Thunfischpizza auf Herrn Spiess' Kosten, zur Feier des Tages, wie er sagte. Dann übten wir Tiefflug, Speedflug und Instrumentenflug, also Blindflug. Falls die Kameras ausfielen, musste man sich auf den Höhenmesser, Kurskreisel und Scheinlot verlassen können. Kein Problem für mich, alles Raid-erprobt.

Herr Spiess erlaubte mir am späteren Nachmittag Freiflug, Doppelloopings, Schrauben, Dives, alles, was ich wollte. Doch als ich loslegte, meinte er, ich sollte nicht gleich übertreiben. Dabei hatte ich die Drohne stets unter Kontrolle.

Plötzlich knackte es in den Lautsprechern und kurz darauf meldete sich eine Stimme, die einer Frau ebenso gut gehören konnte wie einem Mann. Die Authority sprach betont und bestimmt. »Auch ich möchte Sie begrüßen, Darius.« Sie ließ mir keine Zeit für meine Begrüßung, sondern fuhr direkt fort: »Wie wir sehen können, beherrschen Sie die Falcon einwandfrei. Daher können Sie direkt einen kleinen Einsatz fliegen. Ich wünsche Ihnen viel Erfolg.«

Wieder das Knacken, Stille.

»Ein Einsatz? Heute? An meinem ersten …«

»Sie hat recht. Sie hat immer recht.«

»Was? Wo?« Ich musste mich richtig bremsen.

»Augen auf Bildschirm B, die Koordinaten erscheinen oben rechts in dem Feld, das blinkt.«

Er hatte es kaum ausgesprochen, da leuchteten die Zahlen dort auf.

»Autopilot?«, fragte ich.

»Lohnt nicht. Ist nicht weit. Flieg da manuell hin.«

Im nächsten Moment flackerte die Map und wechselte zu dem neuen Zielgebiet samt Anflugstrecke und Kursangaben. Flugzeit: 00 Stunden / 01 Minuten / 33 Sekunden.

»Hier in der Stadt?«

Der Name des Ziels wurde ausgewiesen als: Teich an der Hauptstraße.

Der Schwanenteich.

*

»Anflugstrategie?«, fragte Herr Spiess.

»In mittlerer Höhe, achtzig km/h, am Ziel vorbeigepeilt, im letzten Moment fallen lassen, Tiefflug, Anflug im Schutz der Bäume, Sonne im Rücken, Platzierung gegen den Wind oder, wenn nicht möglich, seitlich.«

»Genau so wird's gemacht.« Er lehnte sich entspannt zurück und verfolgte den Flug am Bildschirm mit dem Gesichtsausdruck eines Genießers, während seine künstliche Hand auf seinem Oberschenkel ruhte.

Ich gab etwas mehr Gas, sodass wir schneller da waren, als vom Programm errechnet. Das mochte ich bei

Raid schon so, den Computer schlagen. Herr Spiess ließ mich.

In Höhe der Dächer flog ich entlang der Hauptstraße aus Westen heran, bis wir den Park erreichten. Weiter ging es im gemächlichen Zickzack zwischen den Baumkronen her, langsam, Rotoren in niedrigster Drehzahl, um so leise zu sein wie möglich, bis ich zwischen zwei Buchen hindurch einen guten Blick auf den Teich und den Platz mit den Demonstranten hatte. Ich hielt die Drohne knapp über dem grünen Blätterrand und korrigierte nur leicht gegen den seichten Seitenwind, der mir die Sicherheit gab, von niemandem im Camp gehört zu werden.

»Prima, zoom mal ein auf die Clowns da.«

Ich schluckte bei der Bemerkung. Die kam bei ihm von ganz tief unten, er meinte das so. Abfällig.

Die Kamera zeigte gute Zoomqualitäten, die Pixelierung hielt sich in Grenzen, die Menschen waren erkennbar. Sie besaß auch einen Bildstabilisator, der die Windbewegungen weiter ausglich.

Einige Demonstranten erkannte ich, viele Neuankömmlinge bevölkerten den Platz, sie begannen ebenfalls, ihre Zelte aufzubauen. Es wurde diskutiert, gebluet, geraucht und getrunken. Und dann sah ich Evelyn in der Menge, mittendrin. Bei Sven.

»Ist was? Hast du was gesehen?«, fragte Herr Spiess.

»Nein.«

»Wer weiß, was die da aushecken. Zu viel Zeit haben die. Daran ist nur dieses Grundeinkommen schuld. Ich will ja nicht meckern, ich habe auch mehr Geld in der Tasche, aber ich arbeite, und wenn einer nicht arbeitet, soll er auch nichts kriegen oder nicht so viel. Man sieht ja, was dabei rauskommt.«

»Demos gab's doch früher auch.«

»Aber nicht wegen jedem kleinen ... Ententeich. Die sollten arbeiten gehen.«

»Einige tun das bestimmt.«

»Dann würden sie da nicht rumlungern.«

Ich wollte ihm sagen, dass ich in der Gegend wohnte, dass es der einzige Park in Laufweite war, aber einerseits wollte ich mich nicht an meinem ersten Arbeitstag auf eine Diskussion mit meinem Vorgesetzten einlassen, andererseits klebte mein Blick auf Evelyn und ihrem Gegenüber. Die beiden unterhielten sich gestenreich. Sie schienen über jeden zweiten Satz lachen zu müssen. Flirtete er mit ihr? Flirtete sie?

Herr Spiess lehnte sich herüber zu mir, inspizierte den Bildschirm. »Gibt es da was Besonderes zu sehen?«

»Nein.«

Er schaute mich an. »Worauf wartest du dann? Scan den Platz.«

Die Kamera wanderte über die Menschenmenge, meine Gedanken waren bei Evelyn.

Irgendwann bemerkte ich unser Schweigen im Cockpit und ich fragte ihn: »Suchen wir etwas Bestimmtes?«

»Ich weiß nicht mehr als du. Wir sind nur die Piloten. Die Anweisungen kommen von oben. Wir wissen, was die Autorität uns wissen lässt. Du machst das übrigens sehr gut, ein sehr ruhiges Bild, du hältst die gut in der Waage.«

»Eine Leichtigkeit bei dem Equipment.«

»Eine Leichtigkeit bei dem Talent!«

Eigentlich sollte mir das Lob runtergehen wie Öl, aber ich hatte nur Evelyn im Kopf. Ich wollte gerade nochmal zu ihr herüberschwenken, da knackte der Lautsprecher wieder. Herr Spiess hob bedeutend den Zeigefinger, als würde ich ansonsten nicht zuhören.

»Achtung, Crowd Control Geschwader 376 und 515 aus 87 Grad, Ankunft in dreißig Sekunden, Ablenkungsmanöver einleiten in zwanzig Sekunden, verstanden?«

Meine Anspannung stieg, Adrenalin rauschte durch meine Venen.

»Roger«, sagte Herr Spiess und nickte mir zu.

Ich sollte die Aufmerksamkeit der Menschen auf unsere Drohne lenken, damit die Überraschung auf Seiten der Crowd Control war. Die rückte direkt mit zwei Geschwadern Brummern an. Brummer nannte man die GG-200 wegen des Tons, den ihre mächtigen Rotoren erzeugten. Die GG maß acht Meter im Durchmesser, und ein Geschwader bestand aus vier synchronisierten Drohnen, gesteuert von einem einzigen Piloten. Seine Steuerbewegungen wurden zeitgleich von allen Drohnen umgesetzt. Ein beeindruckendes Schauspiel, ein solches Geschwader im Formationsflug zu erleben. Und die Brummer verursachten mit ihren riesigen Rotoren jede Menge Wind, das machte Sinn bei den Zelten. Bisher hatte ich nur verwackelte Videos von Devices der Menschen gesehen, die von ihnen angeflogen wurden. Jetzt sollte ich das Spektakel live aus der Luft miterleben. Ein Logenplatz.

»Was wirst du tun?«, fragte mich Herr Spiess.

Easy, das war Raid Level 1.

»Die Geschwader kommen aus einer günstigen Richtung, ich werde über die Bäume runter auf vier Meter gehen und einen weiten Bogen über den Platz fliegen. Diesen time ich so, dass ich auf der gegenüberliegenden Seite bin, wenn die Crowd Control eintrifft. Wir sehen sie anfliegen, während die Augen der Demonstranten uns gefolgt sind.«

»Gut. Aufgepasst, noch drei, zwei, eins, los.«

Nachdem ich meine Höhe erreicht hatte, ließ ich die Rotoren aufheulen, damit die Anwesenheit der Falcon garantiert jeder mitbekam. Allen war klar, ich flog keine Public-Service-Patrouille, ich beobachtete sie. Schon warfen die Ersten ihre Mützen und Schuhe nach mir. Steine und härtere Gegenstände kamen nicht infrage, niemand wollte die Verletzungen anderer Leute riskieren.

Durch meine Geschwindigkeit gab ich ihnen keine Chance, und als ich um sie herum war, sah ich die acht Crowd Control Drohnen über den Teich fliegen. Das Wasser kräuselte sich und ihre dunklen Spiegelungen darin verschwanden. Unser *Schwanenteich bleibt!*-Banner riss in ihrem Abwind und fiel ins Wasser. Als die Menschen sie hörten, war es bereits zu spät.

»Darius!«, sagte Herr Spiess, »Rückzug auf zweihundert Meter, sonst wird unsere Falcon noch in die Luftstrudel gezogen.«

Ich flog rückwärts, ohne das Schauspiel aus den Augen zu verlieren. Die Demonstranten schmissen sich schützend auf ihre Zelte. Staub, Kleidungsstücke, Blätter und Gras wurden in die Luft gewirbelt. Die meisten Leute rannten Schutz suchend unter die Bäume, deren Äste wie bei einem Orkan hin- und herpeitschten und auf sie niederprasselten. Vögel suchten panisch flatternd das Weite. Evelyn konnte ich aus dieser Entfernung in dem Chaos nicht erkennen. Niemand wagte, die Brummer anzugreifen, die versetzt in zwei Reihen über dem Platz rotierten. Zu sehr war jeder mit sich selbst und dem Schutz seiner Habseligkeiten beschäftigt.

Ungeschützte Zelte rollten sich überschlagend in den Teich, ihre Stangen wie lange Speichen ohne Reifen. Menschen klammerten sich liegend aneinander, schützten ihre Köpfe. Äste und junge Bäume bogen sich im Wind. Die Brummer schwebten auf und ab, zwischen fünf und zehn Metern.

Herr Spiess ließ ein dreckiges Lachen hören. »Fein gemacht, Darius. Hah, wie die auf einmal laufen konnten. Ich liebe die Jungs von der Crowd Control.«

*

Als ich nach meiner Schicht am Schwanenteich ankam, bauten die Leute bereits wieder ihre Zelte auf und flickten beschädigte Planen und Stangen. Nicht nur das, ihre Anzahl war deutlich gewachsen, mittlerweile reichte die Hauptwiese nicht mehr aus, die Menschen campierten um den halben See. Und unser Banner spannte sich erneut zwischen Springbrunnennadel und Baum, als hätte es die Crowd Control nie gegeben. Blau strahlte der Himmel, angeleuchtet von der untergehenden Sonne. Zerstörte Zelte benutzten sie als Abfallsäcke. Es roch nach entfachten Feuern, Grillwürstchen und Trotz. Eine murmelnde Menge, deren Lippen nur das eine zu formulieren schienen: Jetzt erst recht.

Neben einer Baumgruppe hockten zwei Dutzend Leute mit ihren Devices am Boden und versorgten die Social-

Media-Plattformen mit Informationen, Updates und Aufrufen.

Der Wind wehte die Trommelrhythmen eines Congaspielers herüber, der auf einer Anhöhe mit geschlossenen Augen und den Kopf schüttelnd das Fell seines Instrumentes bearbeitete. Neben ihm fiepte ein Lautsprecher auf, der mit einem Verstärker verbunden war. An dem hing eine Bassgitarre, angeschlagen von einer Frau, die sich über Mikro vorstellte: »Hi, ich bin Anecken, an der Conga ist Dully, wir spielen euch ein paar Songs heute Abend!«

Vereinzeltes Klatschen. Der Bass passte gut zu der Conga, Aneckens Stimme war rau, der erste Song melancholisch.

Manche schauten mich seltsam an, als gehörte ich nicht hierher. Das allgemeine Misstrauen hatten die Brummer gesät. Meine Kleidung konnte es nicht sein. So lief ich in der Gegend immer herum. Ich wich ihren Blicken aus und sah die Baumkrone, hinter der ich mich mit meiner Falcon versteckt hatte. Mit den Augen verfolgte ich den Kreis, den ich mit der Drohne geflogen war. Schließlich entdeckte ich Evelyn. Sie kniete neben einer Frau, die auf einer Bastmatte am Boden lag. Den Kopf hatte sie zur Seite gedreht, sodass Evelyn ihr mit einer Wasserflasche die Augen ausspülen konnte. Eine weitere Frau hockte im Schneidersitz daneben und hielt die Hand der Verletzten.

Für einen Moment fragte ich mich, ob die Brummer Tränengas dabei gehabt hatten, aber dann würde es allen hier schlecht gehen.

Ich wartete, bis die Wasserflasche leer war, und sprach Evelyn an.

Sie drehte sich um zu mir, und ich fragte: »Was hat sie?«

»Sand in den Augen. Es …« Sie brach mitten im Satz ab und fragte die Frau: »Jetzt besser?«

»Ja, danke«, sagte sie erleichtert.

»Gut.«

Evelyn sprang hoch, griff mich am Arm, allerdings nicht zärtlich, und zerrte mich weg.

»Was?«, fragte ich.

»Das waren deine neuen Freunde«, antwortete sie, ohne mich anzuschauen. Sie peilte den Grünstreifen an, wo der Bürgersteig begann und uns keine Demonstranten hören konnten.

»Wie meinst du das?«

»Verklicker ich dir gleich.«

Ich wusste, was sie meinte und was kommen würde. Sie ließ mich los. Ich folgte ihr wie ein Hund.

Endlich blieb sie stehen. Auch ich stoppte und weil wir auf der Böschung standen, blickte sie auf mich herab.

»Wir wurden von deinen Drohnen angegriffen!«

»Meinen … angegriffen? Was …«

»Wir versammeln uns hier friedlich und die kommen ohne Vorwarnung.«

»Echt?«

Ich fühlte mich mies. Das kam einer Lüge gleich, so zu tun, als ob ich von nichts wüsste. Und es stand außer Frage, ihr von meinem Einsatz zu erzählen, niemals würde sie das entschuldigen. Und ich durfte es auch nicht, erste Regel: Verschwiegenheit.

»Ja, echt, stell dir vor. Und du? Hattest du deinen Spaß als Drohnenpilot?«

»Was soll das? Arbeit eben.«

Im Cockpit hatte sich das vorhin alles nicht so wild angefühlt. Die Demonstranten wurden ein bisschen verschreckt, das war doch alles gewesen.

»Tolle Arbeit. Andere Leute angreifen.«

»Ich habe niemanden angegriffen.«

Ich stellte mich auf gleiche Höhe.

»Wenn das hier einer hört, dass du bei denen bist.« Sie guckte über die Menge.

»Was heißt hier bei denen? Ich habe doch nichts getan.« Das schmerzte, das war eine richtige Lüge. »Das ist mein Job. Ich bin bei dir. Jetzt«, sagte ich und klang kleinlaut in meinen Ohren.

»Ja. Jetzt. Ich wünschte, du wärst in dem Moment bei mir gewesen. Ich hatte Angst.« Sie schluckte.

»Das ... wünschte ich auch.«

Ich nahm sie in den Arm. Zunächst dachte ich, sie wollte sich wehren, doch sie ließ es zu. Wir setzten uns auf den Boden wie die einzigen zwei Zuschauer bei einer Open-Air-Veranstaltung. Irgendwo zwischen den Zelten quakte Sven Anweisungen und Aufmunterungen durch das Mikrofon und versuchte Anecken zu übertönen, die einfach lauter sang. Die Leute lachten.

Ich musste etwas sagen, was sie auf andere Gedanken, in eine andere Stimmung brachte. »Dieser Sven ist sowas wie der Chef hier, was?«

»Er hat es drauf. Er war der Erste wieder auf dem Platz nach dem Angriff.«

»Du bist ganz schön beeindruckt von ihm.«

»Ja, na ja, hey ... « Ihr Arm verschwand von meiner Taille, sie musterte mich. »Bist du eifersüchtig?«

»Ich?«

»Darius, du bist eifersüchtig!«

»Nein, bin ich überhaupt nicht.«

»Wie süß.«

Sie sagte das über die ausklingende Bassgitarre der Musikerin.

»Nur weil du mit einem Typen redest, das macht mich doch nicht eifersüchtig. Das wäre ja was.«

»Wann habe ich denn mit ihm geredet?«

Ein kleines Erdbeben erschütterte meinen Körper, natürlich meinte ich heute, aber das konnte ich ihr nicht sagen. »Gestern, das Boot, wo ihr das Boot zusammen geschoben habt, oder nicht?«

Ihr Mund klappte auf. »Und das hast du die ganze Zeit mit dir herumgetragen?«

»Habe ich nicht!«

Der Congaspieler leitete den zweiten Song ein, Anecken groovte mit, der Bass unwesentlich kleiner als sie.

Evelyn kniff die Augen zusammen und schaute tief in meine. »Du siehst auch recht müde aus. Du konntest noch nicht mal schlafen.«

»Ich habe wunderbar geschlafen.«

Sie strich mir über die Wange.

»Nochmal … weiter«, sagte ich.

»Gib mir einen Grund.«

Nach kurzem Überlegen sagte ich: »Du siehst Wahnsinn aus in dem Licht.«

»Du meinst, mich sollte man nur in der Dämmerung rauslassen?«

»Dreh mir nicht die Worte im Mund herum.«

»In dem Licht, hast du gesagt, es ist Dämmerung.«

»Ach, du. Ich würde gerne immer mit dir so nebeneinandersitzen.«

»Wie ein altes Ehepaar?«

»Später, zu Hause, in einer gemeinsamen Wohnung!«

Sie umarmte mich fest, allerdings nicht sehr lange. »Mmmh, du riechst nach Zimt.«

»Geruchsbaum, auf der Arbeit. Im Büro.«

Sie verzog das Gesicht. »Mit dem Zusammenziehen … Sollten wir damit nicht noch etwas warten?«

»Warum?«

»Weil es nicht viele gibt, die in unserem Alter zusammenziehen.«

»Weil sie es sich nicht leisten können.«

»Und wir können das?«

»Wir haben beide einen Job.«

Ihr Blick schweifte über das Zeltlager.

Ich sagte: »Ist das keine schöne Vorstellung? Freiheit. Zusammen? Eine Wohnung? Wir zwei, oder mit anderen Party machen? Gemeinsam eine Wohnung, du und ich.«

Sie schaute mich an, lange, mit einem Paar Augen und einem Gesichtsausdruck, dem alles folgen konnte: von Spinnst du? bis: Lass uns morgen die Anzeigen durchsuchen. Und sie sagte: »Das ist mit das Schönste, was ich je gehört habe.«

Sie beugte sich vor und wir küssten uns.

Lügen schmeckt man nicht, dachte ich. Zum Glück.

.05

Am nächsten Tag empfing mich Herr Spiess weniger freundlich, eher sachlich, eine Begrüßung, als arbeitete ich schon seit zehn Jahren dort. Schweigend folgte ich ihm ins Cockpit. Sämtliche Instrumente waren ausgeschaltet, die Bildschirme stierten mich schwarz an, im stillsten Raum der Welt.

Kaum hatte ich die Tür hinter mir geschlossen, legte er los: »Darius.«

Mein Name klang wie ein Vorwurf. Mir wurde ganz flau im Magen.

»Ja?«

Ich hatte hier doch nichts falsch gemacht? Augenblicklich suchte ich nach einem Fehler gestern. Hatte ich die Drohne mit den Flugmanövern überfordert, beschädigt?

Er massierte sich mit den Händen das Gesicht, als wollte er die Falten verreiben, wobei seine künstliche Hand grob wirkte, obwohl sich seine Finger steif bewegen konnten.

»Wie soll ich anfangen?« Er senkte seine Arme und stemmte sie in die Hüfte. »Hast du gestern deinen Feierabend genossen?«

Ich hatte jede andere Frage erwartet. »Ja.«

»Darf ich fragen wo?«

»Ich war im Park und bin von da nach Hause.«

»In einem Park, in irgendeinem Park?«

Ich schüttelte den Kopf, worauf Herr Spiess anfing zu nicken.

»Man hat dich auf der Demonstration gesehen.«

Man?

»Du weißt, welcher?«

»Ja …«

»Du glaubst doch nicht, dass wir nicht da sind, wenn du die Drohne nicht steuerst, oder?«

»Nein.«

»Was machst du an so einem Ort?«

Wusste er das denn nicht auch? Egal, ich beantwortete einfach die Frage: »Ich habe meine Freundin getroffen.«

»Könnt ihr euch nicht woanders treffen?«

»Der Park liegt in unserer Nachbarschaft.«

»Was denkst du dir dabei?«

»Nichts. Ich habe den Park überwacht, hier auf der Arbeit, aber das Treffen war nach der Arbeit, da dachte ich …«

»Wir Zwei müssen jetzt mal ein bisschen über Politik reden.« Er stützte sich mit seinem künstlichen Arm auf dem Tisch ab. »Wenn man einen solchen Beruf wie wir ausübt, dann ist das eine große Verantwortung. Diese Verantwortung reicht über die Arbeitszeit hinaus. Das ist … ich nenne es mal: die Basis. Über dem Ganzen liegt ein gewisses Grundverständnis.«

Bei dem letzten Satz merkte er, dass er mich verlor, wenn er so kryptisch weitersprach, also lenkte er verständlicher ein: »Du erkennst doch, dass ein Objekt überwachen und dann dort selbst sein nicht sehr gut aussieht, oder?«

So formuliert … »Ja.«

»Gut. Und das hat mit Politik zu tun. Mit Firmenpolitik. D-Air und ihre Auftraggeber sehen das nicht gerne. Das wirst du doch einsehen, oder?«

»Ja.«

»Was?«

»Ja!«

»Das sieht nicht gut aus, Darius, wenn man sich dort aufhält, wenn man sich mit Verdächtigen trifft. Das ist ein Interessenkonflikt. Das läuft diametral zur ... das ... man könnte die falschen Schlüsse ziehen und das könnte Konsequenzen haben.«

»Evelyn ist meine Freundin.«

»Das mag ja sein. Aber sie ist auch jeden Tag dort. Das macht sie zur Kerngruppe.«

»Zur ... woher ...? Wie?«

»Natürlich muss man vom Tag Eins dabei sein bei solchen Geschichten, dann kann man früh darauf einwirken, bevor etwas Größeres daraus wird. Prävention wird bei D-Air groß geschrieben, dafür sind wir bekannt, das schätzen unsere Auftraggeber. Auch unser Engagement.«

»Wer ist denn der Auftraggeber, um die Demonstration zu ...«

»Darius.« Herr Spiess lächelte beinahe mitleidig. »Allein die Frage ... darüber herrscht Stillschweigen. Und das ist hier auch nicht das Thema.«

Ich nutzte sein kurzes Einatmen, um etwas zu sagen, ohne ihn zu unterbrechen. »Überwachen sie jeden Einzelnen? Evelyn?«

»Natürlich nicht.«

»Wie können Sie dann sagen, dass sie jeden Tag am Schwanenteich ist?«

Er musterte mich und sagte schließlich: »Wir sind breit aufgestellt, Überwachung ist nur eines der Tätigkeitsgebiete, wir können auch Bilder und Videos auswerten. Mit modernster Software. Gesichtserkennung ist dir ein Begriff?«

»Ja.«

»Na, dann wäre das geklärt. So, und welche Schlüsse ziehst du nun für dich daraus?«

»Dass ich dort nicht mehr hingehe?«

»Das ist schon mal ein guter Punkt.«

»Noch was?«, fragte ich, denn er hatte das ›ein‹ überbetont.

»Na?« Er unterstrich sein Wort mit der gesunden Hand.

Was konnte er meinen? Wenn ich mich dort nicht aufhalten würde, gäbe es doch keinen sogenannten Interessenkonflikt mehr.

Er machte eine Geste mit seiner Handprothese, dass ich ruhig noch weiter nachdenken sollte. Meine Augen grasten den Boden nach einer Antwort ab.

»Ich muss passen. Tut mir leid.«

Er lächelte verständnisvoll. »Ich will mal so sagen, deine Freundin zählt durch ihre permanente Anwesenheit zum Kern und ist somit eine PNG, eine Persona non grata, heißt, sie ist jemand, mit dem du, vorsichtig ausgedrückt, nicht zu viel verkehren solltest.«

»Eine was? Sie ist meine Freundin!«

»Sicher.«

»Meine Freundin, die kann ich sehen, wann …«

Seine künstlichen Finger stießen mich freundschaftlich an der Schulter an. »Ich weiß, ich weiß doch, ich war auch mal jung. Alles, was ich sagen will, ist, Geschmäcker ändern sich, das Leben zieht weiter, Menschen entwickeln sich weiter, du machst gerade einen Riesensprung. Schau dich an!«

»Also …« Ich atmete schwer aus.

»Guck mal, du musst zugeben, dass eure Interessen gerade ein wenig auseinandergehen, oder?«

»Na ja.«

»Was?«

»Ja.«

»Ich will mich nicht in dein Privatleben einmischen, nichts liegt mir ferner, aber die Fakten sprechen für sich. Was du daraus machst, ist deine Sache. Das geht mich absolut nichts an. Hier stehen dir jetzt viele Türen offen, große Türen.«

»Ja.« Ich wusste einfach nicht, was ich sagen sollte. Er hatte ja recht mit den unterschiedlichen Interessen, das musste ich zugeben, auch wenn ich das nicht aussprechen würde. Es machte mir Angst, nur daran zu denken.

»Es ist deine Entscheidung, Darius, ganz allein deine Entscheidung, und ich werde dich nicht mehr darauf ansprechen. Ich habe alles gesagt, was ich sagen musste.«

»Ja. Danke.«

Danke?

»Dann ran an die Arbeit.«

Als ich mein Device-Bag an den freien Kleiderhaken an der Wand hängen wollte, hörte ich Herrn Spiess hinter mir: »Oh, was haben wir denn da?«

Ich drehte mich um.

»Nein, vor dir!«

Meine Tasche baumelte noch leicht hin und her.

»Links daneben.«

Dort hing eine braune Uniformjacke.

»Ja!«, sagte er, offensichtlich die Bewegungen meines Kopfes kommentierend.

Ich besah sie mir genauer, sie roch neu, wie frisch ausgepackt. Auf dem kleinen genähten Schildchen über der linken Brust stand *Darius*.

*

Die Jacke passte wie angegossen. Meine erste Uniformjacke. Ich hätte mir nie träumen lassen, so etwas einmal zu tragen, höchstens in einem Fast-Food-Restaurant. Sie war nicht steif und nicht zu warm, genau richtig für das Cockpit. Ich saß auch aufrechter in ihr, das hatte Herr Spiess gleich bemerkt. Das bewirkten Uniformen, sie brächten das Beste in einem Mann zum Vorschein, meinte er.

Der Geruch des Stoffes vermischte sich mit dem des Zimts und des Cappuccinos, den Kira uns netterweise gebracht hatte. Ein Hauch ihres Parfüms klammerte sich an die Duftmischung im Raum.

»Jetzt Konzentration, gleich erfolgt die Übernahme«, sagte Herr Spiess.

In einer halben Minute. Ich spreizte die Finger meiner linken Hand, um die Tastenkombination zur Übernahme der Drohne möglichst schnell auf das Keyboard zu übertragen. Meine andere Hand umschloss den Joystick.

»Heute hast du Glück. Es handelt sich um eine EZG, eine Eurozone-Grenzschutz-Drohne, das ist eigentlich immer spannend. Ich sag dir einfach alle diese Abkürzungen, mit der Zeit merkst du sie dir, dann geht alles schneller. Ah ja, magst du das Meer? Diese patrouilliert das Mittelmeer. Das könnte eine Menge Wasser werden heute.«

Ich würde über einen fremden Teil Europas fliegen. Einen großen Urlaub hatten wir uns nie leisten können. Es gab lange Wochenenden und mal eine Woche in Belgien, ein Sommerurlaub im Süden blieb ein Traum.

Auf dem Bildschirm verfolgte ich bereits die Frontkamerasicht meiner Drohne, wechseln konnte ich selbstverständlich erst nach der Übernahme. Es war das hochauflösende Bild einer Fernsichtkamera, der zentrierte Horizont zerschnitt das Bild mittig. Während die wenigen Wolken reglos am Himmel hingen, verschwanden die Wellen des Meeres unter mir, als wäre gleich dort das Ende der Welt, ein gigantischer Wasserfall, ausgelöst durch die Wölbung der Kameralinse an ihrem Rand.

»Für den Grenzschutz setzen wir die Eagle ein, wegen ihrer großen Reichweite. Sie entspricht der dir bekannten XT-4.«

»Oh, okay.«

Das war der erste anständige Gleiter in Raid. Ab da begann das Spiel, richtig Spaß zu machen. Sie hatte nämlich zwei Raketen an Bord, die so ziemlich alles durchschlugen, was eine Panzerung hatte. Dafür waren die inneren Explosionen nicht besonders groß. Mein Gedanke stockte.

»Sind wir bewaffnet?«, fragte ich.

»Ist die XT-4 bewaffnet?«

»Ja. Heißt das, wir … ich fliege eine bewaffnete Drohne?«

»Korrekt. Fertig zur Übernahme. Übernahme in fünf, vier, drei, zwei, eins und Übernahme.«

Zeit zu widersprechen hatte ich keine. Ich führte das Kommando aus und flog eine Drohne mit scharfer Munition.

»Ich sollte doch nur aufklären?«

»Das tust du ja.«

Das Wasser erschien dunkler, die Wolken grauer. Ich steuerte eine bewaffnete Drohne. Ein Schweißfilm legte sich um den Joystick, die andere Hand rieb ich an meiner Hose trocken. Die XT-4 war super ausgestattet, das bedeutete auch, dass die Maschine recht teuer war. Sie vertrauten mir einige Millionen Euro an.

Herr Spiess schmiss sich eines seiner Pfefferminz ein. »Alles klar bei dir?«

»Ich weiß nicht …« Ich brach den Satz selbst ab.

»Was? Schieß los.«

»Ich möchte niemanden verletzen.«

»Wen willst du denn da draußen verletzen? Ein paar Thunfische?«

Mir war nicht nach Scherzen zumute. »Wenn ich angegriffen werde, muss ich mich dann verteidigen?«

»Mit Sicherheit.«

»Dann schieße ich doch auf …«

»Auf Leute, die auf dich schießen.«

»Auf die Drohne.«

»Sie würden auf dich schießen, wenn sie könnten! Glaub mir das. Aber du fliegst eine Patrouille, reine Aufklärung, Darius. Ich hatte gehofft, wir würden ein paar Inseln sehen oder eine viel befahrene Wasserstraße, aber der vorgeschriebene Kurs, der da gerade erschienen ist«, und er zeigte auf den Bildschirm B, »bedeutet, wir fliegen eine riesige Acht über leerem Wasser. Für die nächsten acht Stunden. Achten.«

Und damit sollte Herr Spiess recht behalten, denn es wurden viele Achten. Ich hätte nicht damit gerechnet, dass man als Drohnenpilot so schnell Langeweile bekommen konnte. Beim zweiten Einsatz!

Um nicht bloß stumm herumzusitzen, sagte ich zu Herrn Spiess: »Das Kamerabild ist unglaublich scharf.«

Er nahm das Gespräch dankend an. »Das sind die neuen Argus-Kameras, die Eagles wurden alle nachgerüstet. 2,56 Gigapixel! Kannst du dir das vorstellen? Damit produzieren wir acht Petabytes Videofilm am Tag. Weißt du, was das im HD Format ist?«

»Nein.«

»Ein Tag Filmen mit der Argus entspricht an Speicherplatz hundert Jahren HD-Videofilm.«

»Wow.«

»Ja, dafür kann man auf sechs Kilometer einzoomen und gucken, ob einem Verdächtigen vor Angst schon ein Äderchen im Auge geplatzt ist.«

Ich ließ das sacken, das war zu viel Kameratechnik für meinen Geschmack. Was wir mit so einer Kiste über dem Meer sollten, erschloss sich mir nicht, aber ich fragte nicht weiter nach.

Der Auftrag fühlte sich an, als sei ich ein Tiger im Käfig, nur ohne Käfig. Natürlich musste der Job gemacht werden, doch ich hoffte inständig, dass ich niemals in die Verlegenheit kam, für mehr als eine Schicht Achten fliegen zu müssen. Das war flugtechnische Fließbandarbeit. Dabei konnte man einschlafen.

Nach der gefühlten zwanzigsten Acht fragte ich Herrn Spiess nach seinem Arm. »Was ist eigentlich mit ihrer Hand?«

»Prothese, ab hier oben.« Er fasste sich oben an die Schulter, wo sich der Stumpf befand. »Afghanistan, eine Explosion. Ist lange her. Das kann hier nicht passieren, weder mir noch dir.« Er grinste.

»Und Sie können die Finger bewegen.«

Zum Beweis ballte er die Faust und öffnete sie wieder. »Bionik. Vor zwei Jahren hatte ich die Operation, damit man mir danach die Prothese anlegen konnte. Ich kann es bis heute kaum glauben. Ersetzt keine richtige Hand, ist aber deutlich besser als ein Haken. Kleiner Scherz.«

»Wie geht das? Reagieren die auf Gedanken?«

Er lachte. »Nein, ganz so weit sind die Ärzte noch nicht. Einfach ausgedrückt sind die Sensoren der Prothese mit den Nervenenden in meinem Stumpf verbunden, und die wurden wiederum mit verschiedenen Muskeln connectiert, die ich ganz bewusst anspannen kann. Wenn ich den linken Brustmuskel anspanne, passiert das …« Er ballte die Faust.

Er zeigte mir einige andere Bewegungen und nannte mir unbekannte Muskelregionen. Ich staunte.

Dann meinte er: »Guck mal, was ich kann, wenn ich die Arschbacken zusammenkneife.«

Er zeigte mir den Mittelfinger.

Wir lachten.

»Na, es waren nicht die Arschbacken, aber lustig, was?«

»Ja.«

»Was?«

»Ja.«

»So, hör mal, ich besorge uns noch einen Cappuccino. Die nächste Acht kannst du wohl unbeschadet allein fliegen.«

»Ich gebe mein Bestes.«

Kaum hatte er das Cockpit verlassen, knackten die Lautsprecher.

Die Autorität sprach, als lese sie – oder er? – ein Kochrezept vor: »Kurs 66 Grad Ost, Peilung auf zwei Uhr, Entfernung zum Ziel zwei Minuten, Gefechtsbereitschaft, Firestarter Missiles aktivieren, Abschuss freigegeben SASPO, over.«

»Roger and over«, kam es viel zu hoch über meine Stimmbänder.

Die Kurve misslang mir, ich musste Höhe und Richtung korrigieren.

Ich räusperte mich, rief mit zu leiser Stimme: »Herr Spiess.«

Wie unter beginnender Narkose sah ich verschwommen, wie mein Zeigefinger die Firestarter aktivierte.

Eins war klar, ich sollte etwas abschießen, aber ich wusste nicht, was. Und was bedeutete Saspo? Oder hatte die Autorität es nur unverständlich ausgesprochen? Das konnte alles bedeuten: Abschuss freigegeben Saspo. Hieß das so viel wie: auf jeden Fall? Oder nur unter bestimmten Bedingungen?

Noch eine Minute, bis ich mein Ziel erreichen würde. Wie lange brauchte Herr Spiess für zwei Cappuccino?

Wieder rief ich seinen Namen.

Keine Antwort, keine Klinke, die runtergedrückt wurde.

Schalldicht, fiel mir ein, das Cockpit war schalldicht isoliert. Ich hörte nichts von draußen und die draußen hörten nichts von mir.

Schweiß lief aus meinen Achseln an meinem Körper herunter, mein Atem heiß wie eine Dönerbude im Sommer. Das konnte doch nicht wahr sein. Ich überlegte aufzustehen und blitzschnell die Tür aufzureißen, um nach ihm zu rufen, doch dazu müsste ich auf Autopilot schalten, was unter Gefechtsbereitschaft nicht erlaubt war. Außerdem würde es sehr nach Panik aussehen – was es auch war. Nein, das musste ich allein aussitzen, sollte Herr Spiess nicht die nächsten Sekunden wiederkommen.

Feuern würde ich nicht, nicht solange ich nicht wusste, was Saspo hieß. Ich könnte Saspo im Device suchen, doch dann müsste ich aufstehen, meinen Pilotensitz verlassen, und das sähe nicht gut aus, wenn Herr Spiess ausgerechnet in dem Moment wiederkommen würde. Stattdessen entschloss ich mich, über dem Ziel zu kreisen, bis ich genauere Anweisungen bekam. Erstens wollte ich nicht schießen und zweitens schon gar nicht ohne entsprechenden klaren Befehl.

Ein einsames Schiff tauchte am Horizont auf. Ich zoomte heran. Es war ein ziemlich verrostetes Fischerboot, sein Name war nicht zu erkennen. Ich zoomte auf einhundert Prozent, eine fantastische Kamera, kaum ein Wackeln, die Stabilisatoren leisteten ganze Arbeit. An Bord rührte sich nichts, auch hinter den Scheiben konnte ich keine Schatten erkennen.

Das Knacken der Lautsprecher ließ mich zusammenfahren.

»Worauf warten Sie?«

Ich brachte keinen Ton raus, mein Mund stand sinnlos offen. Ja, worauf wartete ich? Darauf, dass mein Sideman mit dem Kaffee zurückkommt. Das konnte ich nicht sagen. Sollte ich zugeben, keine Ahnung zu haben, was Saspo bedeutete? Das käme einer Niederlage gleich.

Die Klinke krachte herunter, ich wirbelte herum und als Herr Spiess mein Gesicht sah, wusste er direkt, dass etwas nicht stimmte. Mit drei Schritten stand er neben mir, die Cappuccino in der Hand. Er las die Bildschirme und nickte mir zu. Damit meinte er ganz eindeutig, ich sollte die Raketen abfeuern.

»Was, wenn da jemand drauf ist?«

Knacken im Lautsprecher.

»Ziel getaggt?«

Das hatte ich total vergessen. Ich peilte mit dem Laser das Boot an und taggte es für die lasergestützte Rakete, die – wenn abgefeuert – exakt an dem Punkt einschlagen würde, den ich markiert hatte. Herr Spiess stellte meinen Cappuccino ab, dass er überschwappte, dann betätigte er den Feuerknopf auf meiner Seite. Nun war es geschehen, ein Zurück gab es nicht mehr. Innerlich zählte ich die fünf Sekunden mit, bis die Firestarter abgefeuert wurde – die zeitliche Verzögerung durch die Satellitenübertragung. Dafür trafen sie stets ins Schwarze. Ich spürte, wie ich die Luft anhielt, ich musste mich auf das Atmen konzentrieren.

Die Explosion zerriss das alte Fischerboot in zwei Teile. Sinken konnte ich das nicht nennen, damit verband ich einen Vorgang, der Minuten dauerte. Binnen Sekunden verschluckte das Meer den Kahn, einzig Wrackteile,

Holzplanken, Seile und Stofffetzen dümpelten auf den Wellen und erinnerten an das, was geschehen war.

Ich zoomte raus, weil der Laser sein Ziel im Meer verloren hatte und sich an nichts mehr haftete, was die Kamera in ein klares Bild verwandeln konnte. Öl schimmerte auf der Wasseroberfläche.

»Mann, was war los?«, fragte mich Herr Spiess.

Atemlos erklärte ich ihm meine letzten Minuten.

»Und was hättest du gemacht, wäre ich noch aufs Scheißhaus gegangen?«

»Ich wäre gekreist.«

»Gekreist? Na, wunderbar. Die Autorität hätte dir etwas anderes erzählt.«

»Ich wollte nichts falsch machen, weil ich nicht wusste, was Saspo bedeutet.«

»SASPO?«, entgegnete Herr Spiess. »Soon as possible. Du hättest so schnell wie möglich schießen sollen.«

»Also das Gleiche wie asap?«

»Ja.«

»Aber was, wenn noch Menschen im Boot waren?« Ich spürte, wie ich gegen die Tränen kämpfen musste, ich zitterte.

Er setzte sich. »Auf den Booten ist kein Mensch mehr. Genau nach den Dingern halten wir Ausschau. Das ist ein Piratenschiff. Sie überfallen die Flüchtlinge aus Afrika auf hoher See und rauben sie aus. Und wenn sie nicht genug dabei haben, schmeißen die Piraten sie einfach ins Wasser, lassen sie verrecken, elendig ertrinken, diese Schweine.« Er zückte ein Papiertaschentuch aus seiner Hose und tupfte die Kaffeespritzer vom Tisch. »Kann ja keiner schwimmen, und selbst wenn, dann geht ihnen schnell die Kraft aus. Und deswegen gibt es uns. Seit letztem Jahr haben die Piraten das mitgekriegt, dass wir ihnen ihre Schiffe unter dem Arsch wegschießen, ob sie darauf rumtanzen oder nicht. Sobald sie also einen Aufklärer sichten, wissen sie, was ihnen blüht. Sie lassen ihr Schlauchboot ins Wasser und fahren damit so weit wie möglich weg, um nicht verhaftet oder getötet zu werden. Versenken wir das Schiff nicht, gehen sie einfach wieder an Bord und überfallen das nächste Boot. Alles schon gesehen. Diese Piraten, Terroristen sind das, sie terrorisieren die Menschen, die schwächsten unter ihnen, die nichts mehr haben als ihr eigenes Leben und das, was sie bei sich tragen. Wir haben etwas Gutes getan. Du hast etwas Gutes getan. Wir tun Gutes. Du bist einer der Guten, Darius, einer der Guten.«

*

Mein erstes Wochenende als Drohnenpilot wollte ich gebührend feiern. Dazu bat ich um einen kleinen Vorschuss, den mir Kira direkt auf das Device bluete.

Also rief ich am Freitag nach der Arbeit Evelyn an und verabredete mich mit ihr zu einem Social-Reading-Event im Kino. Sie las gerne in der Gesellschaft Gleichgesinnter. Mich rissen diese Readings nicht vom Hocker, wenn es nach mir ginge, sollten auf einer Kinoleinwand Device-Games mit den Leuten im Saal und auf der ganzen Welt gezockt werden und sonst nichts. Aber solche Readings schienen das Einzige zu sein, für das sich Evelyn wirklich noch interessierte abseits der Schwanenteichdemo, deren Lärm ich natürlich im Hintergrund hörte, während ich mit ihr telefonierte. Ich erzählte ihr, dass am Samstag das Roxy in der Matinee eine Auswahl der Kurzgeschichten von Etgar Keret screente, das überzeugte sie.

Wir trafen uns früh, um uns gute Plätze zu sichern, genau in der Mitte. Unser Plan ging auf, nur wenige Personen verirrten sich um die Uhrzeit in den prachtvollen Kinosaal. Wir aßen Popcorn und tranken verwässerte Shakes.

»Dank dir nochmal für die Einladung«, sagte sie über den Strohhalm hinweg und sog dann mit spitzem Mund und hohlen Wangen weiter an dem roten Getränk.

»Das wird es ab heute öfter geben.«

Sie setzte ab. »Wieso?«

»Schon vergessen? Ich verdiene Geld.«

Im gleichen Moment bereute ich, davon angefangen zu haben, denn ihre Gesichtszüge entgleisten, als hätte sie mit dem Strohhalm einen Regenwurm eingesogen.

Sie drehte sich mir seitlich zu und lehnte ihren linken Ellbogen auf die Rückenlehne ihres Sitzes. »Erzähl mal, was machst du da eigentlich so?«

»Ich bin ja erst seit kurzer Zeit da. Mir wird alles gezeigt.«

»Wo ist die Firma?«

»Kann ich nicht sagen, die …«

»Wie? Das kannst du nicht sagen? Willst du das nicht sagen oder darfst du das nicht sagen?«

»Ich darf es nicht sagen.«

Sie nickte wie ein Staatsanwalt beim Verhör, der sich gerade bestätigt fühlt.

»Großes Geheimnis«, stellte sie fest.

»Ja.«

»Und was machst du da, wo du mir nicht sagen darfst, wo du arbeitest?«

»Ich bin selber gespannt. Wie gesagt, bisher gab es nur Einweisungen.«

»Musst du auch Kaffee kochen?«

»Nein, das macht Kira.«

»Kira?«

»Eine Kollegin.«

»Hübsch?«

»Sie schmeißt das Büro.«

»Schmeißt sie es hübsch oder hässlich.«

»Für manche wohl hübsch.«

»Aber für unseren Darius ...«

»Bist nur du hübsch.«

»Schleimer.«

»Gern geschehen.«

Sie griff sich ein paar Popcorn und spülte sie mit ihrem Shake herunter, während sie den mächtigen weinroten Vorhang anlächelte.

Der Saal füllte sich tatsächlich. Um uns herum saßen Singles, Pärchen und Grüppchen mit einem Sitz Abstand zueinander. Ich wollte gerade einen Kommentar über ein anderes Pärchen ablassen, da fing Evelyn wieder mit meiner Arbeit an. Ich dachte, ich hätte mich galant aus dem Thema gewunden.

Mit ernster Miene sagte sie Richtung Leinwand: »Ehrlich, Darius, ich habe kein gutes Gefühl mit dir als Drohnenpilot. Willst du nicht lieber wieder nur vom Grundi leben?«

»Du wolltest doch, dass ich was arbeite, dass ich was aus mir mache, mit Zukunft. Für uns. Da mache ich ...«

»Nicht so laut.«

»Da mache ich was und dann ist das auch nicht richtig. So viele Möglichkeiten bieten sich mir nicht, schon gar nicht auf dem Level.«

»Es war doch alles gut, du kamst doch über die Runden mit deinem Vater.«

»Du wolltest mehr. Ich wollte mehr. Ich will mich nicht mein ganzes Leben lang von dir einladen lassen.«

»Mir macht das nichts aus.«

»Das schien es aber. Sonst hättest du nicht davon angefangen, dass ich nur zocke und so. Außerdem ist es doch eine schöne Vorstellung, gemeinsam leben zu können.«

»Ja, aber ...«

»Aber?«

»Alles ist moralischer als Drohnenpilot«, meinte sie.

»Moralisch? Moralischer? Was ist moralischer? Moral allein rettet keine Leben.«

»Du rettest Leben? Als Drohnenpilot?« Sie stellte ihren Becher auf dem Boden ab.

Wie viel durfte sie wissen? Was konnte ich ihr erzählen? Es sprach viel für meinen Beruf. Immerhin war sie eine Freundin der Schwachen und Benachteiligten, politisch korrekt in allen Bereichen.

»Was überlegst du?«, fragte sie.

»Drohnen patrouillieren zum Beispiel auf hoher See. Sagen wir mal im Mittelmeer. Du hast doch sicherlich davon gehört, dass Piraten dort die Flüchtlinge aus Afrika überfallen.«

Jetzt hatte ich sie auf meiner Seite. Natürlich wusste sie davon.

»Ja. Und?«

»Drohnenpiloten können dort ihre Leben schützen.«

»Wie?«

»Indem sie die Schiffe der Piraten versenken.«

»Abschießen.«

»Ja.«

»Mit zig Toten.«

»Nein.«

»Nicht? Ich dachte, das sind die Schiffe der Piraten. Wo sind denn die Piraten?«

»Sie haben ihr Schiff schon längst verlassen.«

»Wieso sollten sie das? Ist doch ihr Schiff.«

»Die wissen, was ihnen blüht. Sobald sie eine Drohne hören, fliehen sie im Rettungsboot.«

»Und dann erst wird ihr Schiff versenkt.«

»Ja.«

Sie beugte sich vor und bohrte ihren Blick in meine Augen. »Du weißt aber schon gut Bescheid.«

»Na ja …«

»Bist du schon einmal eine solche Drohne geflogen?«

Ich holte tief Luft, um etwas zu sagen, kam jedoch nicht dazu.

»Du warst auf jeden Fall da, über dem Mittelmeer, stimmt's?«

Ich wünschte, ich bräuchte sie nicht anzulügen. Ich wollte sie nie anlügen.

»Ich zähle dein Schweigen als ein Ja.«

»Nein.«

»Vergiss es, Darius. Hast du … ein Schiff abgeschossen?«

Konnte sie das in meinem Gesicht ablesen?

»Du hast.«

»Nein, nein, ehrlich, ich habe nicht ... wir ... wir fliegen zu zweit.«

»Wer wir? Du und Kira?«

»Ich und mein Ausbilder.«

Unsere Nasen berührten sich jetzt fast, sie zischte: »Du hast ... tatsächlich ... ich ... Was, wenn auf dem Schiff noch Menschen waren?«

»Es war niemand an Bord, Evelyn.«

»Woher weißt du das? Bist du an Bord gewesen?«

»Nein ...«

»Woher weißt du das dann? Woher willst du das denn wissen?«

»Die verlassen immer das Schiff, bevor ...«

»Ja, ja, ja, das ist die Entschuldigung, die Ausrede der Firma, der Firma ohne Adresse. Vielleicht ist das auch bei manchen Schiffen so, das muss aber nicht bei allen Schiffen so sein. Vielleicht verstecken sie sich unter Deck?«

Sie hatte ihre Stimme nicht mehr unter Kontrolle. Wir waren das Event im Kino.

»Ach ja, und woher weißt du, dass das ein Piratenschiff war? Stand da Piratenschiff drauf oder war die Piratenflagge gehisst?«

»Nein, E...«

Sie hielt es nicht länger auf ihrem Platz. »Woher weißt du, dass das ein Piratenschiff war und kein Schiff mit Flüchtlingen. Die will ja auch keiner hier haben in Europa. Vielleicht hast du ein Flüchtlingsschiff versenkt. Die hatten alle Angst, als sie die Drohne gehört haben, und haben sich im Schiff versteckt. Einhundert Männer, Frauen und Kinder. Und du hast es abgeschossen!«

Einhundert Augen von allen Seiten auf mich gerichtet plus ihre, aber Evelyns wogen schwerer als all die anderen zusammen, ihre Anschuldigungen, ihre Abscheu, ihre Enttäuschung über mich. Ich hörte nur meinen Atem. Ansonsten schien jeder die Luft anzuhalten, um ja nicht meine Antwort zu verpassen. Nicht ein Popcornknirschen, sie hatten sogar aufgehört zu kauen, zu trinken.

Meine Popcorntüte sah auf einmal deplatziert aus in meiner Hand, ich stellte sie auf ihren Sitz. Es knisterte durch den ganzen Saal.

Was, wenn sie recht hatte? Daran hatte ich noch nicht gedacht, ich hatte die Informationen von Herrn Spiess einfach so hingenommen. D-Air schoss keine Flüchtlingsschiffe ab. Und eine andere Aufklärerdrohne hatte gemeldet, der Kahn wäre leer gewesen. Mit einer Wärmebildkamera kann man ein Schiff scannen, auch unter Deck. Das hätten sie gesehen.

Alle Argumente sprachen für mich, für D-Air. Aber hier ging es um Evelyns Gefühle und ich sah sie schwinden, aus ihren Augen, aus ihrem Gesicht, aus ihrem Herz, und das wollte ich nicht. Noch nie, nicht einmal bevor wir zusammenkamen, hatte sie mich jemals so angeschaut, als wäre ich der letzte Mensch, der Allerletzte. Ich wollte, dass sie mich liebte, sich auf mich freute, wir uns berührten und gemeinsam von der Zukunft träumten, stattdessen hatte sie Tränen in den Augen. So wie ich.

»Es war ein Piratenschiff«, quetschte ich raus.

Sie nickte stumm.

»Aber ich kündige morgen, am Montag, meine ich. Ich …«

»Willst du das?«, sie hauchte die Frage eher.
»Für dich.«
»Tu nicht, was ich will. Tu, was du willst.«
»Ich will ja.«
»Du verstehst das nicht.«
Ihre Unterlippe bebte, sie drehte sich um und verließ den Saal.

Wie gelähmt blieb ich sitzen.

Das Licht wurde gedimmt bis zur Dunkelheit, der Vorhang öffnete sich. Und obwohl sich die Menschen und Münder bewegten, man sich über uns unterhielt, hörte ich immer noch nichts, als die erste Seite auf der Leinwand erschien: *Meine Freundin sagt, in Amerika habe jemand ein Mittel gegen das Gefühl von Einsamkeit erfunden.*

*

Nach einer Weile bekam ich meine Gefühle einigermaßen unter Kontrolle und schlich, Entschuldigungen wie ein Mantra murmelnd, zum Ende meiner Reihe und zum Ausgang. Satt fiel hinter mir die Saaltür in ihr Schloss und der leere Vorraum empfing mich mit seinem Popcorngeruch. Nur der Typ vom Süßigkeitenstand blickte zu mir herüber. Von Evelyn keine Spur.

Meine geringe Hoffnung auf eine baldige Versöhnung versickerte in der Realität. Insgeheim hatte ich mir vorgestellt, sie würde hier auf mich warten, wir würden uns umarmen und alles wäre wieder gut.

Ich trat auf die Straße. Menschen mit Einkaufstüten liefen an mir vorbei, keine Evelyn. Nirgends.

Nichts war gut.

Geistesabwesend zog ich mein Device aus der Tasche. Anrufen wollte ich sie nicht, solange sie noch wütend war, ich schrieb ihr eine Textmessage: *evelyn, bitte ruf an, lass uns miteinander reden, i love you, darry.*

Mehr konnte ich nicht tun. Nur warten.

Meine Beine trieben mich nach Hause. Auf dem Weg prüfte ich alle fünf Minuten meine Inbox auf eine mögliche Nachricht, als hätte ich jemals den Ton beim Eintreffen einer solchen überhört oder die Vibration nicht gespürt.

Vor unserem Haus rangierte gerade ein Kurier-Lkw rückwärts in eine Parklücke. Sein Warnton, ein rhythmisches Piepen, erinnerte mich an das Piepen im Cockpit, wenn man sein Ziel markiert hatte. Meine Erinnerung an einige Szenen in Raid vermischten sich mit den Drohnenflügen.

Als der Kurier den Vorwärtsgang einlegte, verstummte der Warnton und die Bilder verflüchtigten sich. Ich schloss die Haustür auf.

Unser Wohnungsflur lag da wie eine verlassene Höhle. Die Geräusche vom Flatscreen im Wohnzimmer kamen mir vor wie das Knistern eines vergessenen Lagerfeuers.

»Du bist schon wieder da?«, rief mein Vater, der in einer akustischen Berieselungspause die Wohnungstür gehört haben musste.

»Ja«, sagte ich, bevor ich im Türrahmen stand und ihn sah, wie er auf dem Sessel fläzte, ein Denkmal der Langeweile und Selbstaufgabe. Auf dem Schrank wechselte das Bild meiner Mutter zu einer Urlaubsaufnahme, sie lachend an einem Strand in Belgien im Frühling. Innerlich sackte ich ein bisschen mehr zusammen, obwohl ich das vorhin nicht mehr für möglich gehalten hatte.

»Muss eine kurze Kurzgeschichte gewesen sein«, sagte mein Vater.

Ich hatte ihm von unserem Date erzählt.

»Kurzgeschichte eben. Was guckst du?«, fragte ich aus Reflex, um das Thema zu wechseln.

»Das Wetter.«

»Aha.«

»Es könnte noch wärmer werden, sagen sie.«

»Was interessiert dich das? Du gehst doch eh nie raus.«

Er warf mir einen Blick zu, mit dem die bösen Einheimischen in Filmen den fremden Neuankömmling im Dorf mustern.

»Na, Hauptsache trocken«, lenkte ich ein. »Wenn ich eins nicht mag, ist es in nassen Klamotten mit der Straßenbahn zu fahren. Stinkt wie sonst was.«

Er lächelte. »Wie gefällt dir dein erstes Wochenende nach der Arbeit?«

Ich könnte kotzen. »Toll.«

»Ein ganz neues Gefühl, nicht wahr.«

»Absolut. Ich bin in meinem Zimmer.«

»Gut.«

Und dort verbrachte ich im Wesentlichen mein gesamtes tolles Wochenende, wartend auf eine Textmessage oder irgendeine Nachricht von Evelyn, die nicht kam, grübelnd über unsere Beziehung und Gefühle. Den ganzen Tag war mir schlecht, das Essen eine Qual, und das Einschlafen zog sich hin. Mit dem ersten Gedanken an Evelyn wachte ich auf. Genau wie der Knoten im Bauch, der im Hals und der im Hirn.

Sonntage waren schon immer Nulltage, es gab einfach nichts zu tun. Wenn Sorgen dazukamen, waren sie eine Folter. Gingen deswegen manche Menschen in die Kirche, zum Frühschoppen? Wider dem Irrwerden, dem Durchknallen, Feuer mit Feuer bekämpfen?

Von so Tagen wie heute dürften sich nicht zu viele aneinanderreihen. Nicht mal mit fünf Tagen Arbeit dazwischen. Für Melancholie war ich nicht geschaffen.

Ich spielte ein Retro-Game: Asteroids. Zweifarbig, weiß und schwarz, zweidimensional. Einfach mit einem Dreieck als Rakete umherfliegende eckige Asteroiden zerballern, die in kleinere Brocken zerplatzten und danach schneller durch das Bild sausten. Das war exakt mein Niveau heute.

Am Nachmittag schickte ich Evelyn eine zweite Textmessage.

Keine Reaktion.

Blockierte sie mich schon?

»Bist du satt?«, fragte mich mein Vater.

Mein Arm mit der Gabel sank auf den Tisch, das Kupferarmband erzeugte ein klackendes Geräusch. Ich saß am Esstisch, Abendessen. Hatte ich schon gegessen?

Mit der Zunge spürte ich Fäden von rohem Schinken zwischen den Zähnen. Also: »Ja.«

.06

Die Fassaden glitten an mir vorbei wie die karge Landschaft unter meiner Drohne auf einem Patrouillenflug irgendwo im Nahen Osten. Dunkle Fenster und poröser Putz wechselten mit verblichenen Graffitis und Gesichtern. Die Scheibe der Straßenbahn glich der verdreckten Kameralinse nach einem 24-Stunden-Einsatz, feine Staubränder hatten sich um ausgetrocknete Tropfen Wasser gebildet.

Evelyns Worte verfolgten mich die ganze Woche und auch das folgende Wochenende, Tag und Nacht, wenig Schlaf, allein der Gedanke ließ mich gähnen.

Ich wollte ihre Zweifel selbst in den Wind streuen, eine Antwort finden, ihre Befürchtungen gerne erklären oder vergessen können, stattdessen beschäftigten sie mich andauernd. Zum Glück hielten sich die Einsätze in Grenzen, was die Action anging: Aufklärung rund um den Düsseldorfer Flughafen, um große Vögel zu melden, ein Tag über dem Schwarzwald, einen angeblich gesichteten Braunbären suchen, das Abfliegen von Kornfeldern, um Rehkitze zu sichten und so vor dem Tod durch den Mähdrescher zu bewahren, und am Freitag flogen wir mit einer neuen Collector-Drohne München ab, um für ein Forschungsinstitut die Daten aus den Devices der Leute zu saugen. Das fühlte sich im ersten Moment seltsam an, aber wir handelten ja im Auftrag der Wissenschaft.

Trotz allem konnte ich die Situation auf dem Mittelmeer nicht vergessen. Ein Piratenschiff oder Flüchtlingsschiff? Einen Beweis hatte ich nicht bekommen. Könnte es wahr sein? Ich beschloss, Herrn Spiess danach zu fragen. Aber erst würde ich meine Arbeit machen, worauf ich mich schon wieder freute, da ich nicht wusste, welches Drohnenmodell ich heute fliegen durfte und wo. Eine spannende Sache, wenn Art des Einsatzes, Fluggerät und Ort vorher unbekannt waren. So würde nie Langeweile aufkommen.

Die Straßenbahn bremste an einer ungewohnten Stelle. Wenn man regelmäßig mit ihr die gleiche Strecke fuhr, spürte man die kleinsten Abweichungen, es war, als ob man mit ihr eins wurde, ohne dem Ganzen absichtlich Aufmerksamkeit zu schenken. Auf einmal war die Veränderung da, ein Riss in der Gewohnheit, und Leben strömte in die Fahrgäste, sie setzten sich auf, stöhnten, manche flüsterten.

Das Klingeln der Straßenbahn ertönte.

Ich reckte meinen Kopf, sah aber nicht, was vor der Bahn passierte, weil mehrere Leute vor mir ebenfalls aufgestanden waren, als handelte es sich bei uns um Fußballfans und der Stürmer unserer Mannschaft würde allein auf das Tor zulaufen. Ich setzte mich wieder.

»Und?«, fragte der Mann neben mir. Es war der Mann mit der Schiebermütze, ich saß öfter bei ihm. Meistens, um genau zu sein. Viele der Pendler hatten ihre angestammten Sitzplätze und sie ließen es einen spüren, wenn man, ohne es zu wissen, gegen das ungeschriebene Gesetz verstieß und ihnen den Platz wegnahm. Ich hatte mich schon gefragt, wer vorher sein Sitznachbar gewesen war, denn die Bahn war bis zur City um diese Uhrzeit gut gefüllt, viele mussten stehen. Was war mit der Person geschehen, die meinen Platz zuvor eingenommen hatte? War sie im Urlaub? Hatte sie ihren Job verloren? War sie krank? Hatte ich sie beerbt? Ich würde ihn irgendwann fragen.

»Nichts zu sehen«, sagte ich und schaute links aus dem Fenster. Wir standen kurz vor der Haltestelle Schwanenteich. Vorne drängten sich die Menschen zu einer Mauer.

In der Hoffnung, dass es bald weitergehen würde, lehnte ich mich zurück in den Plastikschalensitz und meine Knie stießen gegen die Rückenlehne meines Vordermannes. Das Schöne an dieser Bahn war, dass sie mich pünktlich zu meiner Arbeit brachte. Mein zeitlicher Spielraum begrenzte sich auf fünf Minuten. Zu spät war ich noch nicht erschienen, deswegen wurde ich ein wenig nervös, ich wollte keinen schlechten Eindruck bei D-Air hinterlassen. Sie hatten mich dort gut aufgenommen und das wollte ich durch Zuverlässigkeit und gute Arbeit zurückgeben.

»Was ist denn da los?«, seufzte ich.

Der Mann neben mir blieb ruhig, fast stoisch massierte er sich die Schläfe mit seinen zwei Fingern.

»Sie sehen das entspannt, oder?«, fragte ich ihn, wohl nur, um mich von meiner eigenen Ungeduld abzulenken.

»Was soll man machen?«

»Sobald ich genug Geld habe, kaufe ich mir ein Auto.«

»Damit ist man auch nicht immer pünktlich. Stau, kaputt. Hier kann man sich wenigstens entspannen.«

»Ich bin nicht entspannt, ich habe seit kurzem einen Job. Da möchte ich pünktlich erscheinen.«

Wie bestellt kam endlich die Durchsage. Die Gespräche der Leute verstummten.

»Sehr geehrte Fahrgäste, aufgrund von Personen im Gleisbett verzögert sich die Weiterfahrt auf unbestimmte Zeit. Die Security ist bereits verständigt und auf dem Weg. Bitte haben Sie Verständnis dafür, dass die Türen aus Sicherheitsgründen geschlossen bleiben müssen, da wir uns auf offener Strecke befinden. Vielen Dank. Sobald ich Neuigkeiten für Sie habe, melde ich mich.«

Der letzte Satz ging im Gemaule und den Beschwerden der Menschen unter. Außer meinem Nachbarn saß niemand mehr. Auch ich stand sinnlos herum, weil der Blick nach vorne blockiert war. Gerüchte fanden ihren Weg zu mir, Demonstranten hätten sich an die Schienen gekettet.

»Was?«

Es hielt mich nicht mehr an meinem Platz, ich musste mir selbst ein Bild der Lage machen. Meine Arme pflügten wie der Bug eines Eisbrechers durch die Fahrgäste. Zu meinem Glück hatten die meisten genug gesehen, setzten sich resigniert hin und zückten ihre Devices, um ihre Arbeitgeber von der Verspätung zu unterrichten.

Vor der Frontscheibe musste ich die zwei letzten Reihen Gaffer passieren, bis ich neben dem telefonierenden Fahrer freien Blick auf die Situation vor uns hatte.

Angekettet war keiner, soweit ich das erkennen konnte. Es handelte sich um eine Sitzdemo. Ich schätzte sie auf vierzig Leute. Unweigerlich suchte ich den Himmel nach einer Drohne ab, sah aber keine, was wiederum nicht viel hieß.

Die bunten Gestalten hockten mit den Armen eingehakt im Schneidersitz vor der Straßenbahn, in beide Richtungen. Links und rechts von uns floss der Verkehr, einige Autos hupten, entweder um den Demonstranten zu danken, dass sie die Straße nicht blockierten, oder sich über uns, im Loser-Cruiser, lustig zu machen.

Die Demonstranten grinsten uns glückselig an. Unter ihnen erkannte ich ziemlich in der Mitte den Rastaschopf von Sven.

»Haut ab«, sagte ich, obwohl mich niemand hören konnte. Ich klopfte gegen die Scheibe und wedelte mit meiner Hand, sie mögen sich aus dem Staub machen. Die Demonstranten stellten sich blind und taub, sogar die direkt vor uns.

Ich hämmerte gegen die Scheibe, mit meiner Faust, und der Straßenbahnfahrer raunte mich an: »Vorsicht, Mann, bleib mal ganz ruhig.«

»Tun Sie was!«

»Setzen Sie sich und beschädigen Sie nicht noch das Eigentum der Verkehrsbetriebe.«

»Wollen Sie nicht klingeln oder irgendwas?«

»Als ich vorhin meine Warnglocke betätigt habe, haben die nur die La-Ola-Welle gemacht. Setz dich wieder.«

»Ich muss zur Arbeit.«

»Nein, echt? Nimm dir ein Beispiel an den anderen. Die sind ruhig.«

»Haben Sie keine Außensprechanlage?«

»Soll ich mit denen mitsingen?«

»Sie könnten sie auffordern, sofort die Schienen zu verlassen.«

»Dass ich da nicht selber drauf gekommen bin …«

Der Straßenbahnfahrer mit den Augenringen und den eingefallenen Wangen kratzte sich mit nikotingelben Fingern am unrasierten Kinn.

Eine Frau neben mir mit einem XXL-Becher Kaffee flüsterte: »Das hat er nach der Glocke vorhin getan. Die haben nur gelacht da draußen.«

»Lassen Sie mich raus, ich rede mal mit denen.«

»Spiderman, setz dich! Wie ich bereits durchgesagt habe, das darf ich nicht, ich muss die Sicherheitsregeln be…«

»Dann … lassen Sie mich eine Durchsage machen.«

»Setzen! Wie alle anderen.«

Ich drehte mich um zur Türe, die Frau wich zurück. Ich hakte meine Finger zwischen das Gummi. Ich schob, ich zog, einen Zentimeter schaffte ich, die Türen auseinanderzudrücken.

»Was?«, hörte ich den Straßenbahnfahrer hinter mir. »Was wird das denn jetzt? Verdammt, sind heute nur Wahnsinnige unterwegs?«

»Ich muss zur Arbeit! Ich habe einen wichtigen Beruf!«

»Wenn du nicht aufhörst, melde ich das und rufe unsere Security. Oder die Polizei.«

Fahrgäste riefen, ich solle mich setzen.

Ein dicker Arm legte sich um meinen Brustkorb wie der fette Tentakel eines Oktopus. Ein fremder Mann schleuderte mich herum. Ich traf die Frau und der komplette Becher Kaffee ergoss sich über meinen Schoß. Ich schrie auf, eher wegen des Schrecks, besonders heiß war der Kaffee zum Glück nicht mehr. Der selbsternannte Bodyguard reagierte nicht auf meine Proteste und zerrte mich weg.

»Danke«, hörte ich den Straßenbahnfahrer sagen. »Der Kaffee geht auf mich, entschuldigen Sie.«

War denen das alles egal? Was hatten die denn für Jobs?

»Lassen ... wa...« Mehr brachte ich nicht raus. Gegenwehr war zwecklos.

»Hier hin«, hörte ich die Stimme meines Sitznachbarn. Der Typ pflanzte mich auf meinen Platz und beugte sich zu mir herab. »Halt die Füße still. Klar?«

Die feuchte Hose klebte an mir. Ich nickte.

Mein Puls schlug im Hals, ich checkte mein Device. Es war heil geblieben.

»Na, noch alles dran?«, fragte der Mann neben mir.

»Ja.« Ich besah mir meine Hose. Nass, rauf bis zum Hemd und zur Jacke, durchgeweicht, ein lauwarmer Kaffeefleck in den Umrissen von Griechenland, die Peloponnes auf dem Oberschenkel.

»Scheiße.« Selbst meine Unterhose war klatschnass. »Ich will doch nur zur Arbeit.«

»Wollen wir alle. Das muss bei dir ja was ganz Wichtiges sein.«

»Ist mein erster Job. Ich will ihn einfach behalten.« Ich deutete auf meinen Schoß. »Die im Büro werden denken, ich bin zu blöde, einen Kaffee zu trinken.«

»Ach, das passiert jedem Mal. Warum machst du dir denn so große Sorgen? Du bist jung, gesund und hast einen Job! Sogar einen Job, der dir Spaß zu machen scheint, du scheinst auf der Sonnenseite zu stehen!«

Was wusste der schon?

»Oder Ärger mit der Freundin?«

Ich war überrascht, wie sehr er mich damit traf. Seine verbale Faust landete in meiner Magengrube.

»Aha«, machte er und lächelte mit der Erhabenheit eines Geheimnisträgers.

Ich brauchte es nicht mehr leugnen. »Ja.«

»Das ist halt so«, sagte er.

»Was ist so?«

»Die Liebe.«

»Sicherlich nicht bei jedem«, sagte ich.

»Was ist so anders bei euch, wenn ich fragen darf?«

»Sie ist auf dem Political-Correctness-Trip.« Ich war froh, dass mir diese allgemeine, unverfängliche Formulierung eingefallen war.

Er presste die Lippen zu Strichen zusammen.

Ich fuhr fort: »Sie ist eine von denen.« Ich nickte mit dem Kopf nach vorne zu den Demonstranten. Warum konnte ich mit meinem Vater nicht so reden? »Und ich mache alles falsch und verstehe sie nicht.«

Er lachte heiser, es ging nahtlos in Husten über, er verbarg es zur Scheibe.

»Was ist daran so lustig?«, fragte ich.

»Entschuldigung, aber dass eine Frau meint, du verstehst sie nicht ... das qualifiziert dich nicht gerade zum absoluten Ausnahmefall.«

»Nicht?«

»Auch wenn es dir so vorkommt. Du bist da in bester Gesellschaft.«

»Sind sie verheiratet?«, fragte ich ihn.

»Ja.«

Das hatte ich nicht erwartet.

»Hab Glück gehabt, viel Glück«, er guckte mich an, »Aber der Anfang war schwer.«

»Wie lange dauert der Anfang?«

»Bis zum Ende.«

»Aha?«

»Jeden Tag gibt es etwas Neues, Gutes wie Schlechtes.«

Ein Philosophieprofessor wahrscheinlich.

Vorne klang es irdischer, als trommelte jemand von außen gegen das Blech der Straßenbahn.

Der Straßenbahnfahrer meldete sich wieder über die Lautsprecher: »Sehr geehrte Damen und Herren, danke für Ihre Geduld, zumindest der meisten. Es wird in Kürze weitergehen.«

Um seinen Worten Nachdruck zu verleihen, untermalte er die Durchsage mit mehrfachem Gebimmel. Ich kündigte meine ungefähre Verspätung per Textmessage bei D-Air an.

Im Schritttempo schlich die Bahn an den Demonstranten vorbei, die sich, umringt von Security-Leuten, auswiesen, indem sie ihrem Gegenüber die persönlichen Daten blueten.

*

Der silberne Duschkopf über mir besaß die Ausmaße einer Lkw-Radkappe. Aus zahllosen Düsen spritzte das Wasser mit hohem Druck auf mich nieder. Wenn ich mich schmal machte, passte ich ganz unter diesen Schleier. Angenehm warm massierte mir die Dusche den Rücken, während ich den Tropfen nachschaute, die von meinem Kinn gen Bodenkacheln fielen. Sämtliche Kacheln strahlten weiß, nur die Armaturen glänzten silbern, der Spiegel darüber beschlug. Milchig trüb, wie eine Erinnerung meiner selbst, sah ich meinen Oberkörper darin.

Die Trennwand zwischen Dusche und Waschbecken bestand aus Glas. Das Neueste vom Neuesten, so stellte ich mir ein Bad in einem teuren Hotel vor. Eine solch edle Dusche hatte ich in dem Container nicht erwartet. Sie lag hinter einer Tür neben der Toilette. Entgegen meiner Befürchtungen hatten mich Kira und Herr Spiess mit Verständnis empfangen und meine Verspätung als üble Begleiterscheinung pseudodemokratischer Agitation, wie sie sich ausdrückten, hingenommen. Niedere Gewalt nannte das Herr Spiess.

Ich drehte die Dusche aus, sofort stellte sich wieder diese schalldichte Stille ein. Jede einzelne Wasserperle konnte ich hören, die von dem Duschkopf oder den Armaturen tropfte, ja, ich bildete mir ein, sogar die Tropfen zu hören, die an der Scheibe herunterrannen.

Mit dem hellbraunen D-Air-Handtuch trocknete ich mich ab. Das Emblem glänzte eingestickt in einer Ecke. Kira hatte mir einen Stapel Wäsche zum Wechseln mitgegeben, sich aber sogleich dafür entschuldigt, dass die Auswahl nicht riesig sei. Ich zuckte mit den Schultern, die Sachen waren sauber und trocken. Und sie passten mir, wie ich gerade, vor dem Spiegel stehend, feststellte.

Ich rubbelte mir durch die Haare und wischte mit dem Handtuch über den Spiegel, heilte ihn von seiner Blindheit. Außer Schuhe und Socken trug ich ausschließlich D-Air-Kleidung.

Sie stand mir ausgezeichnet.

Das D-Air-Emblem prangte auf dem Unterhemd, dem Hemd und der Jacke, dreifach über meinem Herzen.

*

Mein erster Nachtflug, zumindest eine Stunde lang, bis die Sonne aufging. Die Wärmebildkamera lieferte ihr Infrarotimage auf unseren Hauptschirm. In trüben Grautönen glitt die unbewohnte Küstenlandschaft eines ostafrikanischen Staates vor uns vorbei. Nicht eine gleißend weiße Gestalt auf dem Schirm, selten ein Tier, winzig klein. Die Wüste reichte bis ans Wasser. Menschen lebten woanders.

Ich gähnte.

Sinn und Zweck dieser Patrouille erschlossen sich mir nicht, Herr Spiess vermutete einen Übungsflug, man wollte sehen, wie ich mich bei Nacht verhielt.

Ich kam mir vor wie ein Security-Mann, der die Handtasche einer Rentnerin durchsucht. Gefahrlos Zeit totschlagen auf der Arbeit. Wir tranken einen Cappuccino nach dem anderen. Der ärgste Feind war die Langeweile. Ich rang um meine Konzentration, immer wieder drifteten meine Gedanken ab zu Evelyn, unserem letzten Gespräch, ihren Worten. Bei der Frage nach dem Beweis, ob es sich wirklich um ein Piratenschiff gehandelt hatte, riss ich mich stets zusammen und konzentrierte mich auf die Bildschirme vor mir.

Die Landschaft sah auch nach Sonnenaufgang und eingeschalteter Tagessicht nicht besser aus. Die Wüste erstreckte sich bis zum Horizont, daneben das Meer, nur Sand und Wasser unter uns.

Nach fünf Stunden ereignislosem Flug, einer Stunde Schweigen und dem x-ten Mal, dass mir diese Frage in den Sinn kam, wandte ich mich an Herrn Spiess: »Kann ich Sie noch mal etwas zu dem Piratenschiff neulich fragen?«

Er musste sich den Tag in Erinnerung rufen. »Natürlich, schieß los.«

Auch er schien dankbar um die Ablenkung.

»Was macht uns eigentlich so sicher, dass es tatsächlich Piraten waren?«

»Du hast doch den Kahn gesehen.«

»Ja, der war alt, aber Flüchtlinge kommen in ähnlichen Booten. Und da stand nirgends Pirat dran, keine Flagge, kein Zeichen.«

»Es wurde zuvor als Piratenschiff identifiziert, von einem Kollegen, und danach von der Autorität bestätigt. Dann war es ein Piratenschiff.«

»Ich meine ja nur, es hätten sich ja auch Flüchtlinge im Bauch des Schiffes verstecken können.«

»Sag sowas nicht. Das wäre ... also ohne einhundertprozentige Sicherheit wäre es nicht zum Abschuss freigegeben worden. Die Identifikation war Schritt eins und nicht unser Job. Erst in dem Moment, als das Schiff zum Target erklärt wurde, kamen wir ins Spiel. Glaub mir, wenn auch nur der leiseste Zweifel bestanden hätte, wäre es nicht zum Abschuss freigegeben worden. Das ist das Wunderbare an unserer Arbeit, die fehlende Fehlerquote, sage ich gerne.«

»Ach so.«

Er bohrte seinen Blick in mein Gesicht und beförderte, ohne das Döschen anzuschauen, ein Pfefferminz in seinen Mund.

»Du überlegst noch. Was überlegst du? Du siehst müde aus, Darius. Hast du nicht gut geschlafen letzte Nacht?«

»Doch.«

»Du kommst auf so komische Gedanken, dann die Geschichte mit dem Kaffee auf deiner Hose … Hast du irgendwelche Sorgen? Was macht die Liebe? Hat dir deine Jeanne d'Arc den Floh ins Ohr gesetzt?«

»Wer? Nein!«

»Hast du mit ihr über deine Arbeit gesprochen?«

»Nein, nein!«

»Na«, machte er und kratzte sich mit seiner künstlichen Hand die Wange, die sich stärker verzog, als wenn er seine Rechte dazu benutzen würde.

»Habe ich nicht«, sagte ich mit Nachdruck, um auf keinen Fall den Eindruck entstehen zu lassen, ich hätte gegen meinen Vertrag verstoßen, indem ich Geheimnisse ausplauderte.

»Auf jeden Fall tut sie dir nicht gut, wenn ich das sagen darf.«

Meine Zähne knirschten übereinander.

»Ihr zwei seid noch jung, das kommt vor. Ich wünschte für dich, es wäre anders. Aber du siehst ja selbst, wo sie … stehen bleibt und wohin du dich entwickelst.«

Gedanken schwirrten durch meinen Kopf. Beinahe Schwindel.

»Apropos Entwicklung. Eigentlich wollte ich dir das bei Schichtende erzählen, aber ich glaube, jetzt ist ein guter Moment. Vor allem glaube ich nicht, dass wir heute Morgen noch viel Action haben werden.« Er lehnte sich zurück und setzte ein stolzes Lächeln auf. »Darius, ich habe eine gute Nachricht für dich.«

»Ja?«

»Zum einen soll ich dich ganz herzlich beglückwünschen von denen da oben und der Autorität. Du machst deinen Job als Rookie sehr gut, und das wurde mir so gesagt: sehr gut!«

»Danke. Rookie?«

»Neuling! Und jetzt halt dich fest: D-Air hat eine Wohnung für dich gefunden.«

Mein Mund klappte auf, gefolgt von einem hohlen Ton.

»Hier in dem Viertel. Glückwunsch.«

»Danke ... wie ... was ...?« Ich musste mich zwingen, genügend Aufmerksamkeit dem Bildschirm, meiner eigentlichen Arbeit, zu schenken.

»Am Wochenende kannst du rein.«

»Jetzt am kommenden?«

»Ja! Ah, und ein kleines Geheimnis zwischen uns, du weißt von nichts, verstanden?«

»Ein ...? Nein.«

»Die Miete ist bereits für ein Jahr im Voraus bezahlt.«

Sprachlosigkeit, so fühlt sie sich an.

»Plus Nebenkostenpauschale.«

»Echt?«

»Ja, was sagst du?« Er grinste mich an, als wäre er mein persönlicher Gönner.

»Das ist ja ...«

»Na?«

»Super, danke, bestellen Sie ... denen da oben ... der Zentrale, der Autorität, jedem, ein großes Dankeschön ... ich ... ich kann es nicht fassen, ist das wahr?«

»Ja.«

»Danke, Wahnsinn.«

Es folgte sein »Was?«

»Das ist ja wie ein Traum.«

»Gutes passiert Guten, so sagt man doch.«

»Eine eigene Bude, ich.«

»Oh, Bude umschreibt das Appartment, soweit ich weiß, äußerst bescheiden. Bude mit Balkon.«

Er zeigte mit seiner Plastikhand auf mich. »Dir steht die Welt offen. Sieh zu, dass bei dir im Oberstübchen nichts anbrennt, dann machst du Karriere hier, und zwar richtig. Hat ja schon begonnen.«

Mein Kopf bewegte sich zwischen Nicken und Schütteln.

»Hat ja schon begonnen«, betonte er noch einmal.

*

Meine Schicht verlief, abgesehen von den unglaublichen Nachrichten, ereignislos. Wir flogen Lufttunnel, wie Herr Spiess es ausdrückte. Er hasste solche Schichten, aber auch die gehörten zum Tagesgeschäft.

Pünktlich übergab ich die Drohne an einen Landepiloten vor Ort und verabschiedete mich. Meine nassen Klamotten trug ich in einer extra Tüte.

In einer Uniform mit der Straßenbahn zu fahren, hatte etwas von Aktienverkäufen am Telefon in einem vollen Wartezimmer. Die Leute starrten mich an und wendeten sich einander zu, um meine Stellung und die Firma zu diskutieren. Kinder musterten mich mit großen Augen. Vielleicht rochen sie auch das Weihnachtsaroma an mir.

Ich stand gerader als sonst und peilte aus dem Fenster, als gäbe es dort etwas, das nur ich sehen konnte. In Wahrheit genoss ich die Blicke, die mir seit jeher verwehrt geblieben waren. Hätte ich mich umgedreht, hätten die

Leute weggeschaut. So schenkte ich ihnen die Gelegenheit, ihre Neugier zu stillen, ihren Blick an jemandem wie mich zu weiden, der offensichtlich eine besondere Position in einem besonderen Unternehmen einnahm.

Einzelne Gesprächsfetzen schnappte ich auf: jung, Private Security, Armee, adrett, chic, Karriere, eingebildet.

Mit dem Neid musste ich umzugehen lernen wie ein junger Fußballspieler, der über Nacht zum Star wird, einen Millionenvertrag unterschreibt und bei jedem Spiel das Tor trifft. So einen wollen alle kennen, entweder um sein Freund zu sein, oder – falls das nicht möglich ist – ihm negative Eigenschaften anzudichten, die einen darin bestärken, dass immer nur die Falschen und die Dummen das Glück haben und Geld den Charakter verdirbt. Das Schicksal der Talentierten, nannte es Herr Spiess.

Auch darüber sprach er mit mir, und er hatte es wie eine Verheißung angekündigt. Wieder behielt er recht.

Das Grau der Häuserfassaden verwandelte sich für einen Moment in das Grau der Wärmebildkamera. Ich zwinkerte die Erscheinung weg und musste lächeln.

Wir näherten uns der Haltestelle Schwanenteich und es kribbelte in meinem Magen. Bald würde ich hier nicht mehr jeden Tag zweimal lang fahren, ab Montag würde ich die Straßenbahn nur noch nehmen, wenn ich meinen Vater besuchen wollte. Ein weiterer positiver Aspekt der eigenen Wohnung. Und die ganze Zeit, die ich sparte, auf meinem kurzen Weg zur Arbeit, wenn ich zu Fuß zum Cockpit gehen konnte. Länger schlafen, mein eigener Balkon. Unglaublich.

Ich zückte mein Device. Zum einen vermied das einen freien Blick auf den Teich, zum anderen den Blick in die

Runde meiner Bewunderer, moderne Selbstverteidigung sozusagen. Und dann fiel mir ein, dass ich Evelyn eine Textmessage mit den Neuigkeiten schreiben könnte. Gesprochen hatten wir seit dem Social Reading nicht mehr miteinander. Ans Telefon war sie nicht mehr gegangen und auf meine bisherigen Textmessages hatte sie nicht reagiert. Vielleicht sollte ich es positiver versuchen, mich nicht mehr entschuldigen. Wofür auch?

Kurz darauf wischte ich von Buchstabe zu Buchstabe: *Hi Eve, wie geht's? Ich hab mega Nachrichten. Melde dich mal, ich würde mich freuen, Darius.*

Ich steckte das Device weg und stieg eine Station früher aus, weil es dort eine Pizzeria gab und ich meinen Vater nicht nur mit der guten Nachricht, sondern auch mit einer Quattro Stagione, seiner Lieblingspizza, überraschen wollte.

*

Ich war kaum durch die Tür, da fand der Pizzaduft seine Nase und er kam aus dem Wohnzimmer gelaufen. Gelaufen, für seine Verhältnisse.

»Was rieche ich denn da?«

»Den Pizza-Service.«

»Wie kommt's?«

»Gibt was zu feiern.«

»Was denn noch? Wirst du Kanzler?« Er nahm mir den Karton ab und drehte sich um. »Ich bin in der Küche und decke den Tisch.« Während er ging, sprach er weiter: »Gut, dass du so früh dran bist und ich noch nichts vorbereitet habe.«

Ich hängte mein Device-Bag in mein Zimmer und folgte meinem Vater. Er saß bereits am Tisch, Teller, Messer und Gabeln auf beiden Seiten, den aufgeklappten Pizzakarton dazwischen. Ein kleines Glas Rotwein für ihn und für mich.

Fehlt nur noch das Kerzenlicht, dachte ich.

»Prost, als Erstes«, sagte er und hob das Glas.

Wir ließen die Gläser klingen. Der Rotwein schmeckte warm und schwer.

Ihm schmeckte er, geräuschvoll setzte er ab und nahm sich ein Stück Pizza. Ich hatte sie in der Pizzeria schneiden lassen. Der Käse zog sich. Der durchgeweichte Teig schnitt sich leicht mit dem stumpfen Messer.

Nach dem ersten Bissen sagte mein Vater: »Mmmh, schmeckt hervorragend. Schon lange nicht mehr gehabt. Was gibt es denn zu feiern?«

»D-Air, meine Firma, hat mir eine eigene Wohnung besorgt.«

Mein Vater hörte auf zu kauen. Als hätte er auf etwas gebissen. Auch seine Arme versteiften sich, dann sagte er: »Wie schön. Glückwunsch« und kaute langsamer weiter.

Ich zögerte, ließ das aufgespießte Stück Pizza auf meiner Gabel vor mir schweben. »Das ist doch gut, oder?«

»Ja, toll, mein Junge. Eine eigene Wohnung. Zack!«

Er spielte die Freude.

Ich senkte meine Gabel. »Freust du dich nicht für mich?«

»Doch, Darius, sicher freue ich mich für dich. Wer schafft das schon hier?« Er schaute sich um, als stünden wir draußen auf der Straße.

»Schauen wir mal, was kommt.«

»Was meinst du?«

Er zögerte, bevor er das nächste Stück Pizza aufspießte. »Allein werde ich die Wohnung nicht halten können.«

Daran hatte ich nicht gedacht. Das war mir unangenehm, doch mir fiel sofort etwas ein. »Die Firma bezahlt sogar die Miete für ein Jahr, dann bezahl ich einfach weiter hier meinen Teil.«

»Junge, du ...«

»Ich komm ja vorbei und esse dir regelmäßig den Kühlschrank leer.«

»Du musst ... das ist dein Geld. Du ...«

»Und meine Entscheidung. Ich kann mit meinem Geld machen, was ich will, und ich will, dass du hier wohnen bleibst.«

Die Käseplacken auf der Pizza beobachteten uns teilnahmslos.

»Wenn du das möchtest«, fügte ich hinzu, denn ich ahnte die Last der Vergangenheit, die von meinen Schultern rutschen würde, sobald ich in meine eigene Wohnung gezogen wäre. Nicht mehr die Erinnerungen an Kindheit und Krankheit in den Augen meines Vaters, die mich auf einen gefühlten Grundschüler schrumpfen ließen, wenn ich mich in unseren vier Wänden befand. Vielleicht wollte er auch raus.

Er schwieg.

Die halbe Pizza wurde kalt.

Warum gab es keine absolute Freude in meinem Leben? Wenn ich den Himmel anlachte, boxte mir die Erde in den Magen.

»Ich mag es hier«, sagte mein Vater.

»Prima, dann machen wir es so. Das ist gut«, sagte ich zu euphorisch. Ich wäre am liebsten rausgerannt, raus auf die Straße. Ziellos. Mein Hunger war verschwunden, die Pizza troff vor Fett und roch wie meine Sneaker.

Ich legte die Gabel hin und nippte am Wein, angenehm brannte er seinen Weg durch meinen zugeschnürten Hals. Ich trank das Glas in einem Zug aus. Wenigstens spürte ich überhaupt irgendwas.

Aufstehen wollte keiner von uns. Und so aßen wir lebenslänglich an dieser Pizza und pickten die letzten Käsefäden im Karton mit den Gabelspitzen auf. Dann verließen wir gemeinsam die Küche. Mein Vater bog ab in sein Wohnzimmer, wo der Flatscreen flimmerte, und ich in mein Zimmer.

Ich schloss die Tür und ließ mich zu Boden fallen, als wäre ich vor ein paar Minuten von einer Kugel getroffen worden, und erst jetzt, nachdem bis dahin das Adrenalin durch meine Blutbahn gepumpt wurde, spürte mein Körper die Schwächung, den Schmerz und seinen Überlebenswillen schwinden.

Mit ausgebreiteten Armen lag ich auf dem Teppich, hörte allein meinen Atem und die gedämpften Geräusche aus dem Wohnzimmer. Wüsste ich nicht, dass es ein Film war, hätte ich sie mit geschlossenen Augen auch für das Stimmengewirr im Kopfhörer halten können, wenn wir über ein fremdes Land flogen und Funksprüche der Bodeneinheiten aufschnappten.

Hell schien der Türschlitz, dunkel umschloss mich mein Zimmer, das Licht hatte ich nicht angeschaltet. Links von mir schwamm eine alte Socke, rechts von mir ein verbeulter USB-Adapter.

Die Scheinwerfer eines vorbeifahrenden Wagens verbogen die Schatten an der Decke und den Wänden.

Was würde ich mitnehmen bei meinem Auszug? Ich schaute mich um. Die Stoffente, die meine Mutter für mich in der vierten Klasse für Kunst genäht hatte? Und was nicht?

*

All diese Gedanken interessierten mich nicht mehr, als ich am nächsten Tag im Cockpit saß und meiner Mission folgte. Der Auftrag: Zerstörung eines Förderbandes in Fernost-Asien. Aufmerksam hörte ich Herrn Spiess zu, wie er mir ein bisschen die Zusammenhänge erklärte. Es galt, den illegalen Abbau von Monazit durch Terroristen einzudämmen, die mit dem Verkauf dieser Seltenen Erde ihr Treiben finanzierten. Auf dem Schwarzmarkt brachten schon geringe Mengen Monazit mehrere Millionen Euro. Man brauchte das Mineral in elektronischen Geräten wie den Devices.

Kollateralschäden galt es zu vermeiden, da es sich bei dem Gebiet um ein Land handelte, mit dem sich niemand anlegen wollte. Falls man doch entdeckt wurde, kam D-Air als unabhängig operierende Firma ins Spiel. Keine Regierung hatte mit dem Angriff etwas zu tun.

Verschwiegenheit gehörte zum Tagesgeschäft von D-Air. In einer Zeit, in der mit dem Handel von Informationen das meiste Geld verdient wurde, wog Schweigen schwerer als Gold – oder eine Seltene Erde.

Bei dieser Mission lag die komplette Verantwortung bei uns. Niemand riskierte, das Gelände kurz vorher noch einmal abzufliegen, wie wir eine Aufklärung nannten. Stattdessen würden wir das unmittelbare Zielgebiet scannen und, wenn wir keine Anzeichen von Menschen fanden, direkt bombardieren.

Ich musste zugeben, dass ich mit dem Wissen um den baldigen Abschuss nervöser war als bei meinen anderen Einsätzen.

Seit wir die Drohne nach ihrem Start von einem Trägerschiff über dem Indischen Ozean übernommen hatten, drehten sich unsere Unterhaltungen ausschließlich um den Auftrag. Herr Spiess und ich wogen verschiedene Anflugszenarien gegeneinander ab. Über die normale Theorie hinaus wollten wir diesmal für alle Eventualitäten gewappnet sein: für einen unentdeckten Anflug und auch für Beschuss.

Bestückt waren die zwei Piercing-Luft-Boden-Raketen unserer Wiper-Drohne mit Wide-Range-Sprengköpfen. Selbst bei ungenauer Peilung und keinem direkten Treffer wäre so die Zerstörung des Förderbandes garantiert.

Die Wiper entsprach in Raid der XM-8 in den Leveln vier bis sechs. Ich hatte sie gerne geflogen, genau wie jetzt. Zur Eingewöhnung hatte ich in der ersten Stunde das komplette Trainingsmanöver absolviert, ohne Zeit für den Anflug zu verlieren. Es lief wie geschmiert. Herr Spiess strahlte zufrieden.

Seit drei Stunden waren wir unterwegs, hatten das Wasser und die Wälder hinter uns gelassen und flogen in fünftausend Metern Höhe in der mondlosen Nacht auf das Hochplateau zu. Trotz fehlenden Lichtes hob sich von Weitem die für das Förderband in die Büsche geschlagene Schneise klar von ihrer Umgebung ab. In einem

Jahr würde der Bewuchs dem Band genügend Tarnung geben, dass man es weitaus tiefer anfliegen musste, wenn es nicht vorher als Ziel markiert worden war. Wie auf ein Kommando spannten wir unsere Körper an und spähten, ohne zu blinzeln, auf den Hauptschirm.

»Keine Gegenwehr«, flüsterte ich, als könnten uns die Terroristen hören.

»Szenario zwei oder drei?«, fragte Herr Spiess.

»Ich bin für drei.«

»Warum?«

»Wegen der Windrichtung, bei acht Knoten.«

»Richtig.«

Wie besprochen flog ich eine enge Kurve, bei der ich die Drohne auf dreitausend Meter sinken ließ und meine Geschwindigkeit auf ein Minimum drosselte.

Als ich wieder an meinem Ausgangspunkt angekommen war und wir uns davon überzeugt hatten, über einem verlassenen Stück Förderband zu sein, markierte ich das Ziel mit dem Laser.

»Hot?«, fragte Herr Spiess.

Ich schaltete die Piercings scharf. »Hot.«

Herr Spiess betätigte die Sprechfunktaste. »Twelve-Seven over Eel, all clear and hot, over.«

Die Autorität antwortete kurz: »Free.«

Die Sekunden vom Abfeuern zum Abflug der beiden Piercings verstrichen in absoluter Stille, dann zog ich die Drohne hoch, ohne dabei das Ziel aus den Augen zu verlieren, automatisch bewegte sich die Unterrumpfkamera mit.

Die Missiles klinkten aus und zwei Sekunden später schlugen sie zeitgleich ein. Die Explosion war gigantisch, das ganze Plateau schien erleuchtet. Ich beschleunigte auf Höchstgeschwindigkeit und flog zuerst fünfzehn Minuten gen Westen, bevor ich Kurs Richtung Süden nahm.

Herr Spiess fand seine Sprache wieder. »Das nenne ich saubere Arbeit. Ich habe gedacht, sag mal nichts, mal gucken, was du machst. Fast wie ein alter Hase.«

»Das war einfach.«

»Ne-ne-ne, unterschätz so einen Einsatz nicht. Zu jedem Zeitpunkt kann die Hölle losbrechen.«

»In gut zwei Stunden bin ich wieder am Übernahmepunkt.«

»Dann hast du eine Stunde früher frei.«

»Echt?«

»Ja.«

Ein winziges blaues LED-Licht blinkte auf. Herr Spieß drückte den Knopf daneben. Hinter uns schnappte die Tür auf. Ich hörte Kiras »Danke«.

»Wir haben zu danken«, erwiderte Herr Spiess, der zwischen uns Platz machte.

Sie stellte zwei Cappuccino ab. »Bitte.«

Auch ich bedankte mich.

»Das wäre nicht nötig gewesen«, sagte er.

Ich roch ihr Parfüm und den Kaffee und ich fühlte mich verschwitzt, die Konzentration forderte ihren Tribut.

»Wie lief es?«, fragte sie.

»Ganz groß unser junger Pilot«, sagte Herr Spiess.

Sie gab mir einen Klaps auf die Schulter, bevor sie das Cockpit verließ. »Glückwunsch.«

Ich kam gar nicht mehr aus dem Danken raus.

Herr Spiess schlürfte am Milchschaum und sagte: »Sie hat was, was?«

»Mh-mmh.«

»Was?«

*

Nach der Übergabe der Drohne über dem Indischen Ozean hatte ich eigentlich noch eine Stunde zu arbeiten, aber die Mission war erfolgreich erfüllt und wie versprochen entließ mich Herr Spiess in den Feierabend. So wäre das manchmal, meinte er, oft müssten wir länger ran, Sonderschichten einlegen, da nehme man so eine geschenkte Stunde gerne mit. Er und Kira wünschten mir alles Gute für den Umzug.

Gemütlich schlenderte ich durch das Industriegebiet, hörte die Vögel und sah links und rechts von mir die Schatten kleiner Tiere in die Büsche huschen. Ob es Eichhörnchen, Kaninchen oder Ratten waren, konnte ich nicht erkennen. Die Dornengewächse standen dicht und rankten sich an den Backsteingebäuden hoch.

Mittlerweile bog ich wie einprogrammiert an den Kreuzungen ab, suchten meine Füße allein den Weg aus dem Fabrikgelände.

Der hochtourige Lärm des Motorrades hallte der Maschine voraus. Vor mir legte sich Tarik in die Kurve und richtete sich auf, als er mich sah.

Wider Erwarten hielt er neben mir und klappte sein schwarzes Visier hoch. »Hey, Darius.«

»Hi, Tarik.«

»Hat Spiess dich gefeuert?«

Seinem Gesicht nach zu urteilen, meinte er die Frage ernst. Vielleicht hatte ich auch nur den Eindruck, weil wir uns gegen den Motorenlärm selbst im Leerlauf anschreien mussten.

»Nein. Mission beendet. Drohne übergeben.«

»Ah, gut.«

Er fragte nicht weiter, so stand es im Vertrag. Wie hielten uns daran.

Aus dem Augenwinkel erkannte ich wieder ein Tier, doch als ich mich umdrehte, war es bereits verschwunden.

»Was hast du?«, fragte Tarik.

»Ich würde zu gern wissen, welche Tierchen hier auf dem Gelände leben.«

»Tierchen?«

»Ratten?«

Er drehte den Zündschlüssel, der Motor erstarb. »Ratten gibt es hier nicht, hier liegt überall Gift aus. Ratten ... Wenn die auf dem Container ein Kabel anfressen würden, an der Schüssel, könnten wir einpacken.«

»Dann eben Kaninchen.«

»Hier gibt es auch keine Kaninchen, überhaupt keine Tiere, die riechen nur das Gift und fallen um. Die sollen ja gar nicht erst hier her.«

»A... vorhin, da hinten, musst du doch auch gesehen haben.«

»Müsste ich. Ja. Da war aber nichts.«

»Hab ich doch gesehen.«

»Nein! Hast du das öfter?«

»Ich ... was?«

»Pilotenhallus. Sind das schon Pilotenhallus bei dir?«

»Pilotenhallus?«

»Ja, Halluzinationen, siehst du öfter Sachen, die nicht da sind, oder hörst Geräusche?«

Letztere musste ich zugeben. »Selten.«

»Mann, das hat bei mir ein Jahr gedauert.«

»Was?«

»Nichts mehr gewohnt, die Jugend, ich bekam die erste Hallu nach einem Jahr. Das Piepen.«

»Ja! Das kenne ich.«

»Das hat mit der Frequenz zu tun.« Er runzelte die Stirn, das sah ich selbst unter dem Helm. »Wenn es schlimmer wird, dann sag Bescheid.«

»Dir?«

»Quatsch mir. Dem Spiess, der hat Pillen dagegen. Und warte nicht zu lange.«

»Oh Mann.« Ich sah mich schon wahnsinnig werden, in der Irrenanstalt, meinen Kopf an die Wand schlagend, Stimmen hörend.

Das musste er mir angesehen haben. »Jetzt mach dir keinen Kopf, die kommen und gehen, so ist das in unserem Beruf. Fliesenleger haben Knieschmerzen. Wir arbeiten mit unseren Sinnen, der Konzentration. Da bleibt das nicht aus. Aber es gibt ja Erasonal. Das hilft.«

»Wenn du das sagst.«

»Wie sieht's aus mit Flatscreening, Zocken?«

»Nicht mehr, wieso?«

»Ist langweilig, stimmt's?«

»Ja.«

»Alles wird langweilig mit der Zeit, kein Kick mehr, es gibt nichts Aufputschenderes als einen Einsatz.«

»Stimmt.«

Dass ich nicht mehr so viel zockte oder fernsah wie früher, hatte nicht nur damit zu tun, dass ich wegen der Arbeit weniger Zeit hatte. Ich hatte einfach keinen Bock mehr.

»Ich muss jetzt!« Und bevor Tarik das Visier runterklappte, sagte er: »Pass auf deine Tierchen auf!«

Dann warf er die Maschine an und gab Gas. Der Geruch nach Benzin hüllte mich ein.

Halluzinationen? Geräusche sicherlich. Hin und wieder, wie bei dem Piepen des Lkw. Aber war das nicht mehr eine Erinnerung? Ein Tagtraum? Kam ja nicht häufig vor. Nicht so, dass es mich störte. Und jetzt, wo wir darüber gesprochen hatten, sah ich auch keine Tiere mehr, lediglich Äste, die sich im Wind bewegten.

Vielleicht würden die Halluzinationen ja auch von allein wieder verschwinden. Noch störten sie mich nicht. Und Tarik hatte recht: Jede Tätigkeit hatte ihre Nebenwirkungen. Man konnte es sich nicht aussuchen.

Trotzdem könnte ich schwören, ich hätte eine Ratte gesehen. Keine Halluzination. Die war so wirklich gewesen wie die drei Schornsteine über dem Hauptgebäude der Fabrik.

Von wegen Hallus. Tarik hatte vielleicht Hallus. Ich nicht. Was wusste der schon über mich? Was wusste ich über mich? Über Evelyn und mich.

Sie hatte sich die ganze Zeit nicht gemeldet. Und ich brachte es nicht fertig, sie abzupassen und ihr auf der Straße entgegenzutreten. Allerdings kam sie auch nie gleich nach der Arbeit nach Hause. Sie verbrachte wohl viel Zeit am Schwanenteich. Dort wollte ich mich wiederum nicht blicken lassen.

Schluss hatte sie doch nicht gemacht. Oder machten Mädels so Schluss? Ohne Schluss zu sagen? Sie war meine erste Freundin, woher sollte ich das wissen? Auf dem Gebiet hatte ich weder Erfahrung noch das Bedürfnis, die Erfahrung zu sammeln. Innerlich fraß es mich auf.

Spätestens nächste Woche, wenn ich meine Wohnung eingerichtet hatte und meinen Vater besuchte, würde ich bei ihr klingeln. Sollte sie nicht zu Hause sein, nahm ich mir vor, sie am Schwanenteich aufzusuchen. Bis dahin musste sie sich einfach wieder eingekriegt haben. Ich vermisste sie. Sehr.

*

Hektisch lief ich durch mein Zimmer, in dem die beiden Typen vom Umzugsteam gerade meinen Schreibtisch quer kippten, um ihn hinauszutragen. Regal, Stuhl, Bett und Schrank hatten sie bereits in den Bulli geschleppt, der unten auf der Straße parkte.

Eilig hatte ich ein Möbelstück nach dem anderen geleert, sodass ein nutzloser Haufen Kram auf dem Boden übrig blieb: Klamotten, Kabel und altes Spielzeug, das ich schon seit Jahren nicht mehr beachtet hatte. Davor warteten drei Umzugskartons auf ihren Abtransport, in die ich alles gepackt hatte, was mir wichtig erschien. Den leichtesten rückte ich zur Seite, den würde ich nehmen. Ich fand es erstaunlich, an wie wenig ich hing. Mein ganzes Leben passte in drei Umzugskartons.

Unseren Keller hatte ich nicht mehr nach irgendwelchen Sachen durchforstet. Irgendwie stellte der Keller eine Einbahnstraße dar, wo man Dinge hinbrachte, von denen man dachte, dass man sie eine Zeit lang nicht brauchte, nur um später herauszufinden, dass man sie gar nicht mehr brauchte. Niemals holte man etwas aus dem Keller wieder heraus, es sei denn, man zog um. Und selbst das verkniff ich mir heute.

Mein Vater war lediglich zur Begrüßung der beiden Männer aus seinem Wohnzimmer gekrochen. Die Lautstärke seiner Talkshow hatte er aufgrund des Krachs aufgedreht. Bevor die beiden wieder hochkamen, wollte ich mich von ihm verabschieden, denn gleich hätte ich die Hände voll. Jeder eine Kiste hatten sie vorher gesagt.

Auf dem Tisch standen zwei Flaschen Bier. Das war insoweit bemerkenswert, als dass es noch keine drei Uhr war und eine der Flaschen leer war. Bisher hatte er leere Flaschen stets gleich in den Kasten zurückgestellt. Es schien ihn nicht zu kümmern. Was sagt man da als Sohn?

Ich war froh, weil mir etwas Schwungvolles einfiel: »Was ist los? Feierst du meinen Auszug?«

Als ich es ausgesprochen hatte, bereute ich es.

»Ja.« Er rappelte sich hoch. »Das sollte ich wohl, schätze ich.«

Er hielt sich am Tisch fest, die beiden Flaschen schlugen aneinander. Mit dem Zeigefinger verbreiterte er ihren Abstand, indem er ihn dazwischen schob. Kein gläsernes Klingen mehr.

Ich winkte ab. »Du bist mich ja nicht los, ich sag jetzt schon mal, bis nächste Woche.«

Er stand auf, als schmerzten ihm alle Glieder. In dem vergangenen Jahr war er um zwanzig Jahre gealtert. Mein Vater umarmte mich und klopfte mir auf den Rücken, als wäre ich ein kleines Kind, das getröstet werden musste. Und weil mir nichts Besseres einfiel, tat ich das Gleiche bei ihm. Meine Mutter schaute uns vom digitalen Bilderrahmen zu. Ein älteres Foto, ich auf ihrem Arm, das Klammeräffchen.

Als wir im Flur die Umzugsleute hörten, lösten wir uns, und er wandte sich ab und steuerte auf seinen Sessel zu. »Viel Glück im neuen Heim. Ruf an, wenn du da bist. Nur damit ich Bescheid weiß.«

»Klar. Ach, die letzten Sachen räume ich raus, wenn ich das nächste Mal vorbeikomme.«

»Ist gut, ist gut.«

»Bis dann.«

Der Bilderrahmen wechselte zu einem Bild meiner Mutter, auf dem sie ein Buch in der Hand hielt, in ihrer Linken mit dem Kupferarmband. Sie hatte gerne gelesen.

»Nimm ihn mit«, sagte mein Vater.

Nach einer gefühlten Ewigkeit fragte ich: »Darf ich?«

»Ja, ja.«

Vorsichtig, als könnte der glatte Rahmen zwischen meinen Fingern zerbröseln, trug ich ihn vor mir her, innerlich froh, dass der Abschied kurz und schmerzlos verlaufen war. Ich folgte den beiden Männern in mein Zimmer. Sie kamen mir schmunzelnd und Kisten tragend entgegen. Als ich den letzten Karton anhob, wusste ich warum: Einer hatte sich den leichten geschnappt, es stand ja kein Name drauf.

Ich klappte den Karton auf und legte den leuchtenden Bilderrahmen auf die anderen Sachen. Deckel zu.

*

Stöhnend schob ich die Kiste auf die Ablagefläche des VW Bulli, der Schweiß perlte auf meiner Stirn. Vor mir donnerte die Schiebetür zu.

Der ältere der beiden Umzugstypen meinte: »Einsteigen, nächste Haltestelle sturmfreie Bude.«

Die beiden lachten. Ich kam gerade mal bis zum Grinsen, da sah ich auf dem Bürgersteig Evelyn. Sie hatte mich auch gesehen und ihren Kopf nervös zur Seite gedreht. Ihren Rucksack hatte sie nicht dabei, vermutlich war sie auf dem Weg zum Schwanenteich. Gleich würde sie hier vorbeikommen.

»Nein.« Ich schlug meine vorherige Bitte an die beiden in den Wind. »Ich fahre doch nicht mit. Hier ist der Schlüssel für die Wohnung, einen habe ich noch. Lassen Sie ihn einfach auf meinem Schreibtisch liegen.«

»Ich dachte, du hast die Straßenbahn satt.«

»Tja.« Und ich grüßte Evelyn: »Hi.«

»Hi.«

Weder ging sie langsamer, noch blieb sie stehen. Die Männer machten ihr Platz.

Ich reichte dem älteren den Schlüssel und rannte hinter Evelyn her, während ich über meine Schulter rief: »Entschuldigung. Falls wir uns nicht mehr sehen sollten, vielen Dank für Ihre Hilfe!«

Auch Evelyn musste das höhnische Gelächter der Männer hören können.

Sie sprach nach vorne, die Straße runter. »Willst du nicht zurück zu denen?«

»Nein. Ich will mit dir reden.«

»Erhoffe dir nicht zu viel.«

»Evelyn, jetzt bleib mal stehen.«

»Nein, ich bin verabredet.«

»Am Schwanenteich?«

»Ja.«

Nein, ich frage nicht, mit wem oder für was. »Kann ich dich begleiten?«

»Ich kann es dir nicht verbieten. Was sollte das denn da?« Sie deutete mit dem Daumen hinter uns.

»Ich … das war das, was ich dir erzählen wollte, ich … du hast doch meine Textmessages bekommen, oder nicht?«

»Was willst du mir erzählen?«

»Dass … ich habe meine eigene Wohnung.«

Nun stockte sie kurz, fing sich aber gleich wieder, indem sie so tonlos wie möglich sagte: »Glückwunsch.«

»Ist doch der Hammer, oder?«

»Der Hammer.«

»Mensch, was hast du denn? Freust du dich nicht?«

Sie blieb stehen, um das erste Mal direkt zu mir zu reden. »Der Hammer wäre, wenn du dir das durch einen anständigen Beruf leisten könntest, einen moralischen, mit Menschenwürde.« Sie marschierte weiter. »Es ist eine Sache, dass man nur mit unmoralischen Berufen viel Geld verdient, aber du musst da nicht mitmachen.«

»Unmoralischen … wie du redest. Du müsstest dich mal hören.«

»Ich würde dich gerne mal hören, dich, den Darius, Darry, den ich kannte. Wo ist er hin?«

»Der geht neben dir her. Nur habe ich eine Karriere, die …«

»Schöne Karriere.«

»Die mir einiges ermöglicht.«

»Im Gegensatz zu deinen Opfern.«

»Was für Opfer, Evelyn? Ich rette Menschen, Rehkitze.«

»Reh...?« Sie runzelte die Stirn. »Stellst du dich blind oder hast du eine Gehirnwäsche hinter dir?«

»Welche Opfer?«

»Du bist doch nicht doof. Ich meine die Leute, die du mit deiner tollen Drohne beobachtest, die Schiffe, die du versenkst und was sonst noch, ich will es gar nicht wissen.«

»Ich verletze niemanden.«

»Da wäre ich mir nicht so sicher. Beweisen kannst du das ja nicht, mit den angeblichen Piraten.«

»Es ist zur Sicherheit.«

»Wessen Sicherheit? Meiner Sicherheit? Deiner?«

»Ich arbeite für eine Firma, die dazu beauftragt wird.«

»Von wem?«

Der Umzugsbulli fuhr hupend an uns vorbei. Ich hob geistesabwesend die Hand und sagte zu Evelyn: »Unterschiedlich.«

»Eine Söldnertruppe.«

»Also ...«

»Wer das meiste zahlen kann, für den arbeitet ihr. Wenn die sagen: beobachte, beobachtest du, wenn die sagen: schieß, dann schießt du. Ob da Menschen sind oder nicht. Du steuerst eine Drohne, du bist eine Drohne, eine menschliche. Klingelt es mit der Moral?«

»Ich schwöre dir, da war keiner an Bord. Stell dir mal vor, der Skandal. Das kann sich doch keiner leisten.«

»Toller Grund, in deiner Welt. Und wenn es rauskommen würde? Wenn dich einer dabei beobachtet hätte?

Kann sich aber nicht jeder leisten, so eine Drohnensöldnertruppe.«

»Sinn dahinter ist die Sicherheit. Vor Piraten, Verbrechern, Terroristen …«

»Darius, du bist der Terrorist!«

»Ich?«

»Ja, du bist … nein, ich erkläre es dir mal andersherum. Terroristen bringen den Terror, die Gewalt, in eine ansonsten friedliche Umwelt. Daher heißt es Terror. Du tust das Gleiche, du bringst mit deinen Bomben Terror … in … das Mittelmeer, zum Beispiel, ist kein Kriegsgebiet.« Sie verscheuchte eine Biene mit der Hand. »Und du tust es aus einer friedlichen Umwelt heraus. Du bist noch nicht einmal selber dort. Dabei riskierst du nichts. Du bist nicht mal da. Wollen die sich wirklich verteidigen, müssen sie hier Bomben legen … da … wo du arbeitest, wahrscheinlich in einem vollklimatisierten Büro im zwanzigsten Stock in der City.«

»Ich finde, du gehst zu weit. Ich töte niemanden.«

»Hoffentlich nicht. Aber du verbreitest Terror mit deiner Drohne.«

»Wie denn?«

»Du … McLuhan hat gesagt, das Medium ist die Botschaft.«

»Mäck wer? Ist das ein Kumpel von diesem Sven?«

»Nein. Du solltest ihn mal lesen, seine Bücher. Mir war das vorher alles nicht so klar, aber während ich recherchiert habe und als wir das am Teich in der Runde diskutiert haben, da …«

»Mit Sven?«

»Auch.«

»Aha.«

»Aha? Nix aha. Da ist mir klar geworden, dass es bei Drohnen einfach nur darum geht, die Hemmschwelle zum Töten zu senken.«

»Ich – töte – nicht.«

»Aber du könntest. Deine Hemmschwelle wird gesenkt, ohne dass du es merkst, Woche für Woche.«

»Ich rette Leben«, rief ich flehend gen Himmel.

»Wessen Leben?«

»Soldaten, Polizisten, Sicherheitskräfte, Flüchtlinge, wehrlose Flüchtlinge!« Das letzte Argument hätte mir zu Anfang einfallen sollen.

Sie blieb stehen, verschränkte die Arme. »Im zwölften Jahrhundert hatte ein König in einem Krieg Waffen verboten, die auf Entfernung töten konnten. Weißt du warum?«

Eine Amsel pickte zwischen Rosensträuchern nach Futter.

Ich riet: »Weil er den Krieg verlieren wollte?«

»Weil solche Waffen dem Krieg zuträglich sind. Das hat der damals schon erkannt. Es ist ein Unterschied, ob man jemanden erwürgt, ersticht, aus der Nähe erschießt, aus der Ferne oder das Ganze nur auf dem Bildschirm sieht! Wie in einem Computerspiel.«

»Du tust gerade so, als wäre ich ein Killer.«

»Siehst du das nicht?« Sie ging weiter.

Ich trottete neben ihr her. »Nein! Was weißt du denn von Kriegseinsätzen? Du hast es selbst gesagt, durch den Einsatz von Drohnen wird man schon mal selber nicht getroffen und viele andere auch nicht, man kann nicht getötet werden oder ... einen Arm verlieren.«

»Und der andere hat keine Chance.«

»Eben.«

»Eben!« Sie musste ihre Stimme kontrollieren. »Es ist kein Kampf, kein Krieg, das nennt man Hinrichtung.«

»Evelyn …«

»Und ohne einen Gerichtsprozess nennt man das Mord.«

»Ich komme mir gerade vor, als säße ich in einem Kreuzverhör. Ich beobachte nur, aus der Entfernung, mit einer Kamera.«

»Und das findest du gut? Zu welchem Zweck? Deine Be-ob-ach-tungen nutzen die aus.«

»Ich verdiene mein Geld damit.«

Ihr Blick schweifte über die Kreuzung.

»Du hast beobachtet und du hast schon geschossen! Und diese Entwicklung macht mir Angst, auch das, wie du darüber denkst. Was ist, wenn einmal etwas passiert? Ein Unfall. Unschuldige werden durch dich getötet. Ein Schlauchboot versteckt hinter dem Piratenschiff, oder …«

»Gab es nicht.«

Wir überquerten die Straße.

»Nur ein Beispiel. Nur falls, könntest du damit leben, mit der Verantwortung?«

Ich kickte eine verrostete Schraube in den Rinnstein. »Die Autorität ist verantwortlich.«

»D… wer?«

»Das Kommando. Die haben die Übersicht.«

»Und du nicht?«

»Ich bin nur der Drohnenpilot. Mir geht es um die Sicherheit …«

»Du wiederholst dich, Darius. Ich höre nur Sicherheit von dir. Musstest du da irgendwelche Propagandafilme glotzen? Du gehorchst Befehlen, du bist ein Söldner, ein Soldat.«

»Nein, nein, bin ich nicht, ich bin Angestellter einer ...«

»Hör auf mit dem Zeug, Propaganda, natürlich bist du Soldat. Du hast geschossen. Soldaten schießen.«

»Und töten. Ich zerstöre nur, wenn überhaupt.«

»Ach, sag mal, hättest du eigentlich auch auf das Schiff geschossen, wenn du auf einem anderen Schiff gestanden hättest? Hättest du es mit einer Kanone versenkt?«

»Wie?«

»Wenn du auf einem Schlachtschiff dienen würdest, an einer Kanone, hättest du abgedrückt?«

»Nein ... ja.«

Sie blieb wieder stehen, tippte mit ihrem Zeigefinger auf meine Brust, als hätte sie die Geduld mit einem schlecht funktionierendem Touchscreen verloren. »Siehst du, genau das meine ich: ja, nein. Häh? Ist das denn was anderes: vor Ort abdrücken oder von hier aus?«

»Ja, klar.«

»Was klar? Mit dem Arsch im Sessel sitzen und schießen oder in Uniform auf einem Schlachtschiff schießen ist was anderes, ja?«

»Natürlich!«

»Nein! Schießen ist Schießen. Alles andere spielt keine Rolle. Aber hmmm ...« Sie tat so, als überlegte sie. »Für dich schon. Und warum? Wenn du als cooler Drohnenpilot irgendwo hier in der Stadt sitzt, auf einen Bildschirm guckst, einen Joystick in der Hand, das ist für dich etwas anderes, das ist etwas ganz anderes, als mitten dabei zu sein, vor Ort, die Gewalt zu spüren, die Gefahr für das eigene Leben, die Möglichkeit selber abgeknallt zu werden. Das ist was anderes, das ist das, was deine Moral noch weiter senkt, weil du weniger fühlst, was es eigentlich ist. Du schießt eher. Weil es sich weniger real anfühlt.«

»Ist real.«

»Ja, für die Leute im Blick deiner Drohne! Aber nicht bei dir hinter der Kamera am Joystick, nicht bei dir da oben.« Ihr Zeigefinger tippte mir gegen die Stirn, und sie marschierte wieder los.

»Du scheinst es ja ganz genau zu wissen«, sagte ich, wünschte mir aber mehr Überzeugung in meiner Stimme.

»Ich habe mich informiert, ich habe gelesen, ich interessiere mich dafür, was du den ganzen Tag machst, ich interessiere mich für deine neue Liebe.«

»Ev…«

»Ich würde sagen, ich habe kaum einen Blog, kaum einen Artikel ausgelassen über Drohnenpiloten. Und ich kann der Sache weniger abgewinnen als vorher. Übrigens auch was diese sogenannten Public-Service-Patrouillen betrifft.« Sie zeigte in den leeren Himmel. »Ich habe nun eine eigene Meinung. Und ich habe Angst um dich. Es gibt übrigens auch Selbsthilfegruppen ehemaliger Piloten. Weißt du das?«

»Selbsthilfe… Quatsch.«

»Du solltest dich auch schlau lesen. Das ist etwas, was du tun solltest, vor allem, weil du da arbeitest. Du solltest die andere Seite kennen.«

»Drohnen fliegen eben, als würde ich das nicht kennen.«

»Nicht nur fliegen, sondern schießen, das ist noch mal etwas anderes, das ist wohl eine Stufe härter. Hast du schon Pfefferspray versprüht?«

»Nein!«

»Sagen wir mal, du bist in der Situation, und das wird irgendwann kommen, was machst du da, wenn wehrlose Demonstranten unter dir singen.«

»Na, fürs Singen wird man nicht besprüht.«

»Wann denn?«

»Wenn man sich verdächtig verhält.«

Sie stoppte und baute sich vor mir auf. »Jetzt bin ich gespannt. Was bedeutet denn für dich verdächtig?«

Ich zitierte unsere Richtlinien für Domestic Missions: »Es muss bei einer oder mehreren Zielpersonen zumindest von einer Teilschuld bei einem Verbrechen oder Planung desselben ausgegangen werden, wenn sie wegläuft, sich schützt, duckt oder versteckt.«

Evelyn drehte sich mit offenem Mund im Kreis. »Was? Und was soll man dann machen, wenn zehn Brummer einen anfliegen?«

»Ganz einfach.« Ich zitierte abermals: »Ein angemessenes Verhalten einer Zielperson besteht darin, sofort stehen zu bleiben, mit den Händen sichtbar neben dem Körper, und wenn möglich zu lächeln.«

Sie raufte sich die Haare und schlang ihre Arme um ihren Kopf, als müsste sie sich vor etwas schützen. »Darius, Darius, was ist aus dir geworden?« Sie stoppte, schaute mich mit hochgezogenen Augenbrauen an. »Du … du willst mich zum Lachen bringen, richtig? Du meinst das nicht ernst, du meinst das alles nicht ernst, du wolltest einen Witz reißen, ja?«

»Steht so in den Richtlinien. Ist doch auch logisch …«

»Was ist denn daran logisch, Darius?«

»Du musst nicht laufend meinen Namen sagen, ich weiß, wer ich bin.«

»Wirklich? Ich weiß es nicht mehr. Vielleicht sage ich deinen Namen deswegen so oft. Ich versuche, mich an dich zu erinnern.«

Ich konnte mich nicht bewegen, nicht mal meinen Mund oder meine Zunge, mein Kopf schwirrte und ich spürte die Angst, verlassen zu werden, zu fallen, allein zu sein.

Sie beherrschte ihre Wut, deutlich trat eine Ader an ihrem Hals hervor, die neben ihrem Bernstein verlief. »Du warst nicht dabei, als wir am Schwanenteich von den Brummern bedroht wurden. Die kamen aus dem Nichts. Wir guckten alle einer kleinen Drohne nach, die über unsere Köpfe flog, uns beobachtete. Und dann hinter unserem Rücken plötzlich dieses schreckliche Brummen, und wie schnell sie über uns waren. Das Chaos. Und dann sanken sie tiefer, so tief, dass uns Sand und Steine ins Gesicht flogen. Wenn das nicht Gewalt ist.«

»Aber ihr habt die Drohnen auch angegriffen.«

»Wir haben …« Auf ihrem Gesicht erschien etwas Unaussprechliches. »Wir … woher weißt du das?«

»Weiß ich nicht.«

»Du hast das gesagt, als wärst du dir sicher.«

»Nein, ich vermute nur mal, weil man das so aus den Nachrichten kennt, wo …«

»Du weißt es. Darius. Sag es.«

»Nein, nichts weiß ich.«

»Sag es.« Sie hauchte die Worte, ihre Augen wurden wässrig, dann verzog sie das Gesicht.

»Sag.«

Wie ein Echo in meinen Ohren.

»Man darf mit nichts nach Drohnen werfen, man darf das nicht.« Meine erstickte Stimme.

Wie hinter Milchglas sah ich, wie Evelyn die Straße runterlief, ihren flatternden Rock, ihre Haare, bis ihre Figur mit den Bäumen verschmolz.

*

Ziellos taumelte ich durch die Stadt, an die meisten Straßen konnte ich mich nicht mehr erinnern. Nicht der direkte Weg führte mich zu meiner neuen Wohnung, im Zickzack irrte ich durch die Häuserschluchten. Ich wollte diese Blogs sehen, von denen Evelyn gesprochen hatte. Im Gehen wischte ich über den Screen, tippte aus der Erinnerung einige Namen und Schlagwörter ein und scrollte die Seiten rauf und runter, klickte Links an und öffnete einige Reiter.

So sahen ihre verlässlichen Quellen aus? Die Berichte über Drohnen standen in einer Reihe mit Wutschriften über Geheimorganisationen, deren angebliches Ziel die Weltherrschaft war, Nervengift in Zahnpasta, als Kondensstreifen von Flugzeugen getarnte Sprühaktionen sowie 9/11-Verschwörungstheorien. Artikel von Verwirrten für Verwirrte. Ich schloss die Fenster.

Ich hätte gerne mit jemandem geredet, kurz überlegte ich, ob ich Noah oder Vadaw anrufen sollte. Doch ich ließ es bleiben. Ich konnte mich gar nicht mehr richtig erinnern, wann wir das letzte Mal miteinander gesprochen hatten. Keiner hatte den Sinn darin gesehen, eine Freundschaft aufrechtzuerhalten, die keine Zukunft hatte und auch keine Gegenwart. Gut erinnerte ich mich an die ersten Videochats, bei denen sie an extra spektakulären Plätzen ihrer neuen Heimat standen. Das fremde Leben brauste an ihnen vorbei, ihre Augen voller Neugier, Abenteuer und dem Wissen, dass ihr alter Kumpel nicht aus seinem Viertel herausgekommen war.

Nun war er raus.

So gerne ich mit jemandem reden wollte, nach Hause zu meinem Vater zog es mich nicht zurück, nicht in die Straße, wo an Silvester mein neues Leben begonnen hatte, ohne dass ich es erwarten konnte, und wo es ein halbes Jahr später und ein paar Blocks weiter ähnlich unerwartet wieder geendet hatte.

Das renovierte Appartmentgebäude besaß einen gläsernen Aufzug. Mit ihm gelangte ich in den obersten, sechsten Stock, die Wohnung lag zu meiner Linken. Der Schlüssel glitt in das neue Schloss, ohne zu haken, und still schwang die Tür auf. Es roch frisch gestrichen.

Wäre ich in einer besseren Verfassung, ich hätte mich gefreut, getanzt. Eine solche Wohnung hätte ich mir nie leisten können, nicht einmal mit meinem neuen Gehalt.

Bis vor Kurzem musste die untergehende Sonne hineingeschienen haben, nun tauchte die Dämmerung das Wohnzimmer und die angrenzende, nur mit einer Theke abgetrennte Küche in ihr faszinierendes Blau.

Das Wohnzimmer war fast doppelt so groß wie das zu Hause, die Fensterfront reichte über die gesamte

Breite, ebenso der Balkon. Meine Möbel und Kisten warteten an der Wand aufgereiht auf mich. Auf der gegenüberliegenden Seite beherrschte ein in das Mauerwerk eingelassener, vier mal zwei Meter großer Wallscreen das Bild. Rechts unten am Rahmen klebte eine kleine Karte.

Ich faltete sie auf: *Lieber Darius, Willkommen in Deinem ersten eigenen Zuhause! Der Screen ist eine kleine Aufmerksamkeit der Firma.*

Unterschrieben mit *Kira & Spiess*.

Ich schüttelte den Kopf, steckte die Karte in die Tasche und öffnete die Balkontür. Schwalben flitzten schreiend vorbei, das Mauerwerk warm von der Nachmittagssonne. Rechts standen zwei weiße Plastikstühle an einem runden Plastiktisch.

Von hier aus überblickte ich das Viertel bis in das Industriegebiet mit den drei Schornsteinen und erkannte das Dach des Containers mitten drin, dessen Satellitenschüssel mir halb zugewandt war.

Das Summen der Autos wehte von der Hauptstraße herüber, am Horizont die Einflugschneise des Flughafens, das Blinken der Lichter einer Boeing, bevor sie abdrehte und in ihren Landeanflug überging.

Durst trieb mich irgendwann in die Küche.

Nach zwei Versuchen fand ich ein Glas in den Schränken und der Wasserhahn lief schon, da öffnete ich ohne viel Hoffnung den Kühlschrank. Eine große Flasche Cola lag neben einem Pizzakarton, auf den ein Smiley gemalt war mit dem gleichen Stift, mit dem die Karte geschrieben worden war. Das war ja mal nett von den beiden.

Ich nahm das Essen und Trinken mit auf den Balkon und setzte mich an den Tisch, die Füße auf dem anderen Stuhl. Mein Device legte ich neben die Pizza und hörte einen Urban-Ambient-Kanal.

Je länger ich dort saß, desto besser schmeckte mir die kalte Thunfisch-Pizza mit Zwiebeln und die Cola. Herr Spiess hatte wohl recht: Evelyn und ich entwickelten uns auseinander. Mein Verstand sah das ein, mein Herz allerdings nicht. Das Verstehen machte die Trauer nicht leichter. Rückblickend hatte es sich angedeutet, völlig überraschend kam es nicht für mich, wenn ich mir gegenüber ehrlich war, nur der Schlussstrich schmerzte, die unbedingte Endgültigkeit. Kein: Wir können ja Freunde bleiben. Wenigstens das blieb mir erspart, jener emotionale Niedergang nach einer Beziehung wie bei Noah und Xenija, die ihn Monate vor seiner Abreise nach Nigeria verließ mit jenen Worten: Sie könnten ja Freunde bleiben.

Es folgte dieses stille Hoffen bei ihm, auch wenn er es zunächst nicht zugab, bröckelnd wie ein Zuckerwürfel in Wasser. Ich sah sie ihm an, diese sich endlos dehnende Enttäuschung, die in seiner Entscheidung gipfelte, woanders, weit weg, sein Glück zu versuchen.

Immerhin hatte ich einen guten Job, eine eigene Wohnung und die Zeit und das Geld, abends auszugehen. Meine Mundwinkel verzogen sich. In dieser Woche würde ich noch ein bisschen den Blues schieben, mich hier einrichten, darauf warten, dass das ersehnte Freiheitsgefühl der Unabhängigkeit mich befiel, um es dann gebührend zu feiern: Am kommenden Freitagabend würde ich testen, ob ich ins Star Wars reinkam. Mit dem richtigen

Outfit hätte ich sicherlich eine Chance. Die Klamotten müsste ich mir nur vorher besorgen. Shoppen. Kein Thema bei meinem Vorschuss.

Ich drehte mein Kupferarmband im Kreis.

Freitag war Party angesagt. War ja schließlich mein Geburtstag. Achtzehn, volljährig. Nach all dem verdiente ich ein bisschen Glück.

.07

Das rote Licht eines Scheinwerfers, der mit einhundert anderen unter dem Dach des Star Wars kreiste, strich über mich und mein Getränk.

Volljährig, dachte ich und hob meinen Bombay-Boozer vor die Augen, als hielte ich ein Serum in der Hand, das mein Leben verändern würde. In dem großen Glas herrschte ein Sturm der Flüssigkeiten, die sich nicht miteinander vermengen wollten; das tiefe Grün des Avocadosafts arbeitete gegen die Flockewolken der zerstoßenen Litschis.

Die Woche im Cockpit hatte ich mit einer Aufklärerdrohne über einem unruhigen Gebiet verbracht. Wir hatten ausschließlich Nachtflüge unternommen, jede Schicht hatte ich auf das Wärmebild meiner Infrarotkamera gestarrt. Grautöne, selten zerrissen von hellen Punkten, kleinen Männchen mit Beinchen, die sich hinter Büschen oder unter Planen zu verstecken suchten.

Zweimal war ich unter Beschuss gekommen und Herr Spiess und ich hatten Luftunterstützung für die Einheiten am Boden anfordern müssen. Immer wieder hatten sie uns gebeten, auf die andere Seite von Bergen, Mauern und Häusern zu schauen. Hatten wir das getan und ihnen eine Rückmeldung gegeben, hatten sie sich stets bedankt und uns alles Gute gewünscht. Als ein Trupp unter Feuer geraten war, hatte ich für eine Weile die Schreie eines

Verwundeten gehört. Er hatte nach seiner Mama gerufen. Ich hatte den Blick von Herrn Spiess auf mir haften gespürt.

Schließlich hatte er gefragt: »Macht dir das was aus?«

»Natürlich«, hatte ich ehrlich geantwortet. »Und deswegen fliegen wir. Um sowas zu verhindern.«

»Genau«, hatte er gesagt und seinen Arm oberhalb der Prothese gekratzt.

Jemand rempelte mich an und entschuldigte sich. Ich war eindeutig zu früh im Star Wars, aber der Besuch bei meinem Vater war kürzer ausgefallen als erwartet. Sich gemeinsam anzuschweigen, musste ich nicht haben, nicht an meinem achtzehnten Geburtstag, nicht die ganze Zeit. Er hatte mich zu selbstgemachten Frikadellen eingeladen. Vier hatte ich geschafft. Wir hatten uns rund gegessen und angeschwiegen. Wir hatten nicht nur die Fleischbällchen, sondern auch die Worte runtergeschlungen.

Mein erster Geburtstag ohne meine Mutter. In meiner Wohnung hatte ich vor dem digitalen Bilderrahmen gestanden und ein bisschen geheult. Im Augenblick stand er auf der Küchentheke, bisher hatte ich nur das Nötigste aus den Kartons ausgepackt.

Rasch hatte ich meine neuen Klamotten angezogen, eine rote Hose und ein weißes Hemd, extrem schick, und mein noch steifes Device-Bag umgelegt, echt Leder. Danach war ich zu Fuß die halbe Stunde ins Star Wars gelaufen. Mein erstes Mal in dem Dance-Club. Mein erster Bombay-Boozer. Er schmeckte scharf nach einem undefinierbaren hochprozentigen Schnaps mit Tabasco und einer Spur Minze zwischen dem Avocado-Litschi-Saft. Eissplitter knusperten in meinem Mund. Der Alkohol schoss mir sofort in den Schädel. Von nun an nahm ich mir Zeit. Immerhin hatten meine Hände etwas zu tun.

Noch tanzte niemand und die Lautstärke der Musik ließ zu wünschen übrig. Gäste schoben sich aus dem Flur in die Haupthalle des Clubs und viele legten ihre Köpfe in den Nacken und bestaunten mit offenen Mündern andächtig einander zuflüsternd das Interieur, als stünden sie in einer Kathedrale. Ich erklomm eine Stahltreppe in den ersten Stock, von dem aus man den Innenraum perfekt im Blick hatte und wo man dem Himmel aus hundert bunten Scheinwerfern näher war. Schon jetzt staute sich die Hitze und gab ein schüchternes Versprechen für die kommende Nacht ab.

Das war also mein achtzehnter Geburtstag. Ohne Evelyn. Ohne Noah, ohne Vadaw. Letztes Jahr hatte ich mit meinen Kumpels gefeiert. Nur wir drei und ein Fünfer-Fässchen Ginkillah, das Noah besorgt hatte, weil er der älteste von uns war. Wir hatten mehr gelacht als erzählt und wir hatten uns geschworen, von da an alle unsere Geburtstage zusammen zu feiern.

So schnell ging das mit dem Brechen von Schwüren. Keiner der beiden hatte wissen können, dass sie heute nicht mehr in der Stadt sein würden, nicht mal in Deutschland.

»Auf euch«, sagte ich leise und prostete dem hibbeligen DJ zu, der einen Takt schneller tanzte als seine aufgelegte Musik vorgab.

Auch an diesen Geburtstag würde ich mich immer erinnern, allerdings anders als an den letzten.

Ob Evelyn mir schon ein Geschenk gekauft hatte und es umtauschen musste? Was spielte das für eine Rolle?

Ich stand hier oben allein und scannte den mittlerweile gut gefüllten Innenraum. Die Gäste drängten bis an die Tanzfläche, Parfümwolken waberten an mir vorbei. Helles Gelächter platzte wie akustische Seifenblasen in die Musik, die der DJ bei jedem weiteren Track lauter drehte.

Mein Blick flipperte von einem hübschen Mädel zum nächsten, die sich aufgestylt hatten und sich atemberaubend von ihrer besten Seite zeigten. Ins perfekte Licht gegossen, versprühten sie jene leichte Heiterkeit, die ich bei Evelyn zuletzt vermisst hatte.

Die Menge musste ein unsichtbares Startsignal erhalten haben, denn sie strömte auf die Tanzfläche und verwandelte sich in eine rotierende Masse aus Köpfen und Armen, wie flügellose Insekten in einer Bratpfanne.

Was für ein abgefahrenes Bild. Um es aus meinem Kopf zu vertreiben, schlenderte ich an der Balustrade entlang, die nun ebenfalls von Gästen gesäumt war. Raumschiffgleich funkelte die langgezogene Theke unten im dunklen Innenraum.

Im ersten Stock gab es nur eine kleinere Theke mit den normalen Drinks. Bestellen brauchte ich noch nicht, aber einen freien Barhocker hatte ich entdeckt. Ohne viel Hoffnung, ihn wirklich zu ergattern, beschleunigte ich meine Schritte. Ich würde meinen Bombay in Ruhe zu Ende trinken und dann auf der Tanzfläche abzappeln.

Wider Erwarten schwang ich mich auf den freien Hocker und stellte meinen Cocktail auf die Theke.

Mein Device vibrierte. Eine Textnachricht. Evelyn? Ich haspelte ihn aus der Tasche, öffnete die App.

Noah. Selbst ein Fremder hätte mir meine Enttäuschung ansehen können.

Happy B-Day, Alter! Hoffe, der Abend rockt wie unser letzter. Plane nächstes Jahr zwei Wochen D-Land, bis dahin, cheers from Lagos, Noah.

Ich wischte mit einem Finger von Buchstabe zu Buchstabe, während meine Fingerspitze eine neongrüne Leuchtspur nach sich zog.

Danx! Rocke gerade im Star Wars.

Ich wünschte, du wärst dabei.

Der Schuppen beginnt zu kochen. Muss gleich auf den Dancefloor, bis näxtes Jahr, cheers, D.

Ich wartete eine Weile auf eine Antwort und verstaute das Device wieder, nippte am Bombay.

Das Star Wars platzte mittlerweile aus allen Nähten, die Leute schoben sich nur noch aneinander vorbei.

Als zwei Typen in identischen blauen Maßanzügen an die Theke drängelten, um Drinks zu bestellen, rempelte der eine mich an, der Bombay schwappte über.

Er entschuldigte sich, und im gleichen Moment erkannten wir einander. Mit Martin und seinem Freund Benno hatte ich die Eddy Snowden besucht, wir hatten zusammen den Abschluss gemacht. Allerdings gehörten sie zu den angesagten Typen, die auf jede Party eingeladen wurden und alles mitmachen konnten, was Geld kostete. Von daher gab es abseits der Schule nicht viele Schnittpunkte in unseren Leben. Um genau zu sein, hatte ich sie nicht einmal irgendwo auch nur per Zufall getroffen. Sie lebten in einem Paralleluniversum. Bis heute.

»Du hier?«, fragte Martin, während sich Benno um die Getränke kümmerte.

»Ja.«

»Ich seh dich hier zum ersten Mal.« Er steckte eine Hand in die Hosentasche, sodass sein Device unter dem Jackett zu sehen war, ein Schweizer, edel, dezent, das Teuerste vom Teuersten.

»Stimmt«, sagte ich. »Ich dachte, ich müsste hier mal einchecken.«

»Definitiv. Einen Bombay?«

»Der ist gut hier.«

»Hast du in der Lotterie gewonnen?«

»So ähnlich«, meinte ich und dachte: außerdem Geburtstag, entschied mich aber, ihnen das nicht zu verraten, das hätte blöde ausgesehen, allein. »Habe einen Job.«

»Was machst du?«

»Security-Branche.« Die Antwort hatte ich mir zurechtgelegt, um spontan und unverfänglich etwas sagen zu können.

»Verstehe, du willst nicht drüber sprechen. Sehe ich ein. Vor einem Supermarkt stehst du nicht, wenn du hier chillst und Bombays schlürfst. Ich ... wir sind bei A&A im Assessment.«

Wow, das waren die Marktführer bei der Effizienz-Überprüfung von Unternehmen.

Mit anderen Worten, sie feuerten Leute.

»Machen wir seit Schulende, na ja, abgesehen von unserem Mexiko-Trip, vier Wochen die Sau rausgelassen.«

»Krass.«

»Wir haben da alles reingepfiffen, was ging. Party, Party, Party. Und dann sind wir zurück und haben bei A&A angefangen.«

»Wie seid ihr reingekommen?«

»Sein Onkel ist im Vorstand, mein Cousin im Management.«

»Cool.«

»Sind als Team unterwegs. Das ist das Beste. Ich meine, wir verstehen uns blind, haben Spaß und verdienen richtig dabei. Besser geht's nicht.«

»Besser geht's nicht.«

»Du verbläst hier aber nicht dein ganzes Geld?«, fragte er.

»Nein.«

»Ich hab nämlich einen Kumpel ... ach, Mensch, den Denny, Dennis! Der ist Financial Advisor. Wende dich an den, bevor du Steuern zahlen musst.«

»Mach ich.«

War er also nicht Drohnenpilot geworden.

»Was machen die Mädels?«, fragte Martin.

»Bin grade solo.«

»Solo ist das Beste. Immer frei für die nächste.«

Wir lachten im gleichen Takt.

»Deswegen sind wir heute hier. Ist die optimale Location. Schau sie dir an, ich liebe es!« Er zog ein Gesicht und streckte seinen Arm aus, als wären die Gäste seine Sexsklaven.

Benno reichte ihm seinen Drink, gelb mit roten Schlieren. Wir stießen an.

»Auf den Erfolg.«

*

Der Abend nahm an Fahrt auf. Wir tranken schnell. Bei Martin und Benno drehte sich alles ums Geld, bei mir drehte sich alles im Kopf. Die beiden gaben mir, dem Neuverdienenden, Ratschläge, was ich mit dem Extracash tun könnte. In erster Linie sollte ich es mir gut gehen lassen, das hätte ich mir, im wahrsten Sinne des Wortes, verdient.

Mein Haarschnitt ließe sich noch pimpen, meinten sie, und die richtige Investition wäre wichtig, altbacken in Real Estate oder solide in Commodity-Anlagen, da handelte man mit Nahrungsmitteln, erklärte mir Martin, das wäre krisensicher. Es fielen Begriffe, die ich noch nie gehört hatte. Ich nickte und begleitete ihre Worte mit breit interpretierbaren Gesten und Lauten.

Begeistert erzählten sie mir, was ihren Lebensstil ausmachte, was sie sich leisteten: Wellnessbesuche, Kurztrips nach London, Flugurlaube in der Sonne.

Natürlich wollten sie nicht wissen, wie viel ich verdiente oder mit was genau in der Security, das beteuerten sie, aber natürlich interessierte sie das brennend. Trotz des steigenden Alkoholpegels in meinem Blut widerstand ich dem Drang des Angebens und machte mich dadurch nur noch interessanter. Irgendwann hob Martin sein leeres Glas, checkte unsere und fragte: »Tanzen?«

Wir drängelten die Balustrade entlang die Treppe runter und stürzten uns in das Getümmel. Sofort klebten die Blicke der Mädels an Benno und Martin. Sie fielen auf in ihren Anzügen, passend unpassend, Erfolg verströmend, vor allem, wenn ihre Schweizer unter den Jacketts hervorblitzten. Als wäre es möglich, davon etwas abzubekommen, wenn man nur nah genug an ihnen tanzte, erhöhte sich die Frauenquote um sie herum. Bei mir tat sich nichts.

Mich schienen die Beats und die Lichtblitze anzuziehen, die meine Sinne tätowierten. Die Musik dröhnte hier viel lauter als oben an der Theke. Auch jagte der DJ nun jedem Song einen noch schnelleren hinterher. Das Geflacker der Stroboskoplichter und die Flächenlaser, die über unsere Köpfe hinwegsensten und Bilder an den schwarzen Vorhang malten, drängten sich mehr und mehr in mein Bewusstsein.

Parfümwolken vermischt mit Schweiß hüllten mich von allen Seiten ein, Ellbogen, Schultern, schweißnasse Arme und Hände berührten mich, Mädels, Kerle, absichtlich oder nicht. Trillerpfeifen, Fotoblitze, Lachen, Kreischen.

Der Laser über mir markierte ein Schiff auf der gewellten Leinwand. Ich verharrte und schaute zu, wie es explodierte und sank, bis das Bild allmählich verschwand. Erst als ich von jemandem angestoßen wurde, bewegte ich mich weiter, mehr Alibi als Tanz.

Benno und Martin folgten ihren Trieben aus meinem Blickfeld. Gleißend hell leuchtete ein weißer Scheinwerfer in meine Augen, dazu ein Explosionsgeräusch. Treffer. Ich sprang hoch, als könnte ich etwas sehen, als wäre in der Disco eine Bombe hochgegangen, aber alles blieb unverändert, es wurde weitergetanzt, gelacht, geflirtet. Niemand außer mir reagierte. Stattdessen blickten mich die Tanzenden irritiert an.

Ein tumbes Gefühl in meinen Ohren, stehend, schwankend. Wieder wurde ich angerempelt. Hart. Schaukelnd grub ich mich aus der Menge, runter von der Tanzfläche, den Gang entlang, Richtung Toiletten, ich brauchte Wasser ins Gesicht, kaltes Wasser.

Jeder auf meinem Weg blickte mich an, Gespräche versiegten, ihre Lippen wie Striche, und sie zeigten mit ihren Fingern und Gläsern auf mich. In meinen Ohren dröhnten die Beats, obwohl die Musik immer leiser wurde, und vor meinen Augen explodierten stumme Sonnen.

Vor dem Männerklo fing mich ein riesiger Gorilla ab, er grinste, einen Knopf im Ohr und das Mikro in die Unterlippe gepierct, ein Kinn, das kein Hammer zertrümmern konnte. Er packte mich am Arm wie eine eiserne Manschette. »Komm, ich bringe dich an die frische Luft.«

Nicht böse, nicht ernst, einfach ein Fakt, ohne Alternative. Und ich nickte, weil ich froh war, dass mir jemand die Entscheidung abgenommen hatte.

Die Tür flog auf, seine Pranke hielt mich unter der Achsel fest, ich hatte das Gefühl, dass einzig meine Fußspitzen den Boden berührten, während wir an der langen Warteschlange von Partygästen vorbeirasten.

Er lehnte mich wie eine alte Leiter an die Hauswand.

»Für dich ist der Abend vorbei.« Seine Stimme stempelte die Tatsache in meinen Verstand.

»Ich habe heute Geburtstag.«

»Hast du irgendwelche Drogen genommen?«

»Nein, ich habe wirklich Geburtstag, ich bin Achtz…«

»Herzlichen Glückwunsch. Du gehst jetzt, klar?«

Ich tastete, ob mein Device noch am neuen Gürtel hing. Ja. »Klar.«

»Mach keinen Scheiß.«

»Nein, danke.«

»Gern geschehen.«

Er stampfte zurück, sein Hemd spannte am Rücken. Wenn ich er wäre, würde ich silbergraue Hemden tragen.

Silberrücken, Gorilla. Ich kicherte und rutschte an der Wand runter.

Das fühlte sich gut an. Der Pudding in meinen Knien verflüchtigte sich, ich atmete tief aus. Neben mir labten sich etliche Ameisen an einer verlorenen Portion Pommes rot-weiß. Kaugummibatzen klebten überall auf den Gehsteigplatten, eine Kautschukpilzkolonie.

Angenehm kühlte eine laue Windbrise den Schweißfilm in meinem Nacken, auf meinem Gesicht und auf meinen Armen. Schuhe marschierten vorbei.

Ich umklammerte meine angezogenen Beine, um irgendwie cool auszusehen. Ich saß einfach nur rum, ganz entspannt, so sollte es aussehen.

Evelyn, wo bist du jetzt?

Ein Paar Springerstiefel blieben vor mir stehen, ein Ruck ging durch meinen Körper, dann erkannte ich das rot umrandete A auf der einen Spitze.

»Hey?«, fragte eine fremde Stimme.

»Ja«, sagte ich, ohne ihn anzuschauen.

»Alles klar, Mann?«

»Ja, ja.«

»Wirklich? Du …«

»Alles klar, ich mache nur mal Pause. Die Party geht gleich weiter.«

Gleich weiter.

Die Stiefel malträtierten wieder den Beton.

Gleich weiter.

Wer war er?

Gleich weiter.

Brummen. Lauter werdend. Die Crowd-Control? Ich schlug die Augen auf.

Die Bürsten der orangefarbenen Kehrmaschine säuberten vor mir zischend die Gosse.

Morgengrauen. Die Schlange rechts von mir verschwunden, der Bürgersteig leergefegt.

Stöhnend rappelte ich mich hoch.

*

Gut, dass mein Geburtstag auf einen Freitag gefallen war, so hatte ich das ganze Wochenende zum Regenerieren. Hatte mir jemand etwas in das Glas getan? K.O.-Tropfen? Eine Designerdroge? Möglich, aber nicht wahrscheinlich. Ich hatte meine Drinks die ganze Zeit in der Hand gehalten. War ich harten Alkohol einfach nicht gewohnt?

Am Samstag schlief ich bis vier Uhr nachmittags, dann lenkte ich mich ab mit einem neuen Online-Spiel, das sich aber selbst in meinem Zustand als öde herausstellte, keinerlei Herausforderung. Oder hatte dieses frühere Hobby von mir mit dem gestiegenen Anspruch meines Berufes tatsächlich – wie von Tarik behauptet – an Attraktivität eingebüßt?

Zumindest schlug ich so die Zeit bis zum Abend tot und deinstallierte die Software wieder.

Es reihte sich ein Schönwettertag an den anderen, von daher war es keine Frage, ob ich mir den Sonnenuntergang zum Abendessen auf dem Balkon gönnte.

Mein Teriyaki dampfte trotz der dreißig Grad im Schatten, und ich dippte meine Plastikgabel mit Gemüse in die scharfe Soße.

Löschen würde ich meinen Durst mit dem mitbestellten Sixpack Ginkillah. Die offene Flasche schwitzte neben dem Teriyaki, als hätte sie Angst vor mir. Ihre Kollegen warteten im Kühlschrank auf mich. Feuer mit Feuer bekämpfen, so hieß es doch.

Einen kleinen Kater von gestern hatte ich, ein flaues Gefühl im Magen, irgendwie musste mein Kreislauf im Star Wars schlappgemacht haben.

Schwalben flitzten nahe an meinem Balkon vorbei. Wann hatte es das letzte Mal geregnet? Ich konnte mich nicht daran erinnern. Die Vögel flogen doch tief, wenn sich der Luftdruck änderte und die Insekten gezwungen waren, sich in niedriger Höhe über dem Boden aufzuhalten. Dann jagten die Schwalben pfeilschnell hinter den Käfern und Fliegen her. Würde es heute noch regnen?

Wie eine langgezogene Miniaturperlenkette reihten sich die Positionslichter der Flugzeuge in der Einflugschneise aneinander. Der Himmel in einem Lilarot. Eine Public-Service-Patrouille als winziger Punkt in der Ferne.

Die Soße brannte auf den Lippen wie die leidenschaftlichen langen Küsse von Evelyn.

Ich nahm einen Schluck Ginkillah und schmeckte dessen Kälte, die beinahe genauso biss wie die Schärfe des Reisgerichtes.

Drinnen spielte mein Device die Melodie für einen Anruf. Ich hämmerte die Flasche auf den Plastiktisch, dass die Gabel aus dem Essen fiel. Evelyn?

»Annehmen, annehmen, annehmen!«, rief ich den Sprachbefehl auf dem Weg zur Küchentheke. Erst beim letzten Mal stoppte die Melodie und das Device glitt in meine Hand, Freisprechen aktiviert. »Hallo?«

»Ist da der Security-Man?« Das war Martins Stimme.

Alle Energie sickerte aus meinem Körper. »Ja. Hi.«

»Schon wach?«

»Seit vier Uhr.«

»Da hab ich noch gepennt. Wo warst du denn auf einmal?«

Ich drehte mich um und schlich zum Balkon. »Weiß nicht, ich habe getanzt, plötzlich wart ihr weg.«

»Wir haben wen getroffen. Wie lange warst du noch da?«

»Keine Ahnung. Bin irgendwann gegangen.« Auf dem Balkon blieb ich stehen und stützte mich mit einer Hand auf dem Geländer ab, während ich das Device wie ein offenes Buch in der Hand hielt. »Und ihr?«

»Ist spät geworden und dann sind wir noch zu unseren Bekannten, Bekanntinnen!«

»Ah, hah, ach so.«

»Ja, Mann. Bist du nächste Woche wieder da?«

»Wahrscheinlich.«

Was sollte ich sonst an einem Freitagabend machen? Solo.

»Na, dann sieht man sich wahrscheinlich.«

»An der Theke?«

»Klar, gleiche Uhrzeit?«

»Sicher.«

»Dann, bis dann.«

»Bis dann.«

Der Bildschirm verdunkelte sich und ich legte das Device auf den Tisch. Stehend setzte ich die Flasche Ginkillah an.

Die Perlenkette der Flugzeuge schien sich nicht bewegt zu haben, die Flieger kamen im Minutentakt rein. Ich hörte die Triebwerke kurz, wenn die Flugzeuge eindrehten und der Wind aus ihrer Richtung wehte. Es klang wie ein entfernter, kochender Wasserkessel, den jemand sofort von der Herdplatte nahm.

So kam man also schneller zu Bekannten. Zu neuen Freunden. Mit Geld. Man konnte Dinge unternehmen, die man vorher nicht tun konnte. Und ich hatte die ganze Zeit schlecht gelaunt bis melancholisch über den Verlust meiner Kumpels nachgebrütet, nachdem sie weggezogen waren. Das wäre anders gewesen, wenn ich die Kohle gehabt hätte, einfach mal auszugehen. Was hatte ich es jetzt gut. Just in time.

Ich prostete den Flugzeugen zu. Mein erster Urlaub würde mein erster Flugurlaub werden. Irgendwo weit weg. Sonne musste nicht sein, die hatte ich hier genug. Der Regen blieb auch heute aus.

*

Am Sonntag bekam ich von D-Air die Mitteilung, dass ich am Montag erst um zehn Uhr abends erscheinen sollte. Nachtschicht. Voraussichtlich die ganze Woche.

Ich wusste nicht warum, aber das klang nach Abenteuer, obwohl ich bereits Nachteinsätze auf anderen Kontinenten geflogen war. Noch hatte ich nicht meine eigene Nacht zum Tag gemacht, schon gar nicht mit Arbeit, höchstens Silvester und der letzte Geburtstag von Noah.

So nutzte ich den Montag wieder zum Shoppen. Danach warf ich mich in einen Friseurstuhl und zeigte auf eine Frisur in einem Modemagazin. Kein Problem, meinte der Inder mit starkem Akzent und er übertrieb nicht. Seine gute Arbeit belohnte ich mit extra Trinkgeld.

Den Nachmittag vor meiner Schicht verbrachte ich in Badehose auf meinem Balkon in der Sonne, während ich Ambientmusik hörte. Es gab Schlimmeres.

Als am Abend Herr Spiess die Tür des Containers öffnete, hing der Himmel stahlblau über mir und ich fühlte noch die Nachmittagssonne im Gesicht.

»Einen wunderschönen guten Abend«, sagte er. »Herein, herein.«

Er war in Hochstimmung.

»Ihnen auch einen guten Abend.« Er ließ mich kaum ausreden.

»Nachtschicht«, sagte er mit großen Augen, als handele es sich um ein magisches Wort. »Du wirst sie lieben oder hassen.«

»Ich bin gespannt.«

Allerdings konnte ich momentan nicht erkennen, wo der Riesenunterschied liegen sollte.

»Fliegen musst du sie sowieso. Ich habe sie schon immer geliebt, auch live.«

Mit live meinte er seine aktiven Einsätze vor Ort in Krisengebieten, die er stets geheimnisvoll umschrieb. Aber am Ende zwinkerte er mir immer zu, als könnte ich das Land und das Jahr aufgrund seiner versteckten Hinweise erraten.

Die Tür fiel hinter mir zu, ich blickte zum Schreibtisch.

»Kira ist nicht da. Eigentlich nie bei Nachtschichten«, sagte Herr Spiess.

»Aha.«

»Schade, was?«, fragte er, gefolgt von seiner dreckigen Lache.

»Ja.«

»Was?«

»Ja, ja«, sagte ich so freundlich wie möglich.

»Sie ist unsere Freundin heute!« Er schlug mit der Hand auf die Kaffeemaschine, dass das Abtropfsieb klapperte. »Unsere beste Freundin, das sag ich dir.«

Und nach einer Stunde holte Herr Spiess unseren ersten Cappuccino. Ich steuerte eine Bumblebee, eine Trägerdrohne, ein behäbiges Ding, unbewaffnet und schwerfällig, wie eine Hummel eben. Vor allem beladen besaß sie die Flugeigenschaften eines Emus. An Loopings und dergleichen war nicht zu denken. Ihr Äquivalent in Raid hieß Big-O12, und wenn es ein langweiliges Level bei Raid gab, dann eben jenes mit der Big-O12. Wie dort musste ich auch hier mit der Bumblebee eine Ladung absetzen, sprich abwerfen, über einem Bergdorf in Asien.

Herr Spiess stellte die Tassen klirrend zwischen die Tastaturen auf den Tisch vor uns.

»Danke. Wissen Sie eigentlich mehr über unsere Mission, was wir absetzen sollen?«

»Wir sollen säen«, sagte er.

Damit konnte ich jetzt gar nichts anfangen. Ich stockte sogar kurz in meiner Bewegung, mir meinen Cappuccino zu nehmen. »Säen?«

»Unsere Ladung … ich kann es auch nur vermuten … aber wenn die von säen sprechen, meinen die im allgemeinen MAVs.«

Das war mir ein Begriff, in Raid musste man die brötchengroßen, als Vögel getarnten Miniflieger um einen Bunkerkomplex absetzen. »Micro Air Vehicles?«

»Ja. Seit einem Jahr sind vermehrt Tiny-Tims im Einsatz. Ich nehme an, die sagen dir noch nichts?«

»Nein.«

»Die sind nämlich recht neu und noch nicht in Raid eingepflegt. Kommen mit dem nächsten Upgrade. Wie gesagt, das sind MAVs, ziemlich gehässige Dinger, kleiner als mein kleiner Finger. Wir werfen unser Paket über dem Zielgebiet ab, in zweitausend Meter Höhe. Auf halbem Weg runter platzt das an einen Höhenmesser gekoppelte Paket von selbst, und tausend Tims verstreuen sich am Boden über einen Zwei-Kilometer-Umkreis. Schätzungsweise die Hälfte ist dann einsatzfähig und sie drehen ihre kleinen Kameraaugen gemäß ihrer GPS-Vorgabe alle in eine Richtung. Die beste Beobachtung, die man sich wünschen kann.«

»Die werden doch gefunden.«

»Ja, einige, wenige. Aber die Tims sind nicht so leicht zu erkennen. Vor allem, wenn man nichts davon weiß.«

»Wieso? Sind sie durchsichtig, oder was?«

»Getarnt.«

Er schaute mich an, ich sollte raten.

Ich tat ihm den Gefallen, die Nacht würde eh noch lange dauern. »Als Insekt. Eine Heuschrecke?«

»Nein, nein, das Ding ist, Heuschrecken gibt es nicht überall auf der Welt. Die würden in vielen Gebieten zu sehr auffallen und gleich gefunden werden. Genauso ist es mit allen anderen Tieren.« Er setzte eine dramatische Pause. »Die Tiny-Tims sehen aus wie Dreck oder wie Müll.«

Er ließ das bei mir sacken, bevor er weiterredete.

»In Krisengebieten oder in Gebieten, die drohen, sich zu einem Krisengebiet zu entwickeln, gibt es mit Sicherheit zwei Sachen überall: Dreck und Metallmüll.«

»Das ist wahr.«

»Und deswegen sehen sie aus wie ein Klumpen Dreck oder eine alte verrostete Schraube.«

»Und die Flügel? Die Flügel sieht man doch.« Ich dachte dabei an die MAVs aus Raid.

»Die werden vor der Landung abgestoßen.«

»Dann können sie doch nicht mehr bewegt werden.«

»Fliegen sollen sie auch nicht. Sind ja da, wo sie sein sollen, wenn wir alles richtig machen. Drehen können sie sich nach wie vor, um 360 Grad plus einem Zwanzig-Grad-Neigungswinkel.«

»Okay.« Ich überlegte. »Die werden sicherlich nicht alle gefunden.«

»Nur, wenn zufällig drei gleich aussehende Dreckklumpen nebeneinanderliegen. Auf keinen Fall findet man die Tims auf Hausdächern, Mauern und Bäumen. Da guckt niemand hoch.«

»Das stimmt.«

Herr Spiess lachte auf. »Ein Kollege hat mir mal erzählt, eine war auf einem Hund gelandet und der ist damit drei Tage rumgelaufen. Was die alles gesehen haben.«

Seine Fantasie reichte scheinbar weiter als meine.

Er japste in sein Gelächter. »Ob der bei seinem Herrchen und Frauchen im Bett geschlafen hat?«

Er konnte sich gar nicht mehr beruhigen.

Ich nippte am Cappuccino und fragte: »Warum wird ein solches Gelände nicht mit Drohnen überwacht?«

»Klassisch?« Er verwandelte sich wieder ganz in Herrn Spiess. »Das kann diverse Gründe haben. Wetter, Drohnenabwehr, Windrichtung, und mit den Tiny-Tims kann man wirklich hinter jede Ritze gucken, twentyfour-seven.

Besser kann ein Gebiet nicht überwacht werden. Gerade gut für die Jungs am Boden. In Städten, Dörfern, beim Häuserkampf, mit vielen Versteckmöglichkeiten. Fies. D-D-D«, sprach er den Buchstaben dreimal englisch aus. »Kennst du?«

»Nein.«

»D.D.D.-Einsätze: dull, dirty, dangerous operations. Langweilige, unfaire, gefährliche Einsätze werden so von den Tiny-Tims übernommen. Die sind sehr beliebt bei den Jungs. Ich wünschte, die hätte ich zu meiner Zeit gehabt.«

Er klopfte sich auf die Prothese und holte das Döschen heraus. Mit den Fingern schnippte er das Bonbon in seinen Mund.

Diesmal fragte ich: »Kann ich auch ein Minz haben?«

»Ah, tut mir leid, war das Letzte, leer.«

Ich meinte, noch einige in dem Döschen klickern zu hören, als er es wieder wegpackte.

*

Wie sich herausstellte, bestand meine Aufgabe als Drohnenpilot diese Woche ausschließlich in der Absetzung von diesen Tiny-Tims, immer im gleichen Gebiet, immer ein anderes Dorf. Wir vermuteten, sie suchten eine bestimmte Person. Sollte sie jemals vor die Tür treten, würden die Tims sie dank des Gesichtserkennungsprogramms identifizieren. Das hieß für die Person: entweder lebenslänglich eingesperrt oder auf der Straße erkannt und gefangen genommen werden – was beides auf das Gleiche hinausläuft, je nach der Schwere seines Vergehens.

Alle Dörfer hatten eines gemein, und zunächst wehrte sich mein Verstand dagegen, die Kindergesichter auf den Flachdächern als solche zu erkennen. Doch als ich einzoomte, gab es keine Zweifel.

»Wozu?«, fragte ich Herrn Spiess.

»Damit die Häuser nicht zerstört werden. Man soll wissen, wie viele Kinder in dem Haus wohnen. Die Leute fühlen sich angeblich sicherer.«

»Wenn sie die Gesichter ihrer Kinder auf das Dach malen?«

»Ja, malen, oder wer dazu nicht das Geld hat, der fegt den Dreck gekonnt zur Seite, kratzt die Profile in den Stein, oder sammelt Steine und legt sie so, dass sie ein Gesicht ergeben, Hauptsache erkennbar von oben, mindestens vier mal vier Meter.« Er machte ein abfälliges Geräusch. »Die unterschätzen unsere Kameras, die könnten ihre Passbilder auf ihre Dächer kleben. Pfh, als ob die da alle Kinder haben.«

Kein Gesicht schätzte ich älter als zehn Jahre. Mädchen, Jungen, ihre großen Augen gen Himmel gerichtet, nicht ein Lächeln. Es waren anklagende, ausdruckslose Blicke, die sich in die Kameralinse bohrten, scharf und kontrastreich skizziert.

Was das magische Phänomen Nachtschicht anging, so verflüchtigte sich bei mir die Faszination mit jedem weiteren Einsatz. Am Donnerstag freute ich mich, dass mir nur noch eine bevorstand. Man verfiel irgendwann in eine Art Autopilot-Mode. Das Gehirn funktionierte wie programmiert, aber irgendwie nahm ich alles wie durch einen Schleier wahr: den Flug, den Abwurf, die Reportmeldungen und unsere Unterhaltungen, die, je früher der

Morgen, umso kürzer und kryptischer wurden. Auch wenn Herr Spiess diese Nachtschichten mochte, die Qualität seiner Kommentare sank mit dem Biorhythmus, und der Kaffee verbreitete eine innere Unruhe, die in nervösen Bewegungen und unüberlegten Äußerungen ihren Ausdruck fand.

Den allmorgendlichen Gang zum Apartment nannte ich ab Mittwoch Nebelmarsch – so benebelt fühlte ich mich. Meine Hauptaufgabe sah ich darin, mich darauf zu konzentrieren, die wenigen Straßen nach links und rechts zu schauen, um nicht überfahren zu werden. Mir war kalt, egal, wie warm es war. Die Menschen auf dem Weg zu ihrer Arbeit passierten mich frisch geduscht und gewappnet für den Tag, während ich schweißverklebt und übermüdet einen traumlosen Schlaf herbeisehnte.

Im Bett lag ich halb wach, halb tot auf der Matratze und spürte das Koffein stärker als im Cockpit durch meine Blutbahnen rasen und wie es in meinem Gehirn gerann. Stundenlang malten meine Augen die schwarz-weißen Bilder der Nachtbildkamera an die Decke über mir. Und nach einem unruhigen Schlaf wachte ich gegen drei Uhr gerädert auf.

Bis ich um zehn Uhr wieder im Cockpit sitzen musste, bekam ich exakt nichts geschafft, gerade mal meine Körperpflege, essen, trinken und blöde einem nicht zu anspruchsvollen Videokanal zu folgen. Selbst Ambientmusik strengte zu sehr an.

Meine Nachbarn sah und hörte ich nicht. Wenn nicht ab und zu Licht hinter den Gardinen brennen würde, könnte ich glauben, das Gebäude allein zu bewohnen. Die dachten wahrscheinlich das Gleiche von mir.

Am Samstagmorgen endete diese Woche und Herr Spiess meinte, dass niemals zwei Nachtschichtwochen aufeinander folgen würden. Er bedauerte das, was ich ihm nicht abnahm, es sei denn, er folterte gerne seinen eigenen Körper.

Hatte der Mann kein Leben? Ich wusste gar nichts über ihn. Einen Ehering trug er nicht. Weder rechts noch links.

*

Mitten im Schlaf weckte mich ein Zischen, das ich erst in der Küche vermutete. Doch es musste von draußen gekommen sein, durch eines der offenen Fenster. Also drehte ich mich um und schlief weiter, unruhig, so gut es eben geht, wenn die Lanzen der Sonne durch die Jalousien das Schlafzimmer in einen lasergesicherten Museumsraum verwandeln. Als könnte mich jemand klauen.

Nachdem ich geduscht hatte, probierte ich meine neuen Klamotten an, eine marineblaue Hose und ein gelbes Hemd. Dazu Gel in die kurzen Haare. Ich schlüpfte in meine weiß-braunen Schuhe. Ein Blick in den Spiegel, yes! So hätte ich schon ein halbes Jahr eher aussehen können, wäre ich früher entdeckt worden. Was für eine Zeitverschwendung.

Aus dem Schrank über der Spüle nahm ich mir einen Müsliriegel, den ich auf dem Weg zur Straßenbahn aß, damit ich nicht völlig ausgehungert bei meinem Vater über unser gemeinsames Abendessen herfallen würde.

Bereits an der Haltestelle erhielt ich auf meinem Device die Warnung über die zu erwartende Verspätung ab der

Station Schwanenteich. Die Demonstration dauerte an. Auch hatte ich drei verpasste Anrufe und eine Textnachricht. Aber alles von einer Nummer: Martin. Alle gestern Nacht.

Unsere Verabredung fiel mir ein, Freitagabend, im Star Wars, das hatte ich in meinem tagelangen Nachtschichtrausch glatt vergessen. Ich hatte noch nicht einmal meine Inbox gecheckt, so kaputt war ich nach der Arbeit gewesen.

Die konstant hohe Konzentration hatte an mir gezehrt. Es ist eine Sache, in einer Nachtschicht etwas Stumpfsinniges zu tun, wie Gemälde zu bewachen, damit sie nicht weglaufen, eine andere, eine Drohne bei Nacht über fremdes Terrain zu steuern und gezielt und unbemerkt MAVs abzusetzen.

Während ich die Bahn bestieg, pingte mein Device, der Preis für den Fahrschein wurde abgebucht. Ich steckte einen Stöpsel ins Ohr und hörte mir die Anrufe an. Jedes Mal plärrte laute Musik auf mein Trommelfell, zuerst sagte Martin nichts und drückte das Gespräch wieder weg, dann versuchte er vergeblich gegen die Beats anzuschreien, was alles zur Unkenntlichkeit verzerrte. Der dritte Anruf stammte wohl von der gedämpften Toilette. »Mann, Darius, wo bist du? Wir haben an der Theke gewartet. Partytime! Bis bald!«

Die Textnachricht las sich ähnlich. Da ich mich nicht nach einem Rückruf fühlte, textete ich meine Entschuldigung, ich hätte arbeiten müssen und wäre völlig platt gewesen, was ja der Wahrheit entsprach.

Schon weit vor dem Schwanenteich drosselte der Fahrer die Geschwindigkeit. Als wollte er uns die Verzögerung so schonend wie möglich beibringen. Der erste unplanmäßige Halt gestattete den aufgestauten Autos vor unserer Straßenbahn, von der rechten auf die linke Seite der Bahnstrecke zu wechseln. Als wir wieder anfuhren, blieben die beiden Spuren auf der rechten Seite frei, gesperrt von der Polizei.

Bald erreichten wir den Sitzstreik auf der Straße, Polizisten in Riotgear umzingelten die Demonstranten wie eine Wand aus Hartplastik und feuerfestem Blau. Langsam schlich die Bahn an den sich belauernden Parteien vorbei.

Neben dem Teich hatten sich einige hundert Demonstranten versammelt. Die hätten spielend die ganz Straße blockieren können. Das taten sie aber nicht, sie wandten ihre Gesichter alle dem Redner zu, der auf einigen Kisten stehen musste und mit großen Gesten seine feurigen Worte unterstrich: Sven. Schulter an Schulter mit Evelyn.

Jemand schlitzte meinen Magen auf.

Sie nickte und hob sogar einmal die Faust. Die Zuhörer applaudierten.

Und während die Straßenbahn weiterrollte, kroch Evelyn aus meinem Blickfeld, bis sie hinter den Büschen und Bäumen verschwunden war. Nur mein Gefühl blieb. Wie eine Narbe.

*

»Du siehst richtig Scheiße aus, Darius, Entschuldigung, dass ich dir das sagen muss«, meinte mein Vater nach unserer Begrüßung, noch bevor ich meine Schuhe ausziehen konnte. Er hatte mich am Fenster kommen sehen.

Ich konterte, dass er nicht besser aussah, obwohl er nicht mal arbeitete. Ich hätte ihn auch fragen können, das wievielte Bier am Start war, aber ich entschied mich dazu, in aller Ruhe die weißen Schnürsenkel meiner Schuhe zu öffnen und sie nebeneinander in das Regal zu stellen, das nach meinem Auszug mit dem einen Paar meines Vaters noch sinnloser geworden war.

»Muss ich mir Sorgen machen?«, fragte er.

»Nein.«

Ich folgte ihm in die Küche. Den Tisch hatte er schon gedeckt. Übereck.

Er stellte sich vor den großen Kochtopf, die Blasen unter dem Deckel ließen das Metall scheppern, Dampf stieg auf. Ich roch Erbsensuppe mit Mettwürstchen.

Er rührte um, schüttelte den Kopf und drehte sich zu mir, blieb aber am Herd stehen.

Jetzt bereute ich, mich schon gesetzt zu haben. Stehend wären wir auf einer Höhe gewesen. So sprach er zu mir herab. »Schau dich an.«

»Was denn? Ich habe gearbeitet. Nachtschicht. Ich habe bis eben geschlafen.«

»Nachtschicht. Wozu?«

»Also … tut mir Leid, das kann ich dir nicht sagen. Betriebsgeheimnis.«

»Siehst aus … du nimmst doch keine Drogen?«

»Ich nehme keine Drogen, ich mache meine Arbeit, und das war leider Nachtschicht, fünfmal hintereinander, kein Vergnügen.«

»Einmal die Woche lässt du dich hier blicken.«

»Ich arbeite und schlaf nur!«

»Na.«

Er widmete sich der Suppe.

»Und was ist mit Evelyn?«, fragte er, als wollte er mir damit in den Rücken stechen.

»Was soll mit ihr sein?«

»Ich habe neulich ihre Mutter auf dem Weg zum Supermarkt getroffen, und ...« Er deutete alles Weitere mit einer Handbewegung an.

»Wenn du es schon weißt, was fragst du dann? Ja, es ist Schluss. Schluss. Und? Shit happens.«

»Kein Wunder, wenn du gar nicht mehr in unser Viertel ...«

»Was? Ich ... ach, ich kann nicht mehr. Iss deine Suppe selber. Was für ein ... ich gehe!« Ich wartete keinen weiteren Kommentar ab und stürmte aus der Küche in den Flur, zog die Schuhe aus dem Regal. Das Innenleder rutschte nicht so gut, ich kam nicht rein, fluchte, nahm sie in die Hand und öffnete die Tür.

Hinter mir erschien mein Vater. Ich zögerte, wartete darauf, dass er etwas sagte, aber nichts, kein Wort. Eigentlich wollte ich noch in mein altes Zimmer, doch das knickte ich. »Scheiß schönes Wochenende«, fauchte ich und knallte die Tür hinter mir zu.

*

Martin meldete sich nicht auf meine Nachricht. Samstagabend, und ich hatte keine Lust auszugehen. Dafür beschäftigte mich das Gespräch mit meinem Vater noch. Ein super Wochenende.

Ich stand vor meinem Wallscreen und programmierte manuell einen Kanal speziell für heute Abend. Die

Stichworte, die ich nacheinander per Spracherkennung eingab, lauteten: Spaß, Fun, Comedy, Humor, witzig, lachen, lustig und Klmnio. Das letzte Wort nuschelte ich einfach vor mich hin, weil die Kanalsuche nur mit sieben Worten funktionierte.

Der Suchlauf dauerte wenige Sekunden, dann startete das Soloprogramm eines Comedians, der sich Der Kolumnianer nannte. Während des Vorspanns, einer gigantischen Lichtshow auf einer zu einem Krankenhaus hergerichteten Stadionbühne, holte ich mir ein kaltes Ginkillah aus dem Kühlschrank. Hunger hatte ich keinen mehr.

Die Innenraumkameras schwebten über die Köpfe der klatschenden und lachenden Zuschauer hinweg. Rasche Schnitte zwischen Nahaufnahmen und weiten Einstellungen. Das Soundsystem meiner Anlage mit ihrem Dolby Surround ließ mich mitten in der Halle sitzen, wenn ich die Augen schloss.

Ich formte mein Kissen zu einem Knäuel und machte es mir gemütlich. Als Ablage für mein Bier benutzte ich die Rückseite meines Devices, indem ich es mit dem Screen nach unten auf das Bettlaken legte. Wirklich bewohnen tat ich nur ein Zimmer, in dem anderen Raum standen die unausgepackten Kisten und Kartons, lag die dreckige Wäsche auf dem Boden und der Müll aus dem Briefkasten: die üblichen Fastfood-Flyer und Werbebriefe von Versicherungen und Investmentfirmen, die ich mit der Wohnung übernommen zu haben schien, allerdings adressiert an mich persönlich. Dieses Zimmer mit Küchenzeile und Balkon besaß alles, was ich zum Leben brauchte: Bett, Kühlschrank, Mikrowelle, Wallscreen.

Ich gab dem Kolumnianer eine Chance. Tatsächlich war seine Show ganz witzig.

Das Publikum bog sich, wischte sich Tränen aus den Augen, aus Kinderaugen, von den Dächern der Dörfer, dazu der Applaus, das Klatschen wie Schüsse, in immer rascher werdendem Takt, das Mündungsfeuer eines Maschinengewehrs am Boden in Infrarot und das Geräusch dazu, wenn die Bodeneinheiten den Beschuss erwidern. Ich griff nach meinem Ginkillah und schmiss die Flasche um. Sie rollte über die Matratze und polterte zu Boden, ich hechtete hinter ihr her, stellte sie auf. Schaum sprudelte heraus und bildete eine hellbraune Pfütze auf dem Laminat.

Ich richtete mich auf, kniete auf meinem Bett, hörte mich stoßweise atmen, hastig, Schweiß auf der Stirn. Ich schaltete den Wallscreen aus, als würde ich mich davor ekeln.

Was war das denn gewesen?

Das Infrarotbild war verschwunden, ebenso die Gesichter und das Maschinengewehrgeräusch.

»Verdammt.«

Ich schleppte mich auf den Balkon und wünschte mir die Luft frischer. Blutgeruch in der Nase. Meine Hände zitterten. Als sie das Geländer umfassten, schüttelte ich mich. Keine Menschenseele unten auf der Straße, auf dem Industriegelände, und in der Luft nur die nichtabreißende Lichterkette der Flugzeuge im Landeanflug.

*

Vielleicht waren die Nachtschichten einfach zu viel gewesen. Immerhin hatte ich in meinem ganzen Leben noch nicht fünf Nächte hintereinander durchgemacht. Zwar konnte ich schlafen, aber nur schlecht. Nie zuvor hatte ich über Schlaf nachgedacht, am Ende des Tages war ich ins Bett gegangen, morgens aufgestanden und gut.

Ich fühlte mich gerädert und deswegen wusch ich mir im Bad das Gel aus den Haaren, putzte mir die Zähne und legte mich in T-Shirt und Boxershorts auf mein Bett. Die Uhr auf meinem Device zeigte noch keine zehn.

Die Balkontür ließ ich offen. In der Nacht kühlte sich die Luft etwas ab. Das konnte auch ein Grund sein für meinen schlechten Schlaf tagsüber: die Hitze.

Mit geschlossenen Augen wartete ich auf den Schlaf.

Stattdessen kamen die Kamerabilder in Infrarot, die sich in mein Hirn gebrannt zu haben schienen. Die erhöhte Aufmerksamkeit und die Konzentration sorgten dafür, dass ich mich an jede Einzelheit erinnerte. Es war, als könnte ich die Einsätze noch einmal in Echtzeit oder Zeitlupe erleben – ganz, wie ich wollte. Ich schmeckte den Cappuccino und spürte mein Adrenalin durch die Adern rasen, wenn sich die Situationen im Cockpit zuspitzten, und ich roch den Zimt und den Schweiß.

Ich glitt mit meiner Drohne in Achten über eine Wüste, die Landschaft wurde dunkler und dunkler. Noch nie hatte ich miterlebt, wie ich einschlief. Diesen Moment verpasste man immer.

Mein Puls beruhigte sich, meine Augenlider zuckten nicht mehr, ich genoss die Stille, das leise, entfernte Rauschen der Stadt, die letzten Vogelstimmen, und alles dimmte sich, die einkehrende Ruhe, KNALL.

Ich schlug die Augen auf.

Ein Geräusch, als wäre mir im Nacken ein Böller explodiert. Ich hätte schwören können, den Luftdruck in den Ohren gespürt zu haben.

Mit einem Mal war ich hellwach.

Nichts hatte sich verändert, der Nachthimmel war nur ein bisschen dunkler geworden. Ich schloss die Balkontür und auch alle Fenster. Diese Idioten da draußen. Oder war ein Vogel gegen die Scheibe geflogen? Sehen konnte ich nichts.

Ich verzog mich wieder in mein Bett.

Es dauerte lange, bis ich mich wieder soweit beruhigt hatte, dass der Schlaf näher rückte, während ich die schwachen Lichtveränderungen an der Decke durch den digitalen Bilderrahmen beobachtete. Bewusst dachte ich an einen Familienurlaub an der Nordsee. Das Wetter war eigentlich zu kalt gewesen, dennoch waren wir am Strand entlangspaziert, meine Eltern Arm in Arm, die heranrollenden Wellen, der Geruch nach Salz, KNALL.

Ich fuhr hoch, meine Hände krallten sich in das Laken, meine Zähne knirschten.

Nichts.

Mein Device war ausgeschaltet, die Fenster geschlossen, die Wohnung modern mit dicken Wänden.

Tarik. Davon musste er gesprochen haben. Ich musste mit ihm reden.

Mit einer Hand hielt ich das Kupferarmband umschlossen. Körpertemperatur.

.08

Am Montag passte ich Tarik ab. Seine Schicht würde zwanzig Minuten vor dem Beginn meiner enden, wenn es keine besonderen Vorkommnisse gab. Also betrat ich das Gelände dementsprechend früher und setzte mich auf halbem Weg zum Container auf den kleinen Anhänger mit seinen zugewucherten platten Reifen, um auf das Motorengeräusch des Motorrads zu warten.

Mein Blick wanderte entlang der Backsteinfassaden, aus deren Mitte die Schornsteine in den Himmel wuchsen. Sämtliche Fenster in den Gebäuden wiesen Schäden auf, keines der blinden Rechtecke war über die Jahre heil geblieben. Gitterstäbe schützten die Scheiben gegen Einbruch, aber nicht gegen geworfene Steine. Sie mussten vor langer Zeit angebracht worden sein, ein Rostfilm hatte sich bereits um sie gelegt.

Verlassene Vogelnester klemmten in den kleinsten Ritzen und Winkeln, darunter zogen sich die weißen Kotflecken die Mauer herab oder besprenkelten Vorsprünge, Stahlschrott und Büsche.

Wespen und Bienen summten unsichtbar zwischen den Ästen. Vogelgezwitscher über mir. Der Geruch nach Blumenblüten und Asphalt.

In der Ferne hörte ich, wie Tarik seine Maschine antrat. Als die Fahrgeräusche ertönten, stand ich auf und tat so, als wäre ich auf meinem Weg zum Container.

Er bog um die Ecke und ich hob die Hand, er nickte einmal, machte aber keine Anstalten anzuhalten. Also zeigte ich ihm meinen Wunsch mit einer Geste an. Ein paar Meter weiter kam er zu stehen, ohne dass seine Räder blockierten.

Er klappte das Visier hoch und drehte sich über die Schulter um. »Was ist?«

»Hi.« Ich blieb neben ihm stehen. »Hast du eine Minute?«

»Warum?«

»Ich würde gerne kurz mit dir reden.«

Tarik überlegte und schaltete den Motor aus, nahm den Helm ab, blieb aber sitzen. »Worum geht's?«

Ich bemerkte seine zitternden Hände, die er verbergen wollte, indem er den Helm wie einen Globus auf seinem Schoß hielt.

»Du hast mir doch von den Halluzinationen erzählt.«

»Ja.«

»Ich glaube, sie werden stärker bei mir.«

Er räusperte sich, kickte den Ständer herunter und bockte sein Motorrad auf. »Oh, Mann. Komm.«

Wir setzten uns nebeneinander auf den Anhänger. Er rubbelte Leben in sein durch den Helm plattgedrücktes schwarzes Haar. »Hast du das Erasonal genommen, die Tabletten?«

»Nein.«

»Warum nicht?«

»Ich habe noch nie sowas genommen. Gibt es da nicht Nebenwirkungen?«

»Wenn du Hallus hast, ist das Risiko zu vernachlässigen.«

»Wie schlimm werden die Hallus?«

»Unterschiedlich. Ich kenne einige Piloten, manche kriegen sie stärker, andere schwächer, die einen früher, die anderen später. Du bist noch sehr jung. Vielleicht hast du zu früh angefangen. Du bist ja eine ganz neue Generation.«

»Also werde ich die Tabletten nehmen müssen.«

»Oder aufhören.«

»Das schlägst du mir vor?«

Er zwinkerte und riss die Augen auf, als müsste er seinen Blick scharf stellen. »Der Gedanke kann einem kommen.«

Wirklich?

»Hast du je darüber nachgedacht?«, fragte ich.

»Sicher.«

»Aber du willst nicht.«

»Ist ein teures Hobby.« Er tätschelte den Helm auf seinem Oberschenkel. »Wäre zu schade.«

Eine Amsel landete auf einem Fenstersims, ihre Krallen kratzten über das Blech. Wir nahmen den Vogel als Grund, uns nicht weiter in die Augen schauen zu müssen.

»Also wenn ich nicht so gerne biken würde … es sind ja nicht nur die Halluzinationen. Das ist der Anfang.«

»Der Anfang?« Meine Stimme geriet zu laut. Die Hallus allein reichten mir schon.

Er schaute mich an. »Es kann sein … die Hallus haben ja mit deinen Nerven zu tun, ist neurologisch, eine Unruhe, und die kann sich auch auf deinen Körper auswirken.«

»Wie zum Beispiel?«

»Nervöse Tics, Zuckungen.«

»Kennst du das?«

»Das habe ich. Wenn ich keine Medikamente dagegen nehmen würde. Gehört eben zum Job, andere ruinieren sich ihre Gesundheit in ihrem Beruf anders. Wir so. Man darf nur nicht verrückt werden.«

Ich murmelte: »Davor habe ich Angst.«

»Was hattest du denn genau?«

Ich schilderte ihm das sinkende Schiff im Star Wars und die Explosionen zu Hause. »Da weiß ich bald nicht mehr, was real ist und was nicht.«

»Nimm Erasonal. Und wenn du nicht mehr kannst, schmeiß hin, du bist noch jung.«

»Danke, aber was soll ich denn anderes machen? Ich will nicht wieder allein vom Grundi leben.«

»Gibt doch tausende Sachen. In der Pflege können sie jeden gebrauchen.«

Ich holte Luft. »Bin lieber Pilot.«

»Wolltest du schon immer werden?«

»Nein, habe ich gar nicht für möglich gehalten.«

Die Amsel flog weiter.

»Wie bist du denn auf den Job gekommen?«

»Ich habe Raid gezockt und ...«

»Raid?«

»Ja? Kennst du?«, fragte ich begeistert.

»Klar. Ich war Testspieler.«

»Nein.«

»Während der Entwicklungsphase! Und wie weit hast du es gespielt?«, fragte er.

»Zum Ende.«

»Ganz durch?«

»Ja.«

Er konnte sein Staunen nicht verbergen. »Respekt. Ich verstehe. Und dann wurdest du von D-Air kontaktiert.«

»Äh, ja.« Ich grübelte, ob ich ihm das schon erzählt hatte. »Woher weißt du?«

»Dafür ist das Spiel doch entwickelt worden. Hast du zu Hause gezockt?«

»Ja«, sagte ich.

»Hast du es auf deinen Homerechner runtergeladen?«

»Ja.«

»Samt Spyware?«

»Was für eine Spyware?«

Er lachte. »Das steht in den Bestimmungen, die du akzeptieren musst, am Anfang, die kein Mensch liest, vor dem Download. Hast du ein Häkchen gemacht?«

»Klar, sonst geht's doch nicht.«

»Hah. Dann haben die dich beim Zocken ab Level 7 beobachtet.«

»Wie beobachtet?«

»Deine Screencam, mit der du videochattest, stellt sich für dich sichtbar in Standby-Mode.«

»Das macht sie immer, wenn die Kiste läuft.«

»Und filmt dich.«

»Moment. Wie? Filmt mich? Ist doch im Standby.«

»Ja, für dich. Die hat dich gefilmt, ohne dass du es merkst.«

»Die haben mir zugeguckt, während ich gezockt habe?«

»Dann und wann immer dein PC an war.«

»Der war immer an!«

Tarik lachte höhnisch. »Dann haben die dir auch beim Schlafen zugeschaut. Und bei allem anderen. Du musst ein anständiger Kerl sein …«

Diverse peinliche Erinnerungen flackerten vor meinem inneren Auge auf.

»Hey!« Er stupste mich mit der Schulter an. »Dann ist alles normal bei dir. Freaks können die hier nicht gebrauchen.«

Ich kam mir gerade sehr wie ein Freak vor.

»Man muss D-Air auch verstehen. Die müssen ja wissen, wen sie als Piloten einstellen. Talent allein reicht nicht. Es geht ja auch um die Persönlichkeit. Die können sich keinen Fehlgriff erlauben und den nach einem halben Jahr wieder feuern. Reine Zeitverschwendung.«

»Das stimmt«, gab ich zögerlich zu. Wohl war mir bei dem Gedanken aber immer noch nicht.

»Also, probier Erasonal, dann sieht die Welt wieder anders aus.«

»Okay.«

»Ich mach mich jetzt ab auf die Landstraße.« Er stand auf.

»Wo geht's hin?«

»Weiß nicht, just for fun.«

*

»Ziel in Reichweite«, meldete ich.

Herr Spiess, für den das kein Geheimnis sein konnte, der mich aber mittlerweile so arbeiten ließ, als würde er nicht mehr neben mir sitzen, und sich seinem Device widmete, registrierte es zufrieden.

Manchmal war ich mir nicht sicher, ob er nicht auch ein Nickerchen neben mir machte. Aber er war stets ansprechbar und sofort im Bilde.

»Angriffshöhe Achthundert, Speed min«, schickte ich hinterher. Auch von Raid nicht bekannte Abkürzungen gingen mir mittlerweile flüssig über die Lippen, wie eben ›min‹ für Minimum.

Unser Auftrag bestand darin, den Fuhrpark einer Terroreinheit in einem südamerikanischen Dschungel sichtbar zu markieren, also durch Beschuss, für was auch immer danach passieren sollte.

Da es sich um unbewachtes Terrain handelte, würde ich meinen Treffer ins Zentrum setzen. Wenn schon, denn schon.

Der fußballfeldgroße Parkplatz sah aus der Entfernung mit seinen effizient geparkten Lastwagen aus wie ein sortierter Baukasten.

Ich suchte mir einen Sattelschlepper in der Mitte aus und taggte das Ziel für meine Rakete, indem ich mit der Nachtsichtkamera einzoomte und den Shortcut eintippte, als das Fadenkreuz über der Windschutzscheibe des Lastwagens schwebte. Das Bild gefror für den Bruchteil einer Sekunde.

Ich betätigte die Sprechfunktaste. »Target tagged.«

»Roger«, kam es von der Autorität nüchtern durch die Lautsprecher. Das Fadenkreuz wanderte keinen Millimeter mehr, wie auf den Lkw gemalt.

Herr Spiess musste einem ähnlichen Gedanken nachgehen. »Es gibt kaum etwas Schöneres als ein Fadenkreuz bei Nacht.«

Ich schaltete die Splintercell scharf. »Hot.«

Nicken von Herrn Spiess.

Ich sagte: »Twelve-Seven over Tertris, all clear and hot, over.«

»Whole Area Free«, sagte die Autorität.

Die Sekunden vom Abfeuern zum Abflug der Splintercell vertickten, während ich die niedrige Geschwindigkeit hielt, wodurch die Drohne selbst in dieser Flughöhe nicht zu hören, geschweige denn zu sehen war.

Der Einschlag glich einem Feuerwerk. Ein Funkenregen kleckerte über dem gesamten Areal nieder. Lastwagen brannten. Aus einem sprühte etwas Heißes, im nächsten Augenblick verschwand das Bild, der ganze Schirm färbte sich weiß.

»Was ist das denn jetzt«, fluchte ich.

»Wuuusch«, machte Herr Spiess.

Das Bild erschien allmählich wieder. Ein unregelmäßiger tiefer Krater voll glühender Metallteile erstreckte sich über den gesamten Screen. Ich zoomte aus bis zum Waldrand. Selbst der stand in Flammen, ringsum. Jeeps und Lastwagen lagen ineinander verkeilt und brennend auf der dampfenden Erde. Nicht ein Fahrzeug war verschont geblieben.

»Ups, da war wohl ein Tanker dabei«, sagte Herr Spiess.

Ich zoomte komplett aus und die Feuersbrunst schrumpfte zu einem glühenden Punkt am Horizont. Entfernung zweitausendfünfhundert Meter. Ich drehte ab.

Da sollten keine Menschen gewesen sein? An die einhundert Fahrzeuge auf einem gut ausgebauten Parkplatz mit einem Turm am Eingang und niemand da? Die parkten doch nicht einfach ihre Lastwagen und nahmen den Bus nach Hause. Mir wurde unwohl.

Ich fragte vorsichtig: »Und da war wirklich niemand auf dem Gelände?«

»Nein, die Fahrer schlafen unter den Bäumen, geschützt im Wald«, antwortete Herr Spiess, als hätte er meine Frage erwartet, dann lachte er auf. »Die dürften jetzt wach sein.«

Still flogen wir durch die Nacht. Außerhalb der Red Zone, des Fünf-Kilometer-Radius' um das Ziel, wo Gefechtsbereitschaft herrschte, sagte ich zu Herrn Spiess: »Ich hätte nun gerne Erasonal.«

Er blickte mich an. »Aha.«

Ich prüfte unseren Tank, obwohl das eigentlich nicht nötig war.

»Was hast du?«

Er fragte nicht nach, woher ich es kannte, ihm musste klar sein, dass ich mit Tarik gesprochen hatte.

»Geräusche, hauptsächlich Geräusche.«

»Oft?«

»Nein. Ist nur lästig.«

Ich wechselte zur Heckkamera.

Herr Spiess schaute auf den Bildschirm. »Reichen zwanzig fürs Erste?«

»Wie nehme ich die?«

»Bei Bedarf. Einfach schlucken, den Drohnenhonig.«

»Hä?«

»Spitzname für Erasonal.«

»Und die Wirkung?«

»Setzt binnen Minuten ein, hält acht Stunden vor.«

»Gut. Zwanzig reichen.«

Er murmelte etwas.

»Was haben sie gesagt?«

»Ich geb sie dir, sobald du die Drohne übergeben hast.«

»Danke.«

Ich fragte nicht nach, was er leise gesagt hatte, aber mir war, als hätte ich »Acht Stunden … am Anfang« verstanden.

*

Die weiße Tablette war winzig, länglich und geformt wie eine Minibirne. Sie lag in meiner Hand, die Flasche Ginkillah hielt ich in der anderen. So lehnte ich an der Küchentheke bei mir im Apartment. Auf der Ablage stapelten sich leere Pizzakartons, Pappschachteln vom Chinesen und Silberpapierbälle. Die ersten waren zu Boden gefallen, als ich die Sachen vorhin zusammengeschoben hatte, um etwas Platz zu haben.

Ich nahm ungern Medikamente, einen Arzt sah ich nur einmal im Jahr, zur Grippeimpfung, aber ein Zischgeräusch hatte mich wieder vom Einschlafen abgehalten.

Das waren Herrn Spiess' vermeintliche Pfefferminzbonbons. Von wegen Minze, Erasonal warf er ein, Drohnenhonig. Kein Wunder, dass er mir keine abgegeben hatte, als ich ihn danach gefragt hatte.

Der leichte Wind wehte das Gelächter von Betrunkenen durch das offene Fenster, das Martinshorn einer Ambulanz jaulte über der Stadt, wahrscheinlich die Hauptstraße entlang. Als ihre Sirene nicht mehr zu hören war, schmiss ich mir die Pille ein und trank den Gin-Bier-Mix auf Ex.

Von nun an würde ich mir abends nach dem Essen eine Erasonal einwerfen. Ich wollte endlich wieder ins Bett gehen und einschlafen können und nicht schon auf ein lautes Geräusch warten, mein Bett anschauen, als handelte es sich um ein Folterinstrument. Außerdem würde ich eine Tablette nach jeder Frühschicht nehmen, damit ich auch tagsüber keine Halluzinationen bekam. Im Cockpit hatte ich nie Probleme, vor meinen Schichten brauchte ich keine Pille.

Ich legte mich hin und deckte mich mit dem Laken zu. Eine Fliege verirrte sich in mein Zimmer. Der riesige Wallscreen gähnte mich an, als wäre er ein gigantisches Loch in eine andere Dimension.

Das Summen der Fliege wurde lauter, penetranter, nervend. Durfte ich heute nicht einschlafen? Lockte das spärliche Licht des digitalen Bilderrahmens die Insekten an?

Kurze Stille. Erneutes Summen.

Die Fliege landete neben mir auf dem Laken, gut erkannte ich den schwarzen Punkt auf dem Weiß. Rasch schlug ich zu und erwischte sie. Ein Stechen in der Hand. Schmerz. Ich schrie auf. Eine Wespe?

»Ah, verdammt.«

Ich schaltete das Licht an und besah mir den Stich. Es war kein Stich. Metallsplitter steckten in meiner Handfläche. Ich musste ein Würgen unterdrücken. Schwindel. Ich schaute mich um, als wäre noch jemand im Raum. Nur das Bild meiner Mutter wechselte.

Eine MAV-Drohne! Haarfeine Drähte steckten verbogen in meiner Haut, ein transparenter halber Flügel ebenfalls. Als ich versuchte, einen mit den Fingern herauszuziehen, schmerzte es noch mehr.

Ich eilte ins Bad. Das Lederetui mit der Nagelfeile und der Pinzette musste ich aus der Plastiktüte fischen, die neben dem Klo auf dem Boden stand. Ausgepackt hatte ich bisher nur Zahnbürste und Zahnpasta, die mir in einem Glas vor dem Spiegel über dem Waschbecken ihr Victoryzeichen zeigten.

Ich klappte das Etui auf.

Hatte ich das Weihnachtsgeschenk von vor zwei oder drei Jahren überhaupt schon einmal geöffnet? Ich probierte die Pinzette und hielt meine Hand gegen das Licht.

Es pikte, als ich die Einzelteile aus meiner Haut zupfte. Ich sammelte die Beinchen, Flügelteile und Dioden neben dem Wasserhahn auf der hellen Emaille. Bevor ich die Pinzette wieder in das Etui legte, inspizierte ich meine Handfläche ein letztes Mal, ob ich nichts übersehen hatte. Ich atmete durch und wusch mir den Schweiß aus dem Gesicht.

Den Metallschrott schob ich in den Briefumschlag einer Autoversicherung. Morgen würde ich die Drohnenteile mit zur Arbeit nehmen und sie Herrn Spiess zeigen. Mal sehen, was er dazu sagte. Ich kannte das Modell nicht, und ich fragte mich, was sie bei mir in der Wohnung zu suchen hatte. Wurde ich beobachtet? Von wem? D-Air? Ich zockte kein Raid mehr, den Computer hatte ich seit meinem Einzug nicht einmal angeschlossen. Er ruhte auf einem der Kartons im anderen Zimmer.

Das mit der Spyware bei Raid konnte ich verstehen, die konnten sich nicht leisten, einen Wildfremden einzustellen. Aber jetzt, wo sie mich kannten, wäre das nicht angebracht. Das glaubte ich nicht. Wer dann?

Ich schloss die Balkontür, legte mich wieder hin und lauschte nach verdächtigen Geräuschen.

*

Am nächsten Tag schüttete ich den Inhalt des Briefumschlages auf den Schreibtisch im Container, nachdem ich ihnen meine Geschichte vom Vorabend erzählt hatte. Kira, die heute mit mir ihre Schicht begann, und Herr Spiess beugten sich herab, um die Einzelteile der Insektendrohne genauer zu betrachten. Ich wich einen Schritt zurück.

»Hmh«, brummte Herr Spiess, während er mit seinem Zeigefinger das Metall hin und her schob, als wollte er es zusammenpuzzeln.

Kira schaute mich an und runzelte die Stirn, aber auch sie sagte nichts, auch sie wollte, dass Herr Spiess sich in Ruhe sein Urteil bilden konnte.

Als sie ihren Blick senkte, heftete sich meiner an sie, ihr Profil, ihre Lippen, ihre Nase, ihr weiches Kinn, der schmale Hals, ihr stets adrettes Aussehen hatte mich bisher von ihr selbst abgelenkt.

»Hmh, Darius, also das ist wirklich ... was soll ich sagen ... die hast du bei dir auf dem Bett erwischt?«

»Ja«, sagte ich kurz und zeigte meine Handfläche mit den kleinen Punkten Blutkruste.

Kira verzog ihr Gesicht.

Herr Spiess schüttelte den Kopf. »Also das ist ein sehr neues Modell und mir ist auch von der Konkurrenz keine Firma bekannt, die das fliegt. Ich schätze, der Eigentümer ist privat.«

»Privat?«

»Eine Einzelperson. Gibt es jemanden, dem du auf den Schlips getreten bist?«

Den Ausdruck kannte ich nicht, aber verstanden hatte ich ihn. »Nein.«

»Kann auch nicht ganz billig sein, das Teil. Basiert auf der E-Version der FB-9. Für 2,50 bekommst du das nicht, und auch nicht so einfach, wenn man das Geld dazu hat. Das interessiert mich schon … dir fällt wirklich niemand ein?«

»Nein, niemand.«

»Hmh. Kann ich das Zeug einschicken? An unsere Spezialisten? Vielleicht bekommen die was raus. Wo das Material herstammt.«

»Bin ich in Gefahr?«

Sein beruhigendes Lächeln. »Nein, nein, wenn diese hier was tragen könnte, dann maximal ein halbes Gramm Juckpulver.«

Wir lachten gemeinsam, ich hauptsächlich vor Erleichterung.

»Soll ich es gleich der Zentrale schicken?«, fragte Kira und schaute uns beide dabei an.

Herr Spiess sagte: »Bitte. Mit dem Umschlag. Vielleicht sind da auch noch andere Teile oder Spuren drin.«

»Mache ich«, sagte sie und wandte sich an mich. »Kann ich deine Hand noch mal sehen?«

Ich musste mich beherrschen, nicht zusammenzuzucken, als sie meine Hand hielt und ihre Nase beinahe meine Finger berührte. Ihre weichen Hände übten nur wenig Druck aus, mehr eine Geste als ein Halten. Eine Haarsträhne fiel nach vorne und landete auf meinem Unterarm. Sie pustete sie weg. Ich spürte ihren Atem.

Sie ließ meine Hand los. »Das heilt schon wieder.« Sie lächelte.

*

Im Cockpit erwartete mich ein Patrouillenflug an Europas Grenze im Süden. Genau genommen handelte es sich nicht um die eigentliche Grenze, denn die verlief im Mittelmeer, sondern vielmehr um einen Küstenstreifen Afrikas. Voraufklärung nannte sich das. So sollten Schiffe und Flüchtlingsgruppen bereits an Land aufgespürt werden, bevor sie ihr Leben auf dem Wasser riskierten und sich wehrlos den Angriffen der Piraten aussetzten.

Städte umflogen wir großzügig, achteten in ihrer Peripherie aber umso aufmerksamer auf verdächtige Bewegungen und Menschenansammlungen. Dies geschehe im Wissen der jeweiligen Regierung, meinte Herr Spiess, die waren froh darüber, dass ein paar extra Kameras illegale Aktivitäten entdecken konnten. Und mit unserer Technik waren wir ihrer weit voraus. So trügen wir auch zusätzlich zur politischen Stabilität in der Region bei.

Während mich in viertausend Metern niemand mit bloßem Auge erkennen konnte, scannte meine Kamera die fremde Landschaft, die stets für eine optische Abwechslung gut war. Am meisten ödeten mich die Flüge über Wasser an, und dann auch noch nachts. Es gab nichts Langweiligeres. So rutschte das Bild der Kamera seit Stunden Millimeter um Millimeter über den Schirm, versickerten die grauen Schattierungen im unteren Bildrand. Vierzehn Meldungen hatten wir gemacht: von einzelnen Leuten, die sich mit einem selbstgebastelten Floß aus Holz oder Reifenschläuchen in die Fluten stürzten, bis hin zu verrosteten seeuntüchtigen Seelenverkäufern, ehemaligen Fischerbooten, die lediglich für die Hinfahrt betankt aus Häfen tuckerten, in denen sich die Flüchtlinge zu tausenden sammelten.

Wir hatten heute schon Hunderten von Menschen das Leben gerettet, als ich mich aus meiner entspannten Sitzposition aufrichtete, um eine ungewöhnliche Kontur am Boden zwischen den Felsen an der Küste näher zu betrachten.

Herr Spiess hatte nichts bemerkt, er blickte mich von der Seite an. »Hast du was gesehen?«

Die runde Wulst inmitten des zerfurchten Küstenstreifens kroch aus dem Bildschirm. Herauszoomen machte keinen Sinn. Je weiter ich rauszoomte, desto weniger würde ich erkennen.

»Das möchte ich noch einmal sehen. Da war was, ich weiß nicht genau, was. Ich würde gerne eine Schleife fliegen und aus neunzig Grad mit der Kamera reinzoomen.«

»Ich habe nichts Auffälliges gesehen.«

»Doch, da war dieser dunkle Halbkreis.«

Herr Spiess presste die Lippen zusammen und schüttelte den Kopf.

»Also?«, fragte ich.

»Dann mach du das mit der Autorität aus.«

Ich drückte den Knopf. »Hier Ten-Four, bitte um Erlaubnis zur Kursabweichung, Alpha-Alpha im Sektor G, bei fünf Stunden, dreiundvierzig Minuten. Wegen V-O.«

Kratzen in den Lautsprechern. »Ist die Abweichung angemessen? Bestätige Dringlichkeitsstufe.«

»Hoch«, rutschte es mir heraus.

Was machte mich so sicher? Ich wusste ja nicht einmal, was ich gesehen haben könnte. Einfach eine Form, die dort nicht hingehörte, nicht von der Natur geschaffen.

»Roger, gestattet, erwarte anschließend ausführlichen Bericht.«

»Roger.«

Herr Spiess haute mir mit seiner Prothese auf den Arm. »Das wird eine lange Schicht für dich, wenn da nur ein schwangeres Kamel im Schatten schläft.«

Ich legte die Drohne in die Kurve und sank auf fünfhundert Meter. Wir flogen langsam frontal auf die Küste zu, deren Klippen schroff abfielen, teils Sand, teils Stein.

Herr Spiess grübelte laut. »Das sieht mir nicht sehr zugänglich aus.«

Da gab ich ihm recht, aber ich konzentrierte mich auf den Bildschirm und zoomte gleichzeitig ein. Zwei Striche zeichneten sich am Strand ab, sie führten zu einem dunklen Loch in der Steilwand.

»Ist das eine Höhle?«, spekulierte ich.

Die Stimme von Herrn Spiess klang ernst: »Die wichtige Frage ist: Sind das Schienen davor?«

Aus der Höhle ragte das Ding, das ich gesehen hatte, rund, aus Metall, und im Halbdunkel seines Versteckes zeichnete sich eine Kuppel auf dem Körper ab.

Herr Spiess flüsterte die Worte: »Ein U-Boot. Du hast eine U-Boot-Werft gefunden. W…«

In dem Moment zuckten Blitze aus den Felsformationen.

»Beschuss!«, rief ich.

»Feuer!«, rief Herr Spiess.

Mein Daumen drückte Dauerfeuer. So wären die dreihundert Schuss, die unsere Bordkanone bei Aufklärungsflügen geladen hatte, in zwanzig Sekunden durch. Das Kamerabild zitterte, wir waren getroffen worden. Priorität hatte, unter Frontalbeschuss nicht abzudrehen, um kein größeres Ziel zu bieten. Und die 12,7-Millimeter-Munition unseres schweren Maschinengewehrs schlug in die sandigen Felsen ein wie ein unsichtbarer Presslufthammer. Gesteinsbrocken und Splitter flogen aus der Staubwolke, die nun die Höhle einhüllte und vor allem die Sicht der Verteidiger auf uns verwehrte.

Einhundert Meter vor der Küste leuchtete die Munitionslampe rot auf und ich gab Vollgas, um mich in einem 17-Grad-Winkel seitlich an der Staubwolke vorbei über Land zu retten, raus aus ihrem Schusswinkel.

»Heilige Scheiße, ja!«, platzte es aus Herrn Spiess heraus und er sprang auf und schlug mir auf den Rücken, dass es weh tat. »Heimflug, Meldung«, bellte er mich begeistert an.

Ich drehte wieder auf unseren ursprünglichen Kurs, drückte den Sprechknopf. Meine Finger zitterten, als hätte ich das Maschinengewehr selbst in der Hand gehalten. »Beschuss, wir wurden beschossen …«

»Luftschlag«, fauchte Herr Spiess.

»Raten zum Luftschlag auf getaggten Koordinaten.«

»U-Boot-Werft!«

»U-Boot-Werft«, wiederholte ich ihn.

»Dann wissen die Bescheid, was zu tun ist«, sagte er stehend.

Die Autorität antwortete umgehend. »Roger, Operation wird eingeleitet. Beeindruckend. Gute Arbeit, Ten-Four.«

So persönlich hatte sie noch nie geklungen.

»Roger. Bitten um die Erlaubnis zum Heimflug. Treffer vermutet, Bereich rechter Flügel.«

»Genehmigt. Roger. Übernahme SASPO gestattet.«

»Roger.«

»Gut«, sagte ich. »Ich werde einen Bogen fliegen und, wenn wir zwei Minuten über Wasser sind, auf Autopilot gehen.«

Herr Spiess' Kopf erschien dicht neben meinem, seine künstliche Hand auf meiner Schulter. »Genau so, Darius, genau so machst du das, Junge. Übernahme der Drohne, sobald du in Reichweite bist, nix mit Überstunden. Du hast gleich frei nach deinem Auftritt.«

Als ich aus meiner Kurve heraus war und geradeaus flog, fragte er: »Sicher mit dem Treffer?«

»Sie zieht leicht nach rechts, ich muss zwei Prozent gegensteuern.«

Er sog Luft durch die Zähne ein. »Das wird teuer, allerdings nicht so teuer wie ein Totalverlust. Perfekt reagiert, die eingenebelt. Den Bericht schreibe ich nachher, aber das tue ich gerne.«

Herr Spiess lehnte sich stehend mit seinen Ellbogen auf die Rückenlehne seines Sessels. Schweigend verfolgten wir den Flug.

Die Drohne flog auf fünftausend Meter, 31 Minuten bis zur Übernahme, ich stellte auf Autopilot und sagte: »Ich könnte jemanden da unten getroffen haben.«

Herr Spiess schaute auf mich herab. »Nein, glaube ich kaum, die sind bestens geschützt, unterirdisch, Bunker, und die Flak sah mir nach Anti-Drone-Fire aus, die schießt, wenn eine Drohne in Reichweite ist. Mann, Darius, das war eine U-Boot-Werft!«

Ich stand ebenfalls auf und streckte mich. »Die fliehen jetzt in U-Booten nach Europa?«

»Nur die, die sich das leisten können. Die bessergestellten Verbrecher, die zwar das Geld haben, aber nie ein Visum bekommen würden. Und natürlich Terroristen, Drogen. Alles, was es wert ist. Ein ganz großer Fisch.«

Meine Hose klebte schweißnass an den Beinen, ebenso mein T-Shirt in den Achseln. »Hatte ich noch nicht von gehört. Und die verstecken da ihr U-Boot?«

»Die bauen es da! Manche halten nur einen Trip. Sind schwimmende Särge. Keiner weiß, wie viele von denen am Boden des Grabens liegen.«

Graben nannte Herr Spiess gerne das Mittelmeer. Er meinte einmal, Burgen hatten einen Burggraben, Europa habe das Mittelmeer.

*

Ein Kollege auf einem Drohnenträger übernahm vor dem Landeanflug und so schaute ich Herrn Spiess dabei zu, wie er den Einsatzbogen online ausfüllte, indem er mit dem Zeigefinger seiner gesunden Hand flink über den Touchscreen seines D-Air-Devices wischte. Den nächsten Bericht müsste ich machen, auch das gehörte dazu.

Irgendwann meinte er, Kira und ich könnten in den Feierabend, wir sollten noch etwas von der Sonne genießen, das hätte sich heute jeder verdient, er würde die Stellung halten.

Wir bedankten uns und packten unsere Sachen.

Draußen vor ihrem Wagen blieben wir stehen.

»Soll ich dich noch irgendwo mit hinnehmen?«, fragte sie.

Spontan fiel mir nichts ein, ich hatte mich darauf eingestellt, erstmal nach Hause zu gehen.

»Ich kann dich zu Hause absetzen.«

Ich sah Kira das erste Mal außerhalb des Containers. In natürlichem Sonnenlicht. Sie war gar nicht so blass, wie das Neonlicht sie malte.

»Och, die paar Minuten zu Fuß.«

»Sind ein paar Minuten weniger so.« Die Türverriegelung sprang auf.

»Wenn es kein Umweg für dich ist?«

»Spring rein.«

Wir zogen die Türen auf und sie schmiss ihre Uniformjacke auf den Rücksitz. Zu meiner Überraschung trug sie darunter kein D-Air Hemd sondern ein tailliertes Shirt. Sie öffnete den obersten Knopf.

Ich fuhr mit, weil ich sie so einfach noch ein bisschen länger um mich hatte.

Auto war ich schon länger nicht mehr gefahren. Das Innere sah aus, als hätte sie den Wagen gerade vom Hersteller abgeholt. Er roch neu und nach ihrem Parfum.

Sie schnitt die engen Kurven zwischen den Fabrikhallen und beschleunigte nach jedem Gummihubbel zügig.

»Hast du noch einen Termin?«, fragte ich.

»Warum?«

»Du fährst so.«

»Weil ich hier kann. Auf dem Areal gibt's keine Speedlimiter. Bin ich dir zu schnell?«

»Nein, nein.«

Am Tor musste sie nicht halten, es öffnete sich, sobald es in Sicht kam.

Ohne meine Frage abzuwarten, sagte sie: »Funksignalerkennung.«

Wir bogen auf die Straße.

»Guck mal!« Kira deutete auf ihren Fuß.

Mit ihren schwarzen Halbschuhen drückte sie das Gaspedal durch. Der Wagen zog an, bis die Drehzahl schlagartig gesenkt wurde. Sie gab weiterhin Vollgas, mit der Fußspitze, die Hose war hochgerutscht und entblößte ihren schmalen Knöchel.

»Siehst du?«, fragte sie.

»Ja.«

Vollgas, bei fünfzig Stundenkilometer.

»Riecht lecker nach Plätzchen hier drin«, sagte sie.

»Sind meine Klamotten, der …«

»Geruchsbaum, Zimt, ich weiß. Hatte ich nur noch nie im Wagen.«

Sie war etwas älter als ich und es störte mich nicht. Ich hatte mich noch nie in eine ältere Frau verguckt. Zwanzig. Sie hatte bestimmt einen Freund. Einen Verlobungsring trug sie allerdings nicht.

»Ich freu mich aufs Abendessen«, sagte sie in die Stille des nahezu lautlosen Motors.

»Ich auch.«

»Was gibt's bei dir?«

»Weiß noch nicht.«

In der Tat hatte ich mir darüber noch keine Gedanken gemacht.

»Kennst du den Rooftop-Beachclub?«

»Den … nein.«

»Da gibt's heute Abend Steakburger Special.«

»Klingt gut.«

Wir hielten an der Kreuzung zur Hauptstraße.

»Hast du Lust?«

»Wo ist der Top…«

»Rooftop-Beachclub.« Sie nickte stadtauswärts, die entgegengesetzte Fahrtrichtung. »Auf dem Dach des Westmall-Parkhauses.«

»Da ist ein Club?«

Jemand hupte hinter uns.

»Seit Juli. Eher eine Lounge, Open Air, mit guter Küche. Und?«

Ich überlegte und sah meine Hose. »Aber nicht in Uniform, können wir kurz bei mir vorbei?«

*

Der feine Sand rieselte zwischen ihren Zehen hindurch. Kira schaufelte zum x-ten Mal mit ihrem Fuß Sand hoch und schaute zu, wie er von ihrem Fußrücken zu Boden fiel. Dabei schien es ihr wichtig, dass dies so langsam wie möglich geschah. Unsere Schuhe hatten wir beim Betreten des Rooftop-Beachclubs ausziehen müssen. Sie standen unter unseren Strandstühlen. Ihre Uniformhose hatte sie bis über die Waden hochgekrempelt, zusammen mit ihrem Designer-Shirt erinnerte nichts mehr an D-Air.

Kira und ich saßen nebeneinander in den Liegestühlen aus Rattan und Stoff, wie in Minihängematten, nur getrennt von einem runden Tischchen, auf dem der Salzstreuer die bezahlte Rechnung vor dem Wegfliegen hinderte. Über uns breitete sich ein Sonnenschirm aus, dessen fransige Ränder im lauen Abendwind pendelten. Angenehm kühl rann der Rum-Punch meine Kehle herunter. Kira hatte ihn uns nach dem Essen bestellt. Der Steakburger war mit das Beste, was ich je gegessen hatte, und zum halben Preis heute. Eine Superentscheidung.

Reggae groovte die ganze Zeit aus den zahllosen Boxen, die an jedem Holzpfahl hingen. Drei Pärchen spielten Rundlauf an einer Tischtennisplatte, ihr Gelächter drang bis zu uns. Viele saßen beisammen und zockten miteinander über ihre Devices.

Sitzplätze gab es keine mehr. Dennoch strömten immer weitere Gäste auf das sandige Parkdeck mit den Sonnenschirmen, Sitzecken, Urlaubsländerfahnen, Stehtischen und den zwei Theken. Menschen, die ich noch nie gesehen hatte, die in meinem früheren Leben nicht existiert zu haben schienen, tummelten sich an der Getränketheke oder spähten in die Runde nach Bekannten oder Gästen, die sich bereit machten, ihre Sitzplätze preiszugeben. Ungeduldig nippten sie zu schnell an ihren Drinks.

Kira deutete auf meine Hand. »Schönes Armband.«

»Danke.« Ich drehte das Kupferarmband.

»Ist selten. Hat deine Freundin auch eins?«

»Hab keine.«

»Was ist das Grüne da? Deine Haut … die schimmert grünlich.«

»Ist echt Kupfer, das ist dann so, wenn es warm ist.«

»Warum nicht Silber oder …« Sie überlegte.

»Kupfer hat nicht jeder.«

»Stimmt. Seit wann trägst du es?«

»Ein halbes Jahr.«

Kira winkte einem braungebrannten Typen mit tiefem V-Ausschnitt über rasierter Brust zu, der ihr aus der Ferne zuprostete.

Ich war froh, das Thema wechseln zu können. »Ihr kennt euch.«

»Schulfreund.«

»Aha.«

»Kennst du hier wen?«

Ich schaute mich um, als hätte ich bis dahin im Wachkoma gelegen. »Dich.«

»Ein paar kenne ich vom Sehen.«

»Ah.«

Weil ihr Gesicht im Schatten lag und das Segeltuch des Sonnenschirms sich bewegte, änderte sich ihr Teint laufend, als wäre sie ein Chamäleon, das nur Brauntöne hinbekommt.

»Was guckst du?«

»Das sieht gut aus … ich meine, der Schatten auf deinem Gesicht … dein Gesicht … also du.«

Was redete ich denn? Erschrocken schaute ich meinen Rum-Punch an.

»Danke.« Sie sog am Strohhalm.

»Ich meine, so im Licht, im Schatten, der Sonne, das Licht … deine Haut wird hell und dunkel, das sieht schon gut aus, schön.«

»Ach so.«

»Das habe ich so noch nicht gesehen. Ich war ja auch noch nie hier.«

Das Schlürfen ihres Strohhalms im leeren Glas.

»Mit dir.« Ich trank ebenfalls. Da hatte ich mich ganz wunderbar in eine Sackgasse getextet.

»Du hast morgen auch wieder Spätschicht, richtig?«, fragte sie.

Natürlich wusste sie das. Nun wusste ich, dass sie auch Spätschicht hatte.

»Ja«, sagte ich am Strohhalm vorbei, als redete ich mit einer Zigarette im Mund.

»Sollen wir noch was machen?«, fragte sie.

Ich verschluckte mich. Mit Glück kam nichts zur Nase raus, mit Mühe schaffte ich, mich wieder einzukriegen.

»Alles okay?«, fragte sie besorgt.

Hustenreiz im Hals, Tränen in den Augen.

»Soll ich Klopfen kommen?«

Ich setzte mich gerade hin, versuchte meine Luftröhre durch Räuspern von der nicht für sie bestimmten Flüssigkeit zu befreien, hustete in meine Faust, stierte eine Stelle im Sand an.

»Geht's?«

Der Sand vor mir schien zu explodieren, beim Räuspern peitschte der Sand auf wie unter Maschinengewehrbeschuss. Das Aufblitzen des feindlichen Feuers, ich ließ mich zurück in den Strandstuhl fallen, schloss die Augen, riss sie auf.

»Darius?«

»Geht schon«, sagte ich wie ein Stimmbandamputierter.

Erasonal, dachte ich und kramte mit meiner Hand tief in der Hosentasche, öffnete die Dose einhändig, warf eine Pille ein und mit Gewalt spülte ich mit dem Rum nach, auch, um den Hustenreiz loszuwerden.

Schließlich konnte ich wieder etwas sagen. »Das war heftig.«

»Allerdings. Hast du das öfter?«

»Nee-nee.«

»Die da hinten haben schon gedacht, gleich kippst du um und der Stuhl wird frei.«

»So schnell nicht.«

»Jagst mir einen Schreck ein.«

»Sorry.«

»Dachte schon, ich müsste dich wiederbeleben.«

Sofort begann ich, künstlich zu husten, hielt den Atem an, bis sie sich herüberbeugte und mir auf den Oberarm haute.

»Du bist ein Gentleman!«

»Warum?«

»Vielleicht hätte ich auch gerne ein Pfefferminz.«

Sie meinte die Pille, genau wie ich bei Herrn Spiess, die sahen auch wirklich von weitem so aus.

»War … leer.«

Sie glaubte mir nicht, aber sie konnte sich nicht vorstellen, warum ich sie belügen sollte.

»Na, ich will dir auch nicht dein letztes wegfuttern.«

»Möchten Sie noch einen Drink?«, fragte uns der Kellner mit der Sonne in seinem Rücken und Augen nur für Kira.

»Ich glaube, wir brechen gleich auf«, antwortete sie ihm.

Der Kellner trollte sich.

»Wo waren wir stehengeblieben?«, fragte sie.

»Wann?«

»Bevor du halb krepiert bist.«

»Der Abend ist noch jung?«, fragte ich vorsichtig.

»Genau. Und das könnten jetzt die letzten warmen Abende sein.«

»Ja, leider.«

»Die sollte man genießen.«

»Ja.«

»Feiern.«

»Ja!«

»Eine Idee?«

»Star Wars?«, schlug ich vor. Das war ja der einzige Schuppen, den ich kannte.

»Da ist nix mit draußen.«

»Stimmt.«

»Um zehn öffnet Billy's Wilder Biergarten.«

Ich zuckte mit den Schultern.

»Kennst du nicht? Liegt außerhalb. Da kann man auch tanzen, draußen.«

*

Den Beat der Musik im Magen und über uns die Sterne am Himmel. Bei jedem dritten Song schaltete Billy die Außenbeleuchtung aus und man tanzte eine Minute in absoluter Dunkelheit, gerade so lange, bis sich die Augen daran gewöhnt hatten, man die Sterne über dem Biergarten funkeln sah, unterbrochen nur von den Positionslampen einer Boeing, denn der Biergarten befand sich direkt unter der Einflugschneise.

Dann leuchteten die bunten Strahler wieder auf, jedes Mal begleitet vom Johlen der Menge.

Kira tanzte mit offenen Haaren. Sie warf den Kopf herum, sodass die langen Spitzen waagerecht abstanden. Hin und wieder trafen sich unsere Augen, wenn wir einander anschauten, durch das Netz ihrer Haare.

Mir war, als fiele ich die Leiter der angesagten Läden hinauf. Mein ganzes Leben tat sich nichts und nun: Star Wars, Rooftop-Beachclub, Billy's Wilder Biergarten. Einer cooler als der andere, samt ihren Besuchern. Ich kam mir überall fehl am Platz vor, underdressed, und der

Jüngste sowieso. Kira kannte hier noch mehr Leute als vorher. Sie lebte dieses Leben schon seit Jahren, erzählte sie mir. Gleich nach ihrer Schule war sie bei D-Air untergekommen.

Ich sah die Sterne des Großen Wagens über mir, glasklar in der Dunkelheit, und irgendwie tanzte ich in Kira hinein, gleichzeitig rangen wir um unser Gleichgewicht und griffen unsere Arme, als hätten wir darauf gewartet, auf ein Zeichen von außen, einen Wink des Schicksals. Für den Bruchteil einer Sekunde schauten wir uns an, still stehend, eine Handbreit entfernt vom Gesicht des anderen, hinter ihren Haarsträhnen ihre dunklen Augen, dunkler als die Nacht. Wir zogen uns enger aneinander, sie warf ihre Haare aus dem Gesicht und wir küssten uns, umarmten uns, ihre Hände auf meinem Rücken, am Hals, in meinen Haaren, an meinen Wangen.

Ihr heißer Atem schlug mir entgegen und unsere Zungen schlangen sich umeinander. Ich spürte einen Stecker in ihrer, den ich zuvor nicht gesehen, nicht einmal vermutet hatte. Und dann wurden wir in gleißend helles Licht getaucht.

Wir schwankten küssend von der Tanzfläche, ohne uns loszulassen, jeden Kuss begierig annehmend, unter den Kommentaren neidischer Typen, die weniger Glück hatten als ich. Wir stolperten weiter an der Bar vorbei auf den Ausgang zu, ohne ein Wort miteinander zu sprechen, und über den Parkplatz, der mitten im Wald lag, zu ihrem Wagen, gegen den wir prallten, uns liebkosten und süße Dinge ins Ohr flüsterten.

Hier war es ruhiger, obwohl einige Leute zwischen den Autos entlangschlichen, nach Hause fuhren, vorglühten oder kifften. Ab und zu ernteten wir wieder einen Spruch, jedes Mal mussten wir grinsen und unsere Zungen verloren einander.

Als wir in ihren Wagen stiegen, wäre ich beinahe mit ihr auf den Fahrersitz gekrochen. Endlos erschien mir der Weg um den Kühler herum auf die andere Seite. Drinnen fielen wir wieder übereinander her, wild und heiß und voller Versprechen.

*

Wir lösten uns aus unserem Kuss.

»Mach's gut, gute Nacht.« Kira lächelte mit einem Funkeln in den Augen, gegen das kein Stern der Welt ankam.

Sie hatte vor meiner Wohnung gehalten, der Motor lief. Durch die heruntergelassenen Scheiben hörten wir das Zwitschern der Frühaufsteher unter den Vögeln.

»Da wohne ich.« Ich zeigte zu meinem Küchenfenster hoch.

»Aha.« Sie strich sich über die Wange.

»Kommst du nicht ...?«

»Nein«, hauchte sie.

Im Nebenhaus flackerte die weiße Zimmerdecke im Flatscreenlicht.

»Warum?«, fragte ich.

»Es ist besser. Nichts überstürzen.«

Ich atmete tief ein und aus.

»Wir müssen heute noch arbeiten.«

»Ja, a...« Ich brach ab. Ich wollte auch nicht total dämlich klingen. Sie wusste nun, was ich dachte. Das musste reichen. Überreden konnte ich sie nicht. »Gute Nacht.«

»Vergiss dein Device nicht.«

Sie stützte sich mit einer Hand auf meinem Knie ab und öffnete mit der anderen das Schubfach, in dem wir unsere Geräte vor dem Besuch des Beachclubs verstaut hatten, um ungestört essen zu können.

Ein flüchtiger Kuss auf ihren Hals, dann stieg ich aus. Sie drehte auf der Straße und fuhr weg, nicht ohne mir noch einen Kuss zuzuwerfen. Ich steckte mein Device wieder an den Gürtel. Erst als sie auf die Hauptstraße eingebogen war, fischte ich den Schlüssel für die Haustür mit den trüben Scheiben aus meiner Hose.

Ich schleppte mich zu meiner Wohnungstür. Nirgends ein Geräusch, die Bewohner des Hauses schliefen. Jedes Quietschen meiner Schuhe auf dem Boden hallte im Flur.

Im Wohnzimmer schmiss ich das Device auf das Bett und öffnete die Balkontür.

Meine Unterlippe fühlte sich rau an von ihren Küssen.

Wie war das denn passiert? Ich hätte heulen können, ohne zu wissen weswegen.

Ich raufte mir die Haare. An Schlaf war nicht zu denken. Hellwach schaute ich den Flugzeugen zu, wie sie mir zublinzelten, bevor sie abdrehten.

Warum war Kira nicht mit hochgekommen? War ihr das peinlich? Ich war ihr doch nicht peinlich? Nein, dann hätte sie mich im Biergarten nicht geküsst, wo sie jeder kannte.

Ich wäre jetzt gerne zu zweit gewesen, mit ihr. In neun von zehn Filmen klappte das, warum war ich im zehnten Film?

Das war nicht fair, einfach abzuhauen, ohne es vorher anzukündigen. Oder hatte ich sie nur nicht verstanden?

Ich stützte mich mit der Hand an der Wand ab, meine Beine schwer vom Tanzen und weich von der Liebe. Ich lachte los bei dem Gedanken.

»Oh Mann«, stöhnte ich leise, kratzte mich am Kopf.

Mein Schicksal gab gerade richtig Gas, ohne Limiter, so kam es mir vor.

Was Evelyn wohl machte?

Bei dem Gedanken begann die große Trockenschleuder in meinem Körper mit ihrer Arbeit.

»Scheiße.« Ich trat willenlos gegen das Balkongeländer, dessen Stahl wummernd vibrierte.

Ich wünschte, ich könnte mir etwas vormachen, aber wenn ich mir nicht in meine eigene Tasche lügen wollte, musste ich in den Spiegel gucken und zugegeben, dass ich sie immer noch liebte.

Kira ließ sie vergessen.

Wenn Kira da war.

Nun war ich allein.

Ich könnte Evelyn eine Nachricht schreiben. Warum nicht? Ich holte mein Device, wischte es wach und die Message in das dafür vorgesehene Feld.

Hi Evelyn, ich hoffe, Dir geht's gut. Ich habe gerade an Dich gedacht. Ich habe Dich lieb, Darius.

Untertrieben die Verabschiedung, aber insgesamt so ehrlich, wie eine Mail sein konnte.

PS: Mailde dich mal! Würde mich freuen.

Ich tippte auf den Send-Button.

*

Wider Erwarten fand ich Kira nicht bei meiner nächsten Schicht im Container vor. Herr Spiess meinte, sie hätte einer kurzfristigen Verpflichtung nachzukommen.

Ging sie mir aus dem Weg?

Ich entschuldigte mich bei Herrn Spiess – er musste davon nichts mitkriegen – und zog mich auf die Toilette zurück, um ihr zu mailen.

Nach meiner Schicht, einem Aufklärungsflug ohne besondere Vorkommnisse, checkte ich meinen Posteingang. Keine Antwort. Nicht von ihr, nicht von Evelyn. Nur Spam.

Traumwandlerisch marschierte ich um zwei Uhr nachts nach meiner Schicht auf das Tor zu. Herr Spiess hatte meine Stimmung bemerkt und gefragt, warum ich so schweigsam wäre. Ich versuchte, ihn mit der Erklärung zufrieden zu stellen, dass ich einfach etwas müde sei, ich hätte nicht so gut geschlafen, was nicht mal allzu weit hergeholt war.

Er meinte, ich könne ihm alles erzählen, D-Air sei wie eine große Familie.

Familie, der Gedanke hallte nach. Meinen Vater hatte ich schon seit einer ganzen Weile nicht mehr gesehen. Evelyn mied mich, nun mied mich Kira und ich mied meinen Vater, so ging das nicht. Ich beschloss, ihn am Wochenende auf jeden Fall zu besuchen. Vielleicht würde ich ein Stück gehen, bis zur Linie 17, die fuhr nicht über die Hauptstraße, nicht am Schwanenteich vorbei.

Am Tor nickte ich dem Pförtner zu und hielt mein Device in Richtung Sensor.

Vor meiner Nase schob sich das Tor zur Seite, die mächtigen Stahlstreben glitten vorbei wie die Landschaft bei einem Überflug unter meiner Drohne. Auf der anderen Straßenseite flackerten zwei hell erleuchtete Fenster, wenn sie abwechselnd sichtbar in den Zwischenräumen der Stahlpfeiler oder verdeckt von ihnen waren, und glichen den Detonationen von Lenkraketen in Industriegebäuden. Ihr Krachen in meinen Ohren, das mich oft erst mit Zeitverzögerung über Kopfhörer erreichte, aufgefangen von den Bodentruppen. Was immer auch getroffen worden war, lag nun brennend da.

»Hey! Hey!«

Die Stimme des Pförtners. Er hatte seine Tür geöffnet und sich herausgelehnt. Das tat er sonst nie.

»Schläfst du mit offenen Augen?«, fragte er.

»Nein, Entschuldigung.«

Ich durchquerte das Tor, das sich hinter mir rasselnd schloss. Meine Hand fasste bereits nach der Dose mit dem Drohnenhonig. Ich schnippte sie auf, blieb kurz stehen, legte neben einer Laterne den Kopf in den Nacken und warf mir eine Pille ein.

Mit der Einnahme von Erasonal schaffte ich es knapp bis nach meiner Schicht, eine vorher, eine nachher, auf die Dosis hatte ich mich mittlerweile eingepegelt. Unter keinen Umständen wollte ich so viele wie Herr Spiess nehmen. Der kam ja nicht mehr ohne sie aus.

Wie viele nahm Tarik? Bei der nächsten Gelegenheit wollte ich ihn fragen.

Die Straßen waren menschenleer, hinter Fenstern flimmerten Flatscreens und Gamegeräusche, Musik und Applaus geisterten unsichtbar durch die Straßen.

Dies war keine Gegend, wo viele Grundis wohnten, aber viele arbeiteten wie ich zu unterschiedlichen Zeiten, und manche konnten es sich frei einteilen, sodass ein gewisser Prozentsatz der Bevölkerung zu jeder Zeit wach war. Nie alle gemeinsam.

Auch in meinem Haus hörte ich heute um die Uhrzeit Stimmen. Entweder stritt sich ein Paar, oder es handelte sich um einen Film oder ein Game.

Ich ließ den Wallscreen aus. Tatsächlich schaltete ich ihn äußerst selten ein, seltener, als ich erwartet hatte. Ich starrte den ganzen Tag auf Bildschirme, da war mir später nicht mehr danach. Das war früher anders gewesen. Da benötigte ich auch nicht diese Konzentration, besaß nicht diese Verantwortung.

Der Balkon war mein Freund, die Flugzeuge am Himmel und mein Device. Ich zog es aus der Tasche und legte es auf den Plastiktisch, setzte mich.

Es schwieg mich an. Keine Meldung, kein Anruf, keine Mail. Ich könnte mir die Lokalnachrichten ansehen, um mich auf den neuesten Stand wegen des Schwanenteichs zu bringen.

Warum tat ich das nicht? Hatte ich Angst, Evelyn zu sehen? Sie mit Sven. Mit wem anderen. Nur sie. Der Ort und die Menschen, die zuvor meine Welt waren, schienen in eine unüberbrückbare Ferne gerückt.

Ich wischte über den Screen, tippte die Localnews-App an, die zweite Meldung betraf die Situation am Schwanenteich. Ich öffnete den Artikel, ignorierte das Video und überflog den Text: *… haben sich die Demonstranten nun eingenistet … sie behindern die Bauarbeiten und somit den Verkehr, wodurch es immer wieder zu Verspätungen der Pendler kommt … werden Unfälle riskiert … bereits drei Kollisionen gehen auf ihre Kosten …*

so spielen sie den konservativen Gegnern des bedingungslosen Grundeinkommens in die Karten ... der wirtschaftliche Schaden geht in die Millionen ...

Auf einem Foto, vermutlich einem Standbild aus dem Video, das nachts aufgenommen wurde, erkannte ich mehrere Lagerfeuer, Zelte, Banner. Im Vordergrund lag jede Menge Müll: zerbrochene Bierflaschen, Chipstüten und Pizzakartons.

... außerdem handelt es sich bei einigen Squattern um Personen mit Verbindungen zum terroristischen Milieu ... Vorbestrafte ... Party-Demonstranten, die sich über die arbeitende Bevölkerung lustig machen ...

Blubb. Ich hatte eine Mail erhalten. Hektisch wechselte ich zum Posteingang.

D-Air. Nicht Evelyn. Ich las: *Darius, ich habe eine gute Nachricht für dich. Schlaf dich morgen aus, entspanne, deine Schicht wurde gestrichen. Eine Belohnung wegen der U-Boot-Geschichte schätze ich. Also mach dir einen schönen Tag. Wir sehen uns Donnerstagnachmittag 16 Uhr. Grüße, Spiess*

Ich klappte das Device zu und beobachtete die abdrehenden Frachtflugzeuge.

.09

Mitten in der Nacht schreckte ich aus dem Schlaf hoch. Ich befürchtete eine erneute Halluzination, dass sie in kürzeren Abständen und trotz des Erasonals auftreten könnten, doch es war mein Device, das durch den Schlitz seiner Hülle leuchtete und jene Melodie spielte, die ich den Anrufen von D-Air zugewiesen hatte.

Ich fuhr aus meinem Bett und sprang zur Theke, klappte es auf. »Annehmen!«

»Spiess hier, Darius?«

»Ja.«

»Wir haben ein Problem. Hast du Zeit?«

»Klar, wann?«

»Jetzt.« Er wartete meine Antwort nicht ab. »Ist das ein Problem für dich?«

»Nein.«

»Bis gleich, du kommst sofort?«

»Warum denn?«

»Erklär ich dir im Pit. Kommst du jetzt?«

»Ja, ich mach mich schnell frisch und …«

»Vergiss frisch. Wir sind unter uns. Zieh dich an. Schnell! Ein Shuttle steht in dreißig Sekunden bei dir unten an der Tür. Der Fahrer weiß Bescheid. Spring rein und komm rüber.«

»Okay.«

»Gut.« Und das Gespräch war beendet.

Oder halluzinierte ich? Genau jetzt? Bildete ich mir das alles ein? Ein Problem. Was für ein Problem?

Ich rieb mir das Gesicht, dann zog ich meine D-Air-Sachen an, beeilte mich, ließ die Jacke offen. Schlüssel, Device, Schuhe und raus. Ich wartete nicht auf den Aufzug und rannte die Treppe runter, die losen Schnürsenkel peitschten klickernd über die Stufen.

Durch das Glas in der Haustür erkannte ich die Umrisse eines schwarzen amerikanischen Vans. Der Motor lief, er hörte sich an wie ein Lastwagen. Die Tür wurde von innen geöffnet.

»Danke«, sagte ich. »Ich bin …«

»Der Drohnenpilot«, kam es gesichtslos von innen. »Rein mit dir. Fünfzig Sekunden hast du gebraucht.«

Weitere Fragen erübrigten sich, ich schwang mich hoch auf den Beifahrersitz. Der Mann fuhr los und ich fiel beinahe raus, als ich die Tür zuziehen wollte.

»Hey«, sagte ich.

»Zeit. Ich weiß nur, es geht um Zeit«, antwortete der Mann nüchtern.

Obwohl der Van schon beschleunigte, erschütterte ein Ruck die Karosserie, als der Mann Vollgas gab und die Räder auf dem trockenen Asphalt quietschend durchdrehten. Ich wurde in die Polster gedrückt, gurtete mich hektisch an. Erst fand ich es lächerlich, die paar Meter bis zum Container gebracht zu werden, nun begriff ich die Dringlichkeit. Flink band ich mir die Schnürsenkel zu, ohne meine Augen von der Straße zu lassen.

Der Mann mit dem Vollbart und dem Basecap tief im Gesicht fuhr, als wäre er allein auf der Welt. Sobald wir auf der Straße waren, die geradewegs auf das Tor zulief, kletterte die Tachonadel bis in die Senkrechte, hundert km/h, hundert Meter vor dem Tor.

»Hey! HEY!«, schrie ich und verstummte, als ich sah, dass sich das Tor öffnete.

Allerdings sehr langsam, das Tor kroch förmlich zur Seite.

Ich betete, dass kein Wagen von links oder rechts kommen würde. Wir flogen über die Kreuzung und mit einem Scheppern rechts von mir durch das Tor. Es hatte den Außenspiegel erwischt, über meine Seitenscheibe zog sich ein Riss, wo er dagegengeschlagen war. Strippen und Drähte baumelten aus dem Loch, wo der Spiegel zuvor gesessen hatte.

Am Ende der Zufahrt, vor dem ersten Gebäude, musste er abbremsen, weil die Straßen enger wurden. Die Schlaglöcher im Kopfsteinpflaster schluckte die Federung, die rot-weißen Gummischwellen auf der Straße schlugen durch, mein Schädel krachte beinahe gegen das Dach.

»W… Ent… Was, wenn da eben ein Auto gekommen wäre?«

»Kam keins.«

»Aber wenn.«

»Dann hätte ich mehr Gas geben oder bremsen müssen.« Er legte sich in die Kurve.

Ich hielt mich am Sitz fest. »Wie …«

»Ich weiß, wer fünfhundert Meter um mich herum fährt.«

»Wie das?«

»Das müsstest du eigentlich wissen, Drohnenpilot.«

Ich besah mir sein GPS genauer, zwei rote Punkte bewegten sich durch die Straßen außerhalb.

»Sie haben … Luftunterstützung?«

»Bin ja nicht lebensmüde.«

Ich lachte auf. Über uns beobachtete eine Drohne die Umgebung und gab die Daten weiter. Genial. Dann fiel mir etwas anderes ein. »Hat der Wagen keinen Speedlimiter-Receiver?«

Der Mann guckte mich das erste Mal an, seine Augen schmale Schlitze in der Dunkelheit. »Den haben nur normale Fahrzeuge.«

Bevor ich nachfragen konnte, legte er vor dem Container eine Vollbremsung hin. Als würde das Quietschen der Reifen Begrüßung und Verabschiedung ersetzen, denn er erwiderte kein Wort auf mein »Vielen Dank … tschüss.«

Kaum landete ich mit beiden Füßen auf dem Boden, drehte der Van hinter mir und parkte rückwärts vor Tariks Motorrad, daneben standen der SUV von Herrn Spiess und Kiras Sportwagen.

Vor mir lag der Container auf dem Platz wie ein toter Wal. Kein Licht, kein Zeichen, dass jemand da war, bis die Containertür von innen aufgestoßen wurde und Herr Spiess rief: »Worauf wartest du?«

*

Kira und er brachten Putzeimer, Lappen und einen Wischmopp aus dem Cockpit. Dabei trugen beide dünne Gummihandschuhe. Kira grüßte mich, als hätte ich mir den Abend mit ihr eingebildet, als hätte ich mir meine

Lippe selbst wundgekaut. Meinem fragenden Blick wich sie professionell aus. Was machte sie überhaupt hier, bei einer Nachtschicht?

»Du kannst rein. Die Reaper ist auf Autopilot. Check wegen Kurskorrektur. Kurs steht auf dem gelben Zettel. Geh vorsichtig, ist nass«, sagte Herr Spiess zu mir, während er mit Kira nach hinten zum Bad marschierte.

Im Cockpit roch es nach Seife und Desinfektion, der Boden und die linke Wand glänzten feucht. Ansonsten sah alles wie immer aus.

Sie hatten geputzt, mitten in der Nacht. Meine Sohlen quietschten über den Boden. Vorsichtig schnallte ich mein Device ab und hängte die Tasche an den Kleiderhaken. Dann ließ ich mich in den Sessel fallen, nahm den Autopilot raus und brachte die Drohne auf Kurs. Die Abweichung war minimal.

Die Koordinaten waren auf ein Post-It hingekrakelt, an der Grenze des Entzifferbaren. Auf ihrem eigentlichen Platz im Bildschirm B gähnte ein hellgraues Feld. Weder die Entfernung zum Ziel noch die eigene Position wurden angegeben. Seltsam.

Mein leerer Magen meldete sich, Durst bekam ich ebenfalls. Ich war nicht gewohnt, um diese Uhrzeit geweckt zu werden. Ein komisches Gefühl breitete sich in meinem Kopf aus, ich saß hier, funktionierte, aber so ganz war ich noch nicht da. Die Reaper schien die Eigenschaften einer CX 99 in Raid zu haben.

Knacken im Lautsprecher, die Autorität. »Guten Morgen, Darius.«

»Guten Morgen«, erwiderte ich verblüfft. Mit Namen wurde ich von ihr bisher nicht angesprochen.

»D-Air ist angenehm erfreut über deine flexible Einsatzbereitschaft.«

»Das … ist doch selbstverständlich.«

»Gratulation an dieser Stelle nachträglich zu deinem Einsatz an der Küste gegen die U-Boot-Werft.«

»Danke.«

»Das wird dir in der Zukunft zugutekommen.«

»Das freut mich.«

Hinter mir stürmte Herr Spiess rein. »Und?«

Die Tür fiel zu.

Mit einem Satz stand er neben mir, überprüfte den gelben Zettel und den Kurs der Drohne. »Ah, prima.«

Ich wartete, ob die Autorität noch etwas sagen würde, aber sie meldete sich nicht mehr.

»Alles in Ordnung«, sagte ich.

»Ja.« Er seufzte erleichtert und plumpste in seinen Sessel. »Sehr gut, Darius, auf dich ist Verlass.« Er holte sein Erasonaldöschen raus. »Mach mal die Hand auf, ich schmeiß eine Runde.«

Warum nicht, mitten in der Nacht. Normal schlief ich. Wir warfen die Dinger ein. Danach bereute ich es. So erhöhte ich meine Tagesdosis.

»Mit dem Shuttle hat alles geklappt?«, fragte er.

»Ja, hat alles geklappt, rasanter Fahrer.«

»Fein.« Er rieb seine künstliche Hand, eine Geste aus der Vergangenheit ihrer lebendigen Existenz.

Ich musste fragen. »Was ist eigentlich los? Warum bin ich hier? Mitten in der Nacht, mitten in einer Schicht.«

Er setzte sich gerade hin, Fassung kehrte in seinen Körper zurück. »Deinem Kollegen ging es nicht gut.«

»Tarik?«

»Ja.«

»Wo ist er? Sein Motorrad steht draußen.«

»Der ist nach Hause.«

»Ohne Motorrad?«

»Ihm ging es nicht gut.«

»Was hat er denn?«

»Wir müssen auf manuelle Steuerung umschalten. Fünf Minuten zum Ziel.«

Ich schaltete um und behielt den Bildschirm im Blick. Eine Wüstenlandschaft kroch unter mir vorbei. Mal wieder.

»Was hat er?«, fragte ich noch einmal.

»Genau kann ich dir das nicht sagen.«

»Sie können nicht?«

»Ich darf nicht.«

Ich erinnerte mich daran, wie fahrig Tarik bei unserem letzten Gespräch gewesen war.

»Ich finde, ich habe ein Recht, das zu erfahren.«

»Nein, die Krankenakte eines Kollegen wird nicht veröffentlicht, übrigens in keiner Firma«, erwiderte Spiess.

»Kann ich ihn morgen mal anrufen?«

»Tu das.«

»Haben Sie seine Telefonnummer?«

»Das sind persönliche Informationen. Wenn er sie dir nicht selber gegeben hat, geht das nicht. Jetzt ist sowieso keine Zeit, wir müssen den Einsatz beenden.«

»Aber wir ... sind Freunde.«

Seine Stimme klang gereizt. »Wenn ihr Freunde wärt und euch so nahe stehen würdet, dann hättest du seine Telefonnummer. Das scheint nicht der Fall zu sein. Und falls doch, dann ruft er dich sicherlich an.«

»Aber …«

»Das ist alles vertraglich geregelt. Da gibt es klare Vorschriften. Ich riskiere nicht meinen Job. Ich kann da nichts machen. Der könnte mich verklagen. Er ist krank und Schluss. Und du bist hier und D-Air verlässt sich auf dich. Schlag dir Tarik mal für zwei Stunden aus dem Kopf.«

Ich war wütend, aber ich konnte die Vorschriften nicht ändern, und wenn Herr Spiess von sich aus keine Ausnahme machen wollte, hatte ich keine andere Chance, als auf unser nächstes Treffen zu warten.

Ein Knick im Post-It löste sich geräuschvoll und unterstrich unser Schweigen.

»Warum stehen die Koordinaten eigentlich auf einem Zettel und meine eigene Position nirgends?«, fragte ich.

»Das ist eine spezielle Mission. Streng geheim. Höchste Sicherheitsstufe. Keine digitalen Footprints bei der Datenübertragung.«

»Auch ein Telefonat kann abgehört werden«, merkte ich an.

»Wieso Telefonat?«

»Na, die Koordinaten hat die Autorität doch telefonisch …«

»Der Zettel kam mit Kurier, persönlich.« Herr Spiess zeigte mit dem Daumen in die Richtung, wo der Van parkte.

»Oh.«

»Ja. So, leite mal einen engen Circle ein. Da, das Haus ist unser Ziel.«

»Wir haben aber noch gar nicht den Koordinatenpunkt erreicht!«

»Bei solchen Missionen liegt das eigentliche Target einige Minuten vor dem übermittelten Ziel. Das siehst du da an der Drei, sie ist schief geschrieben, siehst du das?«

»Ja.«

»Dann sind es drei Minuten vor den Koordinaten bei korrektem Anflug. Deswegen war das vorhin so wichtig mit der Kurskorrektur.«

Ich legte die Drohne in die Kurve, von nun an flog sie eine Schleife in dreitausend Metern Höhe um das Ziel.

»Und? Worum geht's bei diesem streng geheimen Auftrag?«

»Kannst du dir das nicht denken bei einer Reaper?«

»Das ist in Raid eine CX 99?«

»Ja.«

»Fernaufklärung?«

»Oder?«

»Sniper.«

Er machte eine Geste, ich könnte meinen Schluss ja wohl selbst ziehen.

Ich wollte aufstehen.

Sein künstlicher Arm landete auf meinem Schenkel. »Junge, mach jetzt keinen Quatsch.«

»Ich töte niemanden.«

»Keinen Mörder?«

Mein Kopf wirbelte zwischen dem Bildschirm und Herrn Spiess hin und her. »Niemanden.«

»Ein Terrorist, der Hunderte Menschenleben auf dem Konto hat, Frauen und Kinder. Und Hunderte werden folgen, wenn wir den Auftrag nicht ausführen.«

»Aber ich …«

»Verspiel doch nicht deine Chancen. Bei deinem Talent wirst du bald befördert und sitzt im Hauptquartier.«

»Und was, wenn ich hier gar nicht weg will? Schon gar nicht um den Preis?«

Die Finger seiner bionischen Hand drückten meinen Oberschenkel, ich sah, wie sich ihre Gummihaut blass über die künstlichen Knöchel spannte. »Tut D-Air nicht alles für dich? Job, Vorschuss, Wohnung. Was willst du?«

»Schon …«

»Es steht in deinem Vertrag.«

»Ich habe immer gesagt …«

»Du hast ihn unterschrieben.«

»Ich werde nie jemanden …«

»Dann hättest du mit deinem Vertrag zu einem Rechtsanwalt gehen sollen.« Herr Spiess zitierte auswendig: »›… verpflichtet sich der Pilot zur uneingeschränkten Befolgung ihm erteilter Befehle.‹ So steht es da drin.«

»Niemals … ich … ich kündige.«

»Mach dich nicht lächerlich. Du bekommst keinen einzigen Job in der Welt.«

»Ich bin mir sicher, als Drohnenpilot finde ich mit Leichtigkeit …«

»Vor allem nicht als Drohnenpilot! Unterschätz D-Air nicht.«

In mir brodelte es. Kira da draußen tat so, als wäre nichts gewesen. Evelyn meldet sich nicht. Und ich sollte …

»Und das hier ist ein humanchirurgischer Eingriff. Für die Menschlichkeit. Ein Terrorist. Ein Arschloch, das niemand vermissen wird. Im Gegenteil, viele Menschen würden sich freuen! Noch mehr, wenn sie wüssten, dass sie ihr Leben zukünftig wegen ihm nicht verlieren werden. Oder nicht verstümmelt werden.«

Er hob seinen Plastikarm.

»Was ist jetzt, Junge?«

Unsere Stimmen waren ruhig, unser Atem ging schnell.

»Ich weiß nicht.«

»Wir kreisen und warten, bis er vor die Tür seines Versteckes tritt«

»Und dann?«

»Vielleicht kommt er gar nicht raus, dann ist der nächste Kollege der glückliche Held.«

»Ehrlich, ich fühl mich dabei nicht gut.«

»Das tun seine Opfer und die Angehörigen auch nicht, glaub mir.«

»Was haben wir an Bord?«

»Zwei Hitman.«

Klar, Hitman-Raketen implodierten mehr, als dass sie explodierten. Lediglich in zwei Metern Umkreis zerriss es alles. Keine Splitterwirkung darüber hinaus.

»Du siehst, das Beste vom Besten. Alles clean. Wie ein Skalpell aus TNT.«

»Warum ich? Warum nicht Sie?«

»Wenn die Zielperson vor die Tür tritt, muss es sehr schnell gehen. Wir wissen nicht, wie lange er draußen bleibt. Taggen, Abschuss, weg. Du bist schneller, jünger, ganzer.« Er ließ seine Prothese bedeutungsvoll auf und zuschnappen. »Ich kontrolliere sie, aber das Ding ersetzt nicht die eigene Hand. Das ist ein A-rated Auftrag. Perfekte Vorbereitung, kein Risiko. Die Mission darf nicht vermasselt werden.«

»Ich weiß nicht, ob ich das kann.«

»Dann beruhige dich erstmal, wir müssen sowieso warten, gut?«

Gut war das nicht.

»Tagge schon mal den Eingang. Für die Kamera«, meinte Herr Spiess.

Ich markierte mit dem Laser die Tür und die Kamera mit dem Fadenkreuz blieb auf sie gerichtet.

Mein Magen knurrte.

»Mensch, du kommst hier hin ohne Frühstück. Kein Wunder, dass deine Stimmung ... warte, ich hole uns was.«

Er war kaum vor der Tür, da kam er schon wieder, als hätte Kira mit Cappuccino und Keksen davor gewartet. Keine Sekunde blieb mir für einen klaren Gedanken.

»Kira hat mitgedacht, die gute Seele«, bestätigte er meine Vermutung.

Ich aß ein paar Schokoladenkekse und trank meinen Kaffee in einem Zug. Wohlige Wärme breitete sich in meinem Magen aus.

Waren die Erasonal eigentlich wasserlöslich?

*

Um 4.03 Uhr öffnete sich die Tür der Hütte. Zunächst nur einen Spalt.

»Da! Er lauscht. Nach uns!«, kommentierte Herr Spiess.

In mir verkrampfte sich alles.

Die Zielperson konnte uns nicht hören. Eine windstille Nacht und wir dreieinhalb Kilometer entfernt. Die Kamera war in Nachtsichtfunktion maximal eingezoomt, die

Hütte füllte den Bildschirm. Das Strohdach saß auf grob zusammengemörtelten Steinen, unverputzt, die Holztür schief im Rahmen, aneinander genagelte Bretter.

Ein schwer zu erkennender Wüstenweg schlängelte sich zu der Hütte. Weit und breit kein Haus, kein Zeichen von Leben.

Ein kleiner Pick-Up parkte unter der Überdachung hinter dem Haus. Die Hütte schien eilig errichtet direkt am Rand der Wüste darauf zu warten, von den Wanderdünen begraben werden. Der nächste Sandberg verschluckte bereits die äußeren Pfosten eines löchrigen Zauns.

Die Tür wurde behutsam aufgezogen. Der schwarze Spalt in der Fassade vergrößerte sich. Der Knoten in mir auch.

Bleib drinnen, nur diese Schicht. Morgen, wenn ein anderer dich umkreist, geh dann raus. Nicht jetzt. Nicht bei mir.

Ein leuchtend heller Fuß in einer Sandale erschien und verschwand wieder, als befürchtete er unmittelbaren Beschuss.

»Guck dir den an. Wir wollen nicht deine Käsefüße, wir wollen deinen Kopf«, sagte Herr Spiess und lachte heiser.

Ich fand das nicht witzig, ich rang mir nicht mal ein Grinsen ab, um seinen Erwartungen gerecht zu werden. Dies war nicht, was ich wollte. Evelyns Worte kamen mir in den Sinn.

Der Kopf der Zielperson erschien, gleißend weiß, Vollbart. Er trug einfache Kleidung.

»Face-Erkennung aktivieren.«

»Es ist nicht sicher, dass er der Richtige ist?«

»Dann hätten wir auch einfach die Hütte zerlegen können.« Herr Spiess sprach schnell. »Face-Erkennung!«

Ich tippte den Shortcut ein und ein Quadrat erschien auf dem Bildschirm, darunter ein Balken, der sich rasch von null auf hundert Prozent füllte, gefolgt von einer Meldung in Rot: *Zielperson identifiziert.*

»Bingo«, sagte Herr Spiess.

Zur Hälfte stand er drinnen, zur Hälfte draußen. Er zögerte.

Gab es diesen siebten Sinn, Gefahr zu spüren, beobachtet zu werden?

»Putt-putt-putt«, machte Herr Spiess.

Er widerte mich an. »Was ist, wenn wir ihn warnen würden?«

»Wozu das denn?«

»Er könnte sich ergeben?«

»Bei Drohnen gilt international die No-Surrender-Policy, man kann sich keiner Drohne ergeben.«

»Er kann sich nicht ergeben? Nie?«

»Nein.«

»Bei Raid ging das. Da kam dann die Bodeneinheit und ...«

»Das war ein Spiel.«

»Aber ...«

»Keine Gefangenen. Wie auch? Du kannst froh sein, dass sie die Signature Strikes abgeschafft haben.«

»Signature ...?«

»Da hat die Drohne automatisch gefeuert, ausgelöst durch programmierte Merkmale der Zielperson, sagen wir mal, dummes Gesicht plus Knarre, rumms, weg waren die. Es hat nur zu viele Farmhelfer mit Schaufeln erwischt.«

Der Bärtige guckte nach links und rechts und dann rundherum in den dunklen Himmel über sich, ob die Luft rein war.

Sie war nicht rein.

Das wusste er nicht. Mit kleinen Schritten, zwischen denen er stets pausierte, traute er sich vor die Tür. Ähnlich einer Zeitlupe in einer Tierdokumentation. Es war, als verfolgte ich mit angehaltenem Atem jedes einzelne Pixel auf dem Bildschirm. Als er sich mit zwei Fingern am Kopf kratzte, erinnerte mich die Geste an meinen Sitznachbarn in der Straßenbahn.

Er ging zehn Schritte, während er sich fortlaufend umschaute, bevor er, sich in Sicherheit wähnend, stehenblieb. Er streckte sich nach allen Seiten. Ich hörte ihn förmlich die Nachtluft einsaugen. Der Mann reckte seine Arme nach oben, spreizte sie ab, dehnte seinen Oberkörper.

»Tagge ihn«, sagte Herr Spiess emotionslos.

Ich bewegte den Laser für ihn unsichtbar auf seine Brust. Meine feuchten Finger schwebten über dem Knopf. »Ich kann nicht.«

»Taggen, jetzt!«

»Ich …«

Tat es.

Starrte auf meinen Daumen.

»Gut so«, sagte Herr Spiess. »Hitman scharf, los.«

Mein Blick folgte meiner Hand, als schaute ich ihr zu wie ein unbeteiligter Beobachter. Zeigefinger, Daumen und Mittelfinger tippten die Tastenkombination ein.

»Und ab.«

Regungslos verharrte mein Zeigefinger über dem Knopf.

»Los! Schieß!«

Ich war wie versteinert. Ich würde mich nie wieder bewegen.

Geh wieder rein. Durch die Wärmebildkamera leuchtete sein Körper, er sah aus wie ein Geist seiner selbst.

»Mach!« Herr Spiess sprang auf. »Los!« Er zeigte auf den Joystick und auf den Bildschirm A.

Ich regte mich nicht.

Seine Hand griff nach dem Joystick, ich entwischte ihm, er stürzte sich auf mich, sein Knie auf der Sessellehne, er umschloss meine Hand, ich zog, er drückte, und das piepende Signal der abgefeuerten Hitman zerschnitt die Luft im Cockpit. Wir hörten auf, blickten auf den Schirm. Herr Spiess richtete sich auf.

In ein paar Sekunden würde die Hitman auf ihre unwiderrufliche Reise geschickt.

Der Mann machte Windmühlenbewegungen mit seinen Armen.

Vier Sekunden.

Aus der Hütte rannte ein Kind, ein Mädchen.

»Nein«, rief ich und sprang hoch, der Sessel rollte zurück.

Drei Sekunden.

Es lief zu dem Mann.

»Nein, nein, weg da, weg!«

Herr Spiess stand stumm neben mir.

Zwei Sekunden.

»Abbruch!« Ich drehte mich nach ihm um.

Er schüttelte ausdruckslos den Kopf.

Ich drückte den Knopf für die Autoriät. »Abbruch, Abbruch!«

Das Mädchen mit den langen offenen Haaren klammerte sich an das Bein des Mannes.

Knacken im Lautsprecher. »Negativ.«

Eine Sekunde.

»Lauf weg. Lauf!«, schrie ich. Ich hielt mir den Kopf mit beiden Händen.

Der Mann zog das Bein mit dem Mädchen hinter sich her, sie lachten, das Fadenkreuz blieb auf seinem Oberkörper.

Das Piepen der abgefeuerten Hitman auf ihrem Weg.

Er strich dem Mädchen über die Haare.

Ich brachte kein Wort heraus. Ich konnte nicht mal mehr atmen. Es fühlte sich an, als würde ich ersticken.

Ein Blitz ließ den Bildschirm weiß aufleuchten. Die Kamera korrigierte die Helligkeit automatisch. Rauch verdeckte die Sicht. Stille im Cockpit. Ein kleiner Krater. Überall helle Einzelteile verstreut im Sand, zerfetzte Gliedmaßen, die ihre Restwärme abgaben.

Ich wandte mich ab und erbrach mich neben dem Kleiderhaken, der Kaffee- und Keksschmand pladderte gegen die Wand und auf den Boden. Breitbeinig stützte ich mich ab, zitterte, hustete. Saurer Gestank, Geschmack, Gewissen.

*

Die belegte Stimme von Herrn Spiess weckte mich. Ich kam zu mir wie aus einer Ohnmacht.

Er stand an meinem Platz, brachte die Reaper auf Kurs und kontaktierte die Autorität. »Ich checke das … das … Hier Twin-Zero 19, bei Lone Ranger, By-Target getroffen, Verdacht: Mushroom. Identifikation von Mushroom, Vermutung …«, das letzte Wort hauchte er, »Kind.«

Meine Eingeweide krampften sich zusammen, ich würgte, vergeblich. Vermutung?

Das Knacken der Lautsprecher und die sachliche Stimme der Autorität: »Negativ. Kein By-Target.«

»Ich wiederhole: Kein By-Target?«

»Das ist korrekt.«

Herr Spiess fragte: »Was dann?«

»Ein Huhn.«

Die Wände bewegten sich, pulsierten.

»Bitte um Bestätigung, Huhn?«

Das Cockpit schrumpfte.

»Korrekt, Huhn«, sagte die Autorität.

Der Boden wellte sich.

»Danke!«, atmete Herr Spiess auf.

Ich glaubte, mich verhört zu haben, ich blinzelte den Schwindel weg, spuckte aus. »Das … ein H… das glauben Sie?«

»Natürlich.«

»W…?«

»Die Autorität hat immer recht.«

Ich lehnte mich mit dem Rücken an die Wand, damit ich nicht umfiel, meine Beine waren Pudding, Schweiß auf dem Gesicht.

»Wir haben … Sie haben doch gesehen, gesehen, dass … dass es …«

»Was haben wir gesehen? Ja, etwas kam aus der Hütte, aber was … was es genau war, das ging alles so schnell, da vertraue ich eher der Autorität. Die hatten vielleicht einen besseren Winkel, was weiß ich, Tiny-Tims kann ich mir vorstellen.«

Mein Mund stand offen.

»Und unser Adrenalinpegel … Adrenalin hat manchmal seine Tücken. Da sieht man auch Dinge, die …«

Ich schrie ihn an: »Ich weiß, was ich gesehen habe. Ich weiß es!«

»Beruhig dich, nimm eine Pille und …«

»Ich nehme keine Pille, nie mehr, und ich beruhige mich nicht. Sie haben getötet.«

Seine Stimme sank um eine Oktave. »Du hattest deine Hand auch am Joystick.«

»Ich wollte nicht.«

Tränen liefen mein Gesicht herab.

»Es ist ja nochmal alles gut gegangen«, sagte er.

»Was ist denn gut gegangen?«

»Die Zielperson wurde eliminiert.«

»Und ein …«

»Huhn.«

Ich konnte das nicht mehr hören, ich wischte mir die Tränen mit den Ärmeln der Dienstjacke aus dem Gesicht.

Er redete weiter: »Das ist verständlich, dass du durcheinander bist, das war dein erster Hit, das …«

»War es nicht. Sie haben abgedrückt. Ich hätte nie abgedrückt. Ich habe niemanden getötet.«

Er legte den Kopf schief und grinste mich an. »Du glaubst doch nicht im Ernst, dass du hier noch nicht getötet hast?«

»Nein!«

»Glaubst du, du hast bisher keinen erwischt?«, rief er wie von Sinnen. »Soll ich dir verraten, wie viele an der Werft dran glauben mussten?« Während sich seine Lippen bewegten, flog sein Speichel und sein bionischer Arm zuckte. »Ohne den von dir angeforderten Luftschlag!«

»Die haben auf uns gefeuert«, sagte ich leise und dachte, weil wir sie beobachtet haben, weil sie ein U-Boot bauten, weil wir die Grenzen dicht gemacht hatten, weil alle nach Europa wollten, weil wir reich sind, weil sie arm sind, weil die Länder ausgebeutet wurden, weil einige Menschen gierig sind, weil … ping-pong, ping-pong, Ping-Pong-Schicksal.

»Das hätte der auch, der hätte auch auf uns gefeuert, wenn er gekonnt hätte.«

»Das Kind nicht.« Meine Stimme drohte zu versagen.

»Welches Kind? Wovon sprichst du?« Dramatisch spreizte Herr Spiess die Arme und sprach zur Decke. »Darius, welches Kind?«

Irre.

»Ich bin raus«, sagte ich.

»Wie, raus?«

Ich nahm meinen Device vom Haken und befestigte die Tasche am Gürtel. »Ich gehe.«

»Wo willst du denn hin?«

»Zu den Menschen.«

Er lachte. »Darius, mach keinen Fehler.«

»Nein, den habe ich gemacht.« Ich ging zur Tür, öffnete sie, weiter kam ich nicht.

»Bleib hier!«

Mit einem unerwartet schnellen Satz war er bei mir und hielt mein Handgelenk mit seiner künstlichen Klaue fest.

»Nein!« Ich zog meinen Arm zurück, dabei verlor ich mein Kupferarmband. Es schlidderte über den Boden bis in die Ecke. Ich hob es rasch auf, legte es wieder um und bog es zusammen.

Herr Spiess wollte mir den Weg verstellen. »Bleib! Die CC, du musst die CC heimfliegen ...«

Ich täuschte links an, rollte meinen Sessel zwischen uns und lief rechts an ihm vorbei aus der Tür, wobei ich zwei Bilder mit Trauerflor von der Wand riss, Glas zersplitterte auf dem Boden. »Nichts muss ich mehr hier!«

»Darius!«

Weil ich mich halb über die Schulter umgedreht hatte, rannte ich im Flur in Kira hinein.

»Au, hey! Was ...«

»Aus dem Weg«, sagte ich und zwängte mich an ihr vorbei.

»Was denn? Dar...«

Die Tür prallte gegen die Wand, als ich sie aufriss. Kiras Schritte hinter mir. Der schwarze Van war verschwunden, ebenso Tariks Motorrad.

»Warte«, sagte Kira.

Ich joggte los. Es sollte nicht so aussehen, als ob ich weglaufen würde, aber sie sollte verstehen, dass ich mit ihr nichts mehr zu tun haben wollte, nicht mit ihr, nicht mit D-Air.

Sie rief hinter mir: »Bleib doch mal stehen.«

An der nächsten Kreuzung holte sie mich ein, versuchte, mich abzudrängen.

»Lass das«, sagte ich.

»Was ist los?«

»Weißt du nicht? Frag den Irren da drinnen.«

Wir gingen nebeneinander her, in Schlangenlinie, weil sie mich blockieren wollte.

»Was machst du?«, fragte sie.

»Ich habe gekündigt.«

»Warum?«

» Weil ich nicht töte. Lass mich.«

»Du kannst doch nicht einfach ...«

»Weißt du eigentlich, für wen du da arbeitest?«

»Ja.«

»Und du kannst ruhig schlafen, oder bist du auch auf Drogen?«

»Ich ...«

Ich spuckte aus, weil ich immer noch einen säuerlichen Geschmack im Mund hatte und weil es gerade passte.

»Und ... wir?«, fragte sie.

Jetzt blieb ich doch kurz stehen. »Wir? Wir? Wo waren wir denn, als ich hier ankam?«

»Ich ... meinst du, ich ... ich konnte doch nicht ... was hätte ich denn ...« Sie wollte mich berühren.

Ich zuckte zurück. »Sorry, ich glaube hier keinem mehr ein Wort. Ich kann nicht mehr. Ich will mit D-Air nichts mehr zu tun haben. Und mit dir auch nicht.«

»Dreht heute jeder durch?«, schrie sie.

Mit jeder konnte nur einer gemeint sein. »Tarik?«

»Ja, klar.«

»Was ist passiert?«

Sie blickte mich an. »Das darf ich dir nicht sagen.«

»Genau das meine ich, genau das meine ich!«

Ich zog meine D-Air Jacke aus, knüllte sie zusammen und schmiss sie vor ihre Füße auf das Kopfsteinpflaster. »Ich bin hier raus.«

»Darius!«

Ich ging weiter. Sie blieb stehen.

Vor mir wackelten die Straße und die Gebäude hin und her, weil ich so steif marschierte.

Sie rief meinen Namen noch einmal.

Das D-Air T-Shirt trug ich noch. Ich zog es aus mit der Absicht, es ebenfalls wegzuwerfen, ins Gebüsch, aber ich wollte nicht mit nacktem Oberkörper durch die Straßen laufen. Also drehte ich es auf links und zog es wieder an. Dann bog ich um die nächste Ecke und sah am Ende der Zufahrt das Tor vor mir.

Ich rannte los, bremste erst bei dem Pförtner und hielt mein Device vor den Sensor.

»Machst heute früher Schluss?«, kam es aus dem Häuschen.

Der arbeitete immer, egal, ob ich anfing, während der Schicht oder an deren Ende, der saß hier die ganze Zeit.

»Ja«, antwortete ich.

Das Tor ratterte auf.

»Hast du's gut.«

Ich konnte nur gequält über mich selbst lachen.

Sein Device produzierte einen scharfen Ton.

»Annehmen«, sagte er.

Ich passierte das Tor.

»Bleib stehen!«, rief er mir hinterher.

Und ich lief los.

*

Ich rannte durch die Straßen nur mit dem Ziel, nicht von D-Air erwischt zu werden. Wenn Herr Spiess schon den Pförtner informiert hatte, dann würde er auch andere Hebel in Bewegung setzen.

Sobald ich den Motor eines Wagens hörte, drückte ich mich in einen Hauseingang oder duckte mich hinter ein geparktes Auto. Auch bevorzugte ich Bürgersteige mit vielen kleinen Läden, deren Markisen und Vordächer Schutz vor den Drohnenkameras boten.

In meine Wohnung könnte ich heute Nacht nicht mehr zurück, dort suchten sie mich als Erstes, wahrscheinlich würde ich nie wieder dorthin zurückkehren.

Natürlich war Herr Spiess auf mich sauer, aber konnte er mich verstehen?

Eines musste ich tun, das gründlich gegen meinen Vertrag verstieß, und dazu hockte ich mich in eine Einfahrt, die unter einem Gebäude hindurch zu den Garagen im Hinterhof führte. Dort aktivierte ich mein Device, wobei ich den Lautsprecher zwischen meine Beine klemmte, damit sein Geräusch nicht zu laut durch die eckige Höhle hallte.

Es roch nach Urin und Staub. Die bunten Streifen an den Wänden markierten die Stellen, wo die Außenspiegel der Autos entlanggeschabt waren. Ich loggte mich in mein Social Media Management Portal und streute über sämtliche Kanäle auf Deutsch und Englisch den Zusammenhang von Raid, jener Spyware, der Ausbildung zum Drohnenpiloten und den Machenschaften von D-Air.

Doch wer würde das finden? Nach dem Ende der Schule und dem Wegzug meiner Kumpels war meine Gefolgschaft rapide geschrumpft. Und dass Fremde die

Nachricht per Zufall finden würden, konnte ich mir nicht vorstellen. Egal, ich hatte alles getan, was zurzeit in meiner Macht stand. Sollte ich erwischt werden, hatte ich zumindest eine Spur im Netz hinterlassen, eine Spur in meinem Gewissen.

Nun gab es kein Zurück mehr. Aber wohin sollte ich? Nach Hause, zu meinem Vater? Ich schrieb ihm erst einmal eine Message, damit er Bescheid wusste.

Und jetzt? Auf dem Bürgersteig schaute ich nach links und rechts. Ich war einen Bogen um meine Wohnung gelaufen. Lief ich den Bogen konsequent zu Ende, käme ich am Schwanenteich raus.

.10

Bevor ich den Schwanenteich erreichte, roch ich den Duft von taufeuchtem Gras und schwelenden Lagerfeuern. Schmale Rauchsäulen stiegen von den heruntergebrannten Feuerstellen in die Morgendämmerung auf. Zelte in allen Größen, Farben und Formen mit Flicken und Seilen an Heringen säumten die Wiesen, auf denen einige Demonstranten im Freien übernachtet hatten, eingerollt in ihre Schlafsäcke, allein, zu zweit oder in kleinen Gruppen. Zweihundert schätzte ich.

Die ersten Frühaufsteher wanderten zwischen den Zelten und Schlafenden herum mit unbekanntem Ziel und noch immer spannte sich unser Banner vom Springbrunnen zu dem Baum. Von hier konnte ich die durchscheinenden Buchstaben nur spiegelverkehrt lesen. Die Adressaten befanden sich auf der anderen Seite des Parks. Oben an der Hauptstraße parkten die Transporter der Polizei Stoßstange an Stoßstange und auch dort marschierten die ersten Gestalten auf und ab. Es musste eine ruhige Nacht für alle gewesen sein.

Am Rand des Parks zögerte ich. Unweigerlich suchte ich den Himmel und die Baumwipfel nach Drohnen ab, sogar Mücken und Käfer beäugte ich kritisch. Es grenzte an Verfolgungswahn, so konnte ich nicht weitermachen, ich musste über mich selbst den Kopf schütteln. Die Chancen standen schlecht, wirklich eine Drohne zu finden, wenn sie es nicht wollten. Dann betrat ich vorsichtig den Park, als könnte ich jemanden wecken.

Müde Gestalten mit kleinen Augen beobachteten mich argwöhnisch, wie ich mir meinen Weg über den wilden Campingplatz bahnte. Es kam mir vor, als pflügte ich durch eine fremde Kultur. Köpfe drehten sich in meine Richtung, viele der am Boden Liegenden waren bereits wach, warteten nur auf einen Anlass, ihre warmen Schlafsäcke zu verlassen. Rascheln von Nylon, das Quietschen von Iso-Matten, das Surren von Reißverschlüssen.

Ich blieb an einem Zeltseil hängen, stolperte vorwärts, ohne zu stürzen, weckte aber ein Paar, das nebeneinander draußen geschlafen hatte. Ich entschuldigte mich. Sie nuschelten etwas.

Im Zentrum der Demonstration stand ein nach allen Seiten offenes Zelt. Hier versammelten sich die Frühaufsteher, dort würde ich Evelyn suchen und, wenn sie noch nicht wach war, auf sie warten.

Den Gehweg am Teich entlang hatten die Camper frei gelassen, sodass ich schneller vorankam. Die Stahlnadel gab ein trauriges Bild ab, wie sie leblos aus dem Wasser ragte, als gehörte sie nicht hierher.

Gut dreißig Menschen saßen auf Bierbänken oder standen in dem Küchenzelt. Bis jetzt gab es nur Kaffee, getrunken aus unterschiedlichen Tassen, große, kleine, schmale, dicke, bunte, weiße, bedruckte und kaputte, deren Henkel abgebrochen waren. Als handelte es sich um eine Tassenausstellung.

Man beobachtete mich, tuschelte, denn niemand kannte mich. Das machte die Demonstranten neugierig. Ich fühlte mich nicht wohl dabei.

»Ein Neuankömmling?«, fragte ein hagerer Typ mit kreisrunden Brillengläsern.

»Hi«, sagte ich in die Runde und stellte mich vor.

»Darius, was treibt dich hierher? So früh!«, sagte er, ohne mir seinen Namen zu verraten.

Misstrauen schwappte mir entgegen. Sie standen im Halbkreis wie eine Mauer um mich herum. Einer filmte uns mit seinem Device.

»Ich suche Evelyn.«

Ich dachte, ich würde mich noch verdächtiger machen, wenn ich ihnen erzählte, ich hätte heute Morgen spontan entschlossen, mich der Demo anzuschließen.

»Evelyn?« Er runzelte die Stirn, blickte die anderen an. Ratlosigkeit, bis die Musikerin, Anecken, gekleidet in Regenbogenfarben den Halbkreis durchbrach und meinte: »Eve? Die mit Sven?«

Ich schloss kurz die Augen. »Kann sein. Wohl die.«

Der Typ mit der Brille schaltete sich wieder ein. »Was willst du von ihr?«

»Wir sind Freunde.«

»Und was willst du von ihr?«

»Ich will mit ihr reden. Muss ich jetzt noch sagen, worüber?«

Schweigen.

»Ist noch nicht da«, sagte er.

Was für eine Situation.

»Magst du einen Kaffee?«, fragte Anecken, die ich auf Mitte zwanzig schätzte.

»Ja, gerne.«

Die Runde entspannte sich etwas, aber von der Lockerheit, die ich bei meiner ersten Ankunft verspürt hatte, waren sie weit entfernt. Man behielt mich im Auge, den, dem die Musikerin eine halbvolle Tasse dünnen Kaffee mit einem Lächeln anstatt mit Milch in die Hand gedrückt hatte.

Der Kaffee dampfte aus der Tasse. Ich konnte ihren marmorierten Boden durchschimmern sehen. Ein verblichener Aufdruck außen: *Bedingungsloses Grundeinkommen jetzt!*

Die Tasse hatte schon viel dünnen Kaffee gesehen.

*

Das Zelt füllte sich. Bald war ich umringt von Menschen, die miteinander diskutierten, lachten und häufig zur Hauptstraße zeigten. Jeder, der mich musterte, wurde von einem anderen aufgeklärt. Das Warten schien endlos. Eine zweite Tasse Kaffee gönnte ich mir nicht, ich hätte das Gefühl gehabt, jemandem womöglich seinen wegzutrinken – ganz abgesehen von den Blicken, die mich dabei verfolgt hätten.

Als Erstes sah ich Sven kommen. Relativ plötzlich bahnte er sich eine Gasse durch die dichtgedrängte Menge zum Kaffee. Gleich hinter ihm Evelyn. Aber weder hielten sie Hände, noch berührten sie sich sonst irgendwie. Das beruhigte mich ein wenig.

»Evelyn!«

Ihre Augen wurden groß, als sie meine Stimme hörte. Doch sie versuchte, ihre Reaktion zu überspielen, indem sie ihre Augenlider übergelangweilt heruntersacken ließ.

»Ach«, machte sie.

Die Gespräche im Zelt verstummten. »Evelyn, ich muss mit dir reden.«

Sie blieb stehen. »Ja?«

Sven stoppte ebenfalls. Ihn umspielte eine Wolke aus Räucherstäbchenduft. Evelyn nicht, das konnte ich riechen, meine Erleichterung kannte keine Grenzen.

»Können wir ...« Ich deutete an, woanders hinzugehen.

»Nein, wozu?«

Auch die anderen rückten näher an uns heran, als wäre dieser Sven magnetisch.

Wieder zeigte die Kameralinse eines Devices in meine Richtung.

»Sollen wir uns nicht zu zweit unterhalten?«

»Ich«, sie betonte dieses Wort, »habe keine Geheimnisse.«

Alle Augen lasteten auf mir. Und augenblicklich schienen mir sämtliche Gedanken der Welt durch den Kopf zu schießen. Wo sollte ich anfangen? Ich hatte wirklich genug Zeit gehabt, mir das vorher zurechtzulegen.

Wenn man nicht wusste, wo man anfangen sollte, war nur der Anfang selbst wichtig, also stotterte ich los: »Ich ... du hattest recht.«

»Mit was?«

Ihre kalten Augen. Dabei konnte sie so liebevoll gucken und jetzt tat sie wie eine Neunzigjährige, die gezwungen wurde, dem Verkaufsgespräch eines Lebensversicherungsmaklers zuzuhören.

»Darius, mit was?«

Sven regte sich. »Ach, ist das dein Ex?«

Ein Stich. Ich war schon ihr Ex.

»Evelyn, du hattest recht mit allem. Ich bin … ich habe mich falsch entschieden, ganz falsch, ich bereue das. Ich hätte auf dich hören sollen, ich war blind, ich habe einen Fehler gemacht.«

Sven fragte sie: »Ist das der Drohnenpilot, der Zocker?«

Evelyn nickte.

Die Anwesenden raunten mir ihren Unmut entgegen. Beleidigungen flogen durch die Luft, von hinten stieß mir jemand in den Rücken. Wenn sie ihnen erzählt hätte, dass ich bei dem Brummereinsatz beteiligt gewesen war, wäre ich jetzt Matsch.

»Hey, hey, hey!«, sagte Sven und hob eine Hand. »Nicht! So nicht!«

Es dauerte ein paar Sekunden, aber die Menge beruhigte sich. Er war der Chef.

»Was willst du hier?«, fragte Sven.

»Ich will nur mit ihr reden!« Ich zeigte auf Evelyn, die ihre Arme darauf verschränkte.

Von hinten rief der Typ mit der Retrobrille: »Das hat er uns auch erzählt.«

Sven schob sich dichter an mich heran, er war fast einen Kopf größer, breit gebaut. »Oder bist du ein Spitzel?«

»Nein.«

»Reichen denen die Drohnen nicht mehr?«

»Nein! Ich …«

»Du arbeitest doch für die«, sagte er zu mir und wandte sich dann Evelyn zu. »Oder habe ich das falsch verstanden?«

»Stimmt«, sagte sie.

»Stimmt nicht«, feuerte ich sofort hinterher. »Ich habe gekündigt. Ich bin raus.«

Sven grinste. »Das würde ich jetzt auch behaupten.«

Dreckiges Gelächter um mich herum.

»Ich habe gekündigt heute Morgen, ich …«

»Zeig mal das Kündigungsschreiben«, sagte Sven.

»So förmlich lief das nicht ab, ich habe nicht einfach gekündigt …«

»Das hast du aber gerade behauptet.«

»Ich bin abgehauen, ich habe hingeschmissen.«

»Und das sollen wir dir jetzt glauben?« Er erntete die Bestätigung der anderen.

»Ja.«

»Einem Drohnenpiloten, einem Zocker. Macht ja auch Sinn, dass Zocker zu Drohnenpiloten werden, was braucht denn das Militär oder die Security? Muskeln gibt es genug, die brauchen an Bildschirmmorde gewöhnte willige Zombies. Weißt du, dass das Militär die größten Aktienpakete von Spieleentwicklern dieser Art hält?«

»Nein, ja, ich wusste es nicht, früher, und es ist vorbei, ich bin nicht mehr dabei!«

Sven legte den Kopf schief, als könnte er so den Wahrheitsgehalt meiner Aussage besser bewerten. »Wenn ich nicht so einen verdammt großen Respekt vor der Privatsphäre eines jeden hätte, würde ich dich durchsuchen.«

»Tu es, ich habe nichts an mir.«

»Warum soll ich dir glauben?«

»Weil …« Mir fiel meine Social-Media-Aktion ein, die ich beinahe als sinnlos angesehen hätte. »Ich habe es gepostet, da, wo ich konnte. Hier!« Ich zückte mein Device, aktivierte es und öffnete den Social-Media-Manager.

»Ich hoffe für dich, dass da was steht, was dir weiterhilft«, wisperte mir der Typ mit der Brille ins Ohr.

Ich reichte Sven mein Device. Er las, scrollte, folgte Links, checkte die Portale. Evelyn las an seinem Oberarm vorbei mit. Ich beobachtete ihre Mimik, erkannte den Funken Freude in ihr über die Wahrheit, über die Information und über mich und mein Handeln.

Sven gab mir mein Device zurück und sagte laut: »Er hat recht. Das sind sehr interessante Infos. Checkt alle Hashtag Darryman und teilt, postet, sagt es weiter. Createt Buzz, Freunde, sofort.« Er warf mir einen Blick zu. »Dafür nutzen wir die Devices, nicht nur für Apps and Games, Brot und Spiele.« Und laut forderte er: »Und kein Log-in länger als 30 Sekunden, Hit and Done, denkt daran, dass die Dinger getrackt werden können.« Er zeigte nach oben. Er wusste erstaunlich gut Bescheid.

Alle haspelten an ihren Device-Bags oder machten sich auf den Weg zu ihren Zelten. Auf meiner Schulter landete anerkennend eine fremde Hand. Als ich mich umdrehte, konnte ich nicht sagen, wer es gewesen war. Ich steckte mein Device weg.

Sven klappte seine Tasche auf, er trug sie links, ein Linkshänder, und wischte mit seinen langen Fingern eifrig über sein mit Parolen und Bildern zugepflastertes Device.

Mein Shirt klebte klatschnass am Rücken und in den Achseln, so sehr hatte mich dieses Verhör gestresst.

Es schien, als wären Evelyn und ich die Einzigen, die sich nicht an der Social-Media-Kampagne beteiligten. Für die anderen waren wir Luft.

Sie meinte: »Das wird sich im Netz wie ein Lauffeuer verbreiten. Wir haben allein hier auf dem Platz über zwanzig Sprachen. In ein paar Minuten weiß davon die ganze Welt.«

»Evelyn, es tut mir leid. Entschuldigung, ich hatte nur noch meine Chance gesehen. Alles andere hatte ich aus den Augen verloren. Uns. Es tut mir so leid.«

Sie benötigte eine Ewigkeit für ihr »Okay«.

Ich schluckte, ich musste es fragen, egal, wie kitschig es klang. Aber schlimmer war, dass ich sie verstehen würde, wenn es so wäre. »Hasst du mich dafür?«

»Ich hasse dich doch nicht. Ich habe dich nie gehasst. Ich konnte nur nicht mit ansehen, wie du blind in dein Verderben rennst. Das hat mir wehgetan, das hat mir mehr wehgetan, als allein zu sein. Da war ich lieber allein.«

Ich musste meine Gedanken ordnen. Diese Antwort hatte ich nicht erwartet, nicht einmal als Möglichkeit in Erwägung gezogen. Es war, als schleuderte nasse Wäsche in meinem Schädel.

Ich nickte in Svens Richtung, der ein paar Meter abgerückt war, während er im Netz surfte. » Allein? Und was ist mit ihm?«

Sie zuckte mit den Schultern. »Ein toller Redner.«

Wenn ich weiter bohrte, würde die Stimmung kippen. Ich beließ es dabei.

Stattdessen fragte ich die Frage der Fragen, die wie ein Sack Zement auf meiner Brust lag. »Dann … willst du noch mit mir zusammen…?«

Weiter kam ich nicht. Ich hörte ein bekanntes Summen neben meinem Ohr, eine Insektendrohne. Dann brach die Hölle los.

*

Rufe und Schreie schallten von der Hauptstraße herüber, im gleichen Moment explodierten über uns Nebelgranaten mit ohrenbetäubendem Lärm und bevor sich der Schleier vollends über unsere Köpfe senkte, erkannten wir, wie vier Büffel die Böschung heruntergaloppierten, ferngesteuerte vierbeinige Roboter, die, so groß wie eine Kuh und schneller als jeder Mensch, einfach alles umrannten, was sich ihnen in den Weg stellte. Sie mussten in den Polizeiwagen versteckt gewesen sein. Ihnen folgten Truppen in Riot-Gear.

Erschrocken schauten Evelyn und ich uns an. Dann spritzte mit Hochdruck rote Flüssigkeit auf uns, ich riss die Arme hoch, um meine Augen zu schützen, vergeblich. Im nächsten Moment traf uns der Strahl eines Wasserwerfers, der zwischen den Bäumen in Position gegangen war, mit voller Wucht, und ich stürzte zu Boden und Evelyn auf mich. Beine rannten an uns vorbei, jemand stolperte über uns. Wir mussten hoch, wollten wir nicht riskieren, totgetrampelt oder überrollt zu werden.

Wir sahen schrecklich aus, voll roter Farbe wie Blut. Der Wasserwerfer schoss mit Farbe, um uns zu markieren. Sollte jemand fliehen, konnte man ihn auch in der Stadt als Demonstranten vom Schwanenteich identifizieren.

Ich spuckte einen Schluck der bitter schmeckenden Flüssigkeit aus, wir hielten uns an den Hände und flüchteten weg von der Hauptstraße durch den roten Nebel, der von den herumlaufenden Menschen verteilt wurde. In Panik stapften Leute über Zelte, Schlafsäcke und halfen den Gestürzten hoch. Die Luft war stickig und voller

Schreie, Rufe, Sirenen und unverständlicher Durchsagen der Polizei.

Immer wieder prallten wir mit anderen zusammen. Niemand wusste, was zu tun war. Planlos versuchte jeder davonzulaufen, wobei in dem Chaos keiner den Ausweg kannte, denn die Beamten rückten aus verschiedenen Richtungen an.

Der erste Büffel trampelte an uns vorbei und wir hatten pures Glück, dass diese metallene Ausgeburt eines kranken Hirns uns nicht über den Haufen rannte und uns schwer verletzte. Unter seinen Stahlhufen brachen Knochen wie morsche Äste. Deutlich hörte ich seinen Benzinmotor und roch die schlecht verbrannten Abgase.

Das schädellose Ungetüm rammte Anecken und sie flog einige Meter durch die Luft, bevor sie am Boden reglos liegen blieb. Wir wollten zu ihr, da schälte sich das zweite Ding aus dem Nebel, als personifizierte Entmenschlichung. Es schleifte eine zerrissene Zeltplane hinter sich her, die sich in den Metallstreben der Gelenke verfangen hatte. Das erkannte ich noch, da mussten Evelyn und ich schon auseinanderspringen, um die halbe Tonne Stahl zwischen uns hindurchgaloppieren zu lassen. Evelyns Fuß verfing sich mit der Sandale in dem zerstörten Zelt und sie wurde von den Beinen gerissen und von dem Biest hinterhergeschliffen, kreischend, voller Panik und mit ausgestreckten Armen nach einem Halt suchend, während die Stahlhufe Erdklumpen hochschleuderten.

Der dichte Nebel verschluckte die beiden. Meine Rufe gingen unter in dem Lärm, und ich tappte unsicher hinter

Evelyn und dem Monster her durch dieses Chaos aus Qualm und Geschrei, und als die nächste Nebelgranate über mir mit einem Blitz explodierte, krampfte sich meine rechte Hand um einen eingebildeten Joystick und presste Dauerfeuer. Die Schemen im Nebel verwandelten sich zu Zielpersonen, Abwehrfeuer mit Leuchtspurmunition raste auf mich zu. Der Nebel wurde dichter. Ich kniff die Augen zusammen und sackte auf die Knie, in meiner Nase den Geruch von Elektrosmog und Zimt. An meiner Schulter spürte ich einen Widerstand, erschrak, doch es war lediglich unsere Parkbank.

Hastig holte ich das Pillendöschen hervor, schüttete zittrig ein Dutzend in meine Hand, wobei die Hälfte ins Gras fiel, pickte eine mit zwei Fingern heraus, warf sie in meinen Mund und ... spuckte sie wieder aus. Was tat ich hier? Ich wollte diese Pillen nicht. Ich hätte gar nicht damit anfangen dürfen. Vielleicht wäre es gar nicht so weit gekommen, vielleicht hätte ich einfach aufgehört, gekündigt, vorher, mit klarem Kopf, klarem Verstand. Diese Droge hatte mein Leiden nur verlängert, mich zu weit getrieben. Ich schleuderte das Döschen in den Nebel.

Evelyn.

Ich stand genau im falschen Moment auf. Ein Riot-Gear-Cop packte mich und versuchte, einen Polizeigriff anzuwenden. Seine Gasmaske stieß mir ins Gesicht, seine aufgerissenen Augen hinter den Plastikfenstern wie irre Pupillen. Nahm er auch Erasonal?

Seine Knieschützer klackten aneinander, ich sprang entsetzt weg, sein Handschuh rutschte von meinem Rücken ab und riss mein Device-Bag mit sich. Und weil er für einen Moment mit seinem Gleichgewicht zu kämpfen hatte und schwankte wie ein verletzter Gladiator, nutzte ich meine Chance und hetzte los.

Ich rannte in die Richtung, wo ich Evelyn vermutete. Die Sichtweite sank auf fünf Meter. Ich musste Demonstranten ausweichen, die wie Zombies rot besudelt über den Rasen stakten, schockiert, mit angsterfüllten Augen. Manche liefen wie blind in andere hinein. Ich hörte jemanden links von mir im Wasser planschen.

Ein Uniformierter kreuzte meinen Weg, bemerkte mich aber nicht, weil sein Blickfeld durch die Maske zu sehr eingeschränkt war. Auf seinem Rücken las ich in hellen Buchstaben *D-Air Ground Unit*. Nicht die Polizei? D-Air war zu Land und in der Luft aufgestellt? Das hatte ich bisher nicht gewusst.

Wieso eigentlich Gasmasken, fragte ich mich und wurde brutal zu Boden gerammt. Als ich die Augen aufschlug, befand ich mich mitten unter einem Büffel, Öl suppte auf mich, die blauen Abgase blubberten mir ins Gesicht. Still stand das Monster über mir. Ein Schritt auf meinen Körper und Knochen und Organe würden zermalmt.

Kameras trug er vorne und hinten, wohl aber nicht unter ihm, denn er sah mich nicht. Vielleicht fragte sich der Steuermann, wo ich abgeblieben war. Der Motor knatterte unaufhörlich laut und passte zu dem kehligen Knurren eines prähistorischen Raubtieres.

Auf einer Stahlplatte an seinem Bauch prangte ein Schild, die Schrift gerade so groß, dass ich sie lesen konnte: *D-Air GU-019*.

Ohne Ankündigung jagte das Ding los, so plötzlich, dass mir der Atem stockte in Erwartung unheilbarer

Trümmerbrüche in Gesicht und Beinen. Doch nur Grasklumpen prasselten gegen meine Wange, gegen mein Ohr.

Sofort war ich auf den Beinen. Orientierung suchend wirbelte ich herum, erkannte eine Baumreihe wieder und eilte geduckt, alle Seiten beobachtend, in die Richtung, in der Evelyn verschwunden war.

Zuerst hörte ich sie, ihre Schreie. Hing Evelyn immer noch an dem Ding? War das denen egal, wenn sie zu Tode geschleppt wurde?

Doch anstatt hinter einem Büffel hergeschleppt zu werden, stolperte sie widerstrebend neben einem D-Air-Ground-Unit-Typen her, der einen Arm wie einen Schraubstock um ihren schmalen Körper gelegt hatte, den Gummiknüppel in der anderen Hand.

Rechts von mir prügelten sich ein Dutzend Demonstranten mit vier Uniformierten. Ein Büffel umkreiste die Gruppe, wusste aber nicht einzugreifen, ohne die eigenen Leute zu verletzen.

Seitlich bewegte ich mich auf Evelyn und ihren Peiniger zu, weder sie noch er bemerkten mich. Ich könnte ihn einfach anspringen, doch ich sah keine große Aussicht auf Erfolg.

Rechtzeitig fiel mir etwas Besseres ein. Ich zog mein rotbespritztes Shirt aus und drehte es wieder richtig herum, mit dem D-Air-Emblem nach außen, und stopfte es in die Hose. Dann eilte ich zu ihnen.

»Hey«, rief ich.

Oben, wo die Hauptstraße verlief, pulsierte der Nebel in roten, weißen und blauen Farben, heulten Sirenen und schallten kodierte Befehle aus Lautsprechern über den Park.

Ruckartig drehte sich der Mann um und holte mit dem Stock aus.

Ich deutete so gefasst wie möglich auf das D-Air-Emblem an meiner Brust. Entweder spaltete er mir den Schädel oder er konnte es erkennen.

Er keuchte durch die Maske: »Was?«

»Überlassen Sie mir die Person.«

Evelyn stand stocksteif neben ihm. Sie wusste wohl selbst nicht, was sie glauben sollte. In diesem Augenblick könnte sie denken, ich hätte ihr eben etwas vorgespielt. Hauptsache, sie reagierte nicht falsch. Wir kannten uns nicht, das wäre besser.

»Wer sind Sie? Sie sind nicht mein Vorgesetzter.« Seine Stimme klang gedämpft durch das Gummi und den Luftfilter.

»Ich bin von D-Air, Air-Unit. Wir suchen diese Person.«

»Dann holen Sie sie am Wagen sieben ab, nach Aufnahme der Personalien.«

»Die haben wir schon. Ich kann sie gleich mitnehmen.«

»Warum waren Sie unter den Demonstranten?« Hinter dem Sichtfenster verengten sich seine Augen.

»Ich war als verdeckter Ermittler eingeteilt, von der Autorität, eben um diese Person zu identifizieren und mitzunehmen.«

Es dauerte zu lange. Kannte er nicht die Autorität? Sie konnten anders organisiert sein.

»Wo sind Sie postiert?«

»Seitenstraße.« Ich nickte hinter mich.

»Ich kann eine Arretierte nicht einfach einem Kollegen …« Er steckte seinen Gummiknüppel an seinen

Gürtel und griff sich an das Funkgerät vor seiner Schulter.

Evelyn und ich erkannten gleichzeitig unsere einzige Chance. Während sie auf seinen Arm schlug, stieß ich ihn um. Er landete auf dem Boden und unsere Beine flogen über den Rasen.

Abermals explodierten Granaten um uns herum, doch ihre Detonationen klangen anders, und sie versprühten auch keinen Nebel, sondern …

»Tränengas«, rief ich. »Zum Bach.«

»Da lang«, sagte Evelyn.

Das Gas stach in der Nase, den Augen, im Hals, in der Lunge, jede Pore schien sich zuzuziehen, die Schritte fielen schwerer, das Atmen, das Husten, das Spucken. Wir taumelten und klammerten uns eng aneinander, rempelten andere an, und als wir endlich den Graben fanden, ließen wir uns auf die Knie nieder und rutschten die Böschung hinunter ins Wasser.

Eiskalt umspülte es meinen Körper, so kalt, dass es brannte, überall, aber ich blieb untergetaucht, solange ich konnte, und schrie meinen Schmerz und meine Wut in das fließende Wasser, während sich dort unsere Hände fanden.

Meine Knie schürften über den steinigen Grund. Mein Ellbogen schmerzte. Ich zwang mich, meine Augen aufzuhalten, damit das giftige Gas vom Bach herausgewaschen werden konnte. Die Kälte biss an jedem Zentimeter Haut meines aufgeheizten Körpers.

Als mir die Luft auszugehen drohte, hörte ich auf zu schreien, hielt den Rest in meiner brennenden Lunge und konzentrierte mich auf die Stille hinter dem Glucksen des vorbeiströmenden Wassers und auf meinen verschwommenen Blick in dieses konturlose Nirgendwo.

*

Zum Luftholen drehte ich mich auf den Rücken, was ich Evelyn ankündigte, indem ich ihre Hand drückte. Mein Manöver schien ewig zu dauern, ich schluckte Wasser, erst dann konnte ich nach Luft schnappen. Dazu reckte ich gierig den Kopf hoch, bis er vollends aus den flachen Wellen ragte. Der Lärm drang gedämpft durch meine Ohren voller Wasser, über uns waberte eine pulsierende Wolke aus Gas und Staub und Nebel.

Evelyn umarmte mich, unsere Wangen gleich kalt aneinander. Steinkanten bohrten sich in meine Hüfte, das Wasser rann aus meinen Ohren und die Kampfgeräusche, Sirenen und verzweifelten Schreie Verängstigter und Verletzter drangen bis zu uns.

Wir keuchten und versuchten vergeblich unseren Hustenreiz zu unterdrücken.

»Wie geht's dir?«, fragte sie beinahe unverständlich.

Ich wusste es nicht. Ich wusste nicht, ob meine Augen wegen des Reizgases schmerzten oder wegen der Kälte des Wassers, aber ich konnte wieder einigermaßen atmen und sehen.

Ich flüsterte: »Besser.«

»Mir auch, mir auch.«

Ewig liegen bleiben konnten wir nicht. Die Wolke würde sich irgendwann verflüchtigen und dann könnte man uns hier, zumindest aus der Luft, ganz einfach entdecken.

Zehn Meter weiter fiel ein Fliehender in den Bach, sprang auf und erklomm die Böschung auf der anderen Seite, wobei ein panisches Fiepen aus seinem Mund zu hören war, wie das eines Welpen. Sobald er aus unserem Blickfeld verschwunden war, sprang ein Büffel über den Bach, wie ich es ihm nicht zugetraut hätte. Sein Motor röhrte wütend auf, als er hinter dem Demonstranten herjagte.

Mein Puls schlug im Hals.

Ich spuckte Schleim ins Wasser und sagte: »Wir müssen weg, uns verstecken. Die Brücke!«, rief ich. »Zur Brücke, wir verstecken uns dort.«

Sie nickte, Evelyn wusste, welche ich meinte, am äußersten Rand des Parks, etwa einhundert Meter entfernt.

»Geduckt«, sagte ich, um den Schutz der Böschung zu nutzen.

»Ja.«

Wir liefen gebückt und so schnell wie möglich stromaufwärts, immer wieder mussten wir uns im Wasser auf den Steinen oder in den Pflanzen an der Böschung abstützen, um nicht ins Straucheln zu geraten. Dauernd drehte ich mich nach Evelyn um und jedes Mal mühte sie sich ein hoffnungsvolles Lächeln ins Gesicht, das ihr und mir die Energie zum Durchhalten schenkte.

Der Lärm hinter uns wurde leiser, die Wolke über uns lichter und ich flehte, dass uns keine Drohne entdecken würde, bevor wir die Holzbrücke erreichten.

Sie stellte sich als niedriger heraus als erwartet. Dementsprechend schrappte ich in der Hektik mit meiner Schulter gegen einen äußeren Querbalken, obwohl ich mich schon bückte.

Erleichtert ließ ich mich ins Bachbett fallen und setzte mich erschöpft hin. Das Wasser reichte mir bis unter die Brust. Es war kalt, der Boden steinig, aber wir waren einigermaßen sicher. Evelyn kniete sich neben mich, wir lehnten unsere Köpfe aneinander. Wir keuchten so laut wie das Rauschen des Baches, das helle Plätschern übertönte den Kampflärm. Ein trügerisch friedlicher Ort, weil wir nichts hörten und unser Horizont aus der niedrigen Decke und zehn Meter Bach und Böschung zu beiden Seiten bestand.

»Darry.«

»Evelyn.«

Mehr brachten wir nicht hervor, zu mehr reichten weder unsere Luft noch unsere Gedanken. Außer Atem hielten wir uns in den Armen, wie zwei Verliebte auf einer Bank. Aber wir waren Verfolgte, die unter einer verdreckten Holzbrücke kauerten und zusahen, wie in den Winkeln und Ecken der Balken Spinnweben durch das Zappeln gefangener Insekten bebten.

Ich kühlte mein Gesicht mit Wasser, meine Stirn fühlte sich an, als hätte ich Fieber.

Sie hustete.

»Wirklich besser mit dem Tränengas?«, fragte ich, seltsam hohl und lauter als gewollt in unserer Höhle klingend, daher senkte ich meine Stimme zum Ende.

»Ja, nur dieses ekelige Gefühl im Hals beim Schlucken.«

»Ich auch. Wir haben noch Glück gehabt, das war nicht die volle Ladung.«

»Denkst du, wir sind hier sicher?«

»Fürs Erste.«

Alles lag im Schatten, aber die aufgehende Sonne erzeugte bereits genug Licht und Reflexionen auf dem Wasser, dass ich die roten Farbschlieren in ihrem Gesicht und in den Haaren erkennen konnte.

Sie las meine Gedanken. »Du bist auch ganz rot.«

Mit ihrer Hand versuchte sie, mir das Zeug von der linken Schläfe zu rubbeln. Ich hielt still, genoss ihre Berührung.

»Sieht man immer noch«, sagte sie. »Wir brauchen Schwamm und Seife.«

»Das muss so gehen, sonst kriegen die uns, sobald wir aus unserem Versteck kriechen.«

»Zieh dein Hemd aus, ich nehme es als Lappen.«

Ich zog es mir über den Kopf, schüttelte mich, weil der leichte Wind über meine nasse, kalte Haut wehte. Sie tauchte es ins Wasser und rieb meinen Nacken.

»So klappt es.« Sie wusch das Hemd im Wasser aus und warf einen Blick darauf. »Ja, wir waschen uns mit unseren Klamotten und dann spülen wir sie im Wasser sauber.«

»Und laufen dann klatschnass durch die Straßen. Wie unauffällig«, sagte ich.

»Besser als rot gezeichnet, sollte jemand an uns vorbeifahren. Da erkennt man nicht, ob ein Hemd nass ist oder nicht.«

»Kann sein.«

»Außerdem trocknen die relativ schnell.«

Sie reichte mir mein Hemd und wir zogen uns aus. Ich behielt nur meine Unterhose an, sie auch ihr Sportbustier, durch das meine Phantasie im Halbschatten mehr erkannte als sie eigentlich konnte.

Sofort scheuerte ich mit meinem Shirt drauf los. Und so reinigten wir uns von der roten Farbe, wobei mir auch wieder warm wurde. Die Hose legte ich zum Trocknen auf den dunklen Sand, Gras wuchs keins im Schatten der Brücke. Und Evelyn tat das Gleiche mit ihrem Kleid, zum Schrubben benutzte sie ihr Trägershirt.

Nachdem jeder mit seinen Armen und Beinen fertig war, mussten wir uns gegenseitig die Haare und die Rücken waschen. Meine Hand lag auf ihrer Schulter und ich spürte ihre Gänsehaut. Langsam legte sie ihren Kopf zurück, damit ich ihre langen Haare im Wasser ausspülen konnte. Der Bernstein lag wie angeklebt in ihrer Drosselgrube, und mein Blick wanderte in den engen Ausschnitt des blauen Bustiers, der ihre …

»Bist du fertig?«, fragte sie und schaute mich dabei über Kopf an.

Bis dahin hatten wir während unserer Wäsche geschwiegen, als könnte ein falsches Wort die Magie des Momentes zerstören.

»Fast.«

Ich beugte mich zu ihr herunter, wir küssten uns verkehrt herum, Oberlippen an Unterlippe und Unterlippe an Oberlippe.

Spontan wie unser Kuss stieß sie mich wenig später zurück. Als ich ihr Haar für sauber erklärte, meinte sie: »Jetzt du, mit deiner neuen Frisur.«

Sie gefiel ihr nicht, das hörte ich raus, kein Wunder, mir auch nicht mehr.

Wir tauschten die Positionen. Ich wollte ihr mit einer Hand zeigen, wo ich das meiste Rot vermutete, da blieb sie mit den Fingern an meinem Kupferarmband hängen.

Ich spürte den Widerstand, der mit einem Ruck verschwand, und hörte ein entferntes Platschen. Ich fuhr herum und hielt mein blankes Handgelenk vor meine Augen. Einzig ein Streifen grünliche Haut erinnerte an das Armband.

»Entschuldigung«, sagte sie.

Evelyn schaute mindestens so überrascht wie ich. Sie wusste, was es mir bedeutete.

»Hast du gesehen, wo es hingeflogen ist?«, fragte ich.

Sie hielt sich die Hand vor den Mund und schüttelte den Kopf. »Es ging so schnell … ich wollte …«

»Es muss hier irgendwo sein«, sagte ich.

Im Schatten bildete der Grund des Baches ein einziges Grau. Ich tastete den steinigen Boden ab.

»Weit kann es nicht geflogen sein«, sagte ich.

»Nein.«

»Welche Richtung?«

»Ich weiß nicht.«

Ich drehte mich um. »Du musst doch wenigstens gesehen haben, in welche Richtung!«

Meine Stimme geriet zu laut.

Sie schaute mich an, dann sagte sie: »Ich glaube da.«

Stromabwärts. Auf allen Vieren kniete ich auf dem Gestein und bewegte eine Hand wie ein Minensucher sein Gerät. Das Kupferarmband musste zwischen den Steinen doch aufzuspüren sein. Plötzlich verhakte sich mein Zeigefinger in der bekannten Biegung des Armreifens, ich hob ihn aus dem Wasser mit einem »Tataaa!«.

Evelyn freute sich für mich. Aber es war nur ein Stock, ein bizarr gewachsenes Stück Ast. Ich schleuderte ihn weg.

»Darry.«

»Such mit.«

Halbherzig kniete sie sich neben mich, ahmte meine Bewegungen nach. Wasser tropfte von meinem Kopf ins Wasser. Tränen. Sie sollte das nicht sehen, also bewegte ich mich vorwärts. Hinter mir lachte Evelyn leise auf.

Ich quetschte wütend ein »Was ist so lustig?« heraus.

»Wieso?«

»Warum hast du gelacht?«

»Ich habe nicht gelacht.«

Ich drehte mich um. »Evelyn, was soll das?«

»Ich habe nicht …«

»Lüg nicht.«

»Ich … lüge nicht, ich …«

»Ich habe dich lachen hören!«

»Hier hat niemand gelacht!« Sie schlug ins Wasser.

Mein erster Gedanke galt den Tabletten, die ich weggeworfen hatte, dann schaute ich mein Handgelenk an. Dieses Lachen hatte ich schon lange nicht mehr gehört.

Alles verschwamm, blind und sinnlos wandte ich mich wieder meiner Aufgabe zu und tastete über den Boden des Baches, immer unbeherrschter, Wasser spritzte um mich auf.

»Darry, es tut mir leid.«

Ich hoffte, Evelyn hörte mir meine Gefühle nicht an. Es war keine Absicht gewesen, ein Unfall, alles ein Unfall, Zufall, Pech. Ich drehte meinen Kopf weg, tat so, als hätte ich eine vielversprechende Stelle gefunden, damit sie mein Gesicht nicht sah, das sich in Weinkrämpfen verzog, obwohl ich dagegen ankämpfte. Aber ich spürte ihren Arm auf meinem Rücken und ich ließ mich ins Wasser gleiten. Wieder schrie ich unter Wasser, diesmal erzeugte Trauer meine Luftblasen, die aufstiegen und zwischen den Wellen unbemerkt zerplatzten.

Evelyn wuchtete mich hoch und meinen Rücken gegen das Ufer, wischte mir mit ihrem Shirt über das Gesicht.

Ich öffnete die Augen und blickte die Decke an, die schwarzen Pickel aus Dreck, die sich über die Zeit an das Holz geklammert hatten.

»Darry. Das bedeutet nicht, dass du sie vergisst.«

Das Echo unseres Versteckes schien die Bedeutung ihrer Worte zu verstärken.

»Ja.«

Sie nickte und strich mir mit dem nassen Shirt über die Wangen, als gäbe es einen Grund dafür.

»Ich werde sie nie vergessen.«

Evelyn schüttelte den Kopf, rieb sich die Augen und sagte: »Ich muss noch deine Haare auswaschen.«

Danach tunkte sie unsere Kleidungsstücke ins Wasser und spülte sie aus. Der Bach nahm das letzte Rot mit, wo es in seiner schwachen Strömung zerfaserte, noch bevor es das Ende der Brücke erreichte.

Dann wrangen wir unsere Kleider aus und zogen uns wieder an, ich mein D-Air-Shirt auf links. Im Wasser schlüpfte ich in meine Schuhe. Ein seltsames Gefühl. Ich hatte mich noch nie so lebendig gefühlt.

*

Eins war klar, wir mussten weg vom Schwanenteich. Also prüften wir auf der dem Schwanenteich abgewandten

Seite der Brücke, ob dort die Luft rein war und wir unbemerkt die Böschung hoch und in dem Wäldchen verschwinden konnten, das sich auf der anderen Straßenseite anschloss. Dahinter lag die Siedlung. Weiter planten wir nicht, erstmal weg hier.

Vorsichtig pirschten wir neben dem Bach zwischen den Büschen Richtung Baumreihe. Verlassen lag die Brücke dunkel hinter uns. Klamm und kalt schmiegten sich unsere nassen Klamotten an unsere Körper.

Wir kamen zwanzig Meter weit, da hörten wir von links ein Summen und eine Falcon senkte sich zu uns herab bis auf doppelte Körperhöhe, gerade so, dass sie nicht erreichbar war. Evelyn suchte auf dem Boden sofort nach einem Wurfgeschoss.

»Nicht«, sagte ich und fasste sie am Arm. »Das bringt nichts.«

Sie wollte etwas sagen, aber ich schloss kurz die Augen. »Ich weiß genug über die Dinger. Denen kann man anders besser schaden. Und das werden wir, mit Störsendern, Hacking und Kamikazedrohnen. Aber nicht jetzt.«

Die Drohne wackelte über ihre Mittelachse, bevor sie wieder in der Luft stand. Wind konnte das Manöver nicht verschuldet haben. Lenkte Herr Spiess sie? Hatte er die Reaper übergeben, um mich hier zu suchen? Zuzutrauen wäre es ihm. Wollte er mich wissen lassen, dass ich nicht ungeschoren davonkommen würde? Ein perverser Gruß?

Ich richtete mich provokant auf. »Die sind unbewaffnet. So kann er uns nichts anhaben, nur Verstärkung holen.«

Ich schaute mich um, wir standen der Drohne Arm in Arm gegenüber. Evelyn bemerkte meinen Blick. Als sie ihren Kopf zu mir drehte, küssten wir uns, und ich zeigte Herrn Spiess oder wer auch immer am Joystick war, den Mittelfinger. Evelyn tat es mir gleich und wir liefen los, verrückt lachend, Hand in Hand. Ich hielt auf die Stelle am Waldrand zu, wo die Büsche am dichtesten standen und die Äste der Bäume ineinandergriffen, weil die Drohne uns dorthin nicht folgen konnte. Die Blätter streiften über unsere Gesichter und hinter uns schloss sich das Grün.

»These strikes are legal,
and they are ethical and they are wise«

– Jay Carney, Pressesprecher des Weißen Hauses

»I felt disconnected from Humanity.«

– Brandon Bryant, ehemaliger Drohnenpilot